领导

LingDao ⑤

领导决策信息杂志社○编

科学发展的决策指南　地方政府的案例宝典
高层管理的数字读本　领导干部的施政参谋

重视中央领导重视的　研究省区领导研究的　发现城市领导发现的　思考县域领导思考的　关注普通百姓关注的

中国时代经济出版社

图书在版编目（CIP）数据

领导05/领导决策信息杂志社编. —北京：中国时代经济出版社，2009.10

ISBN 978-7-80221-961-8

Ⅰ.领… Ⅱ.领… Ⅲ.领导学 Ⅳ.C933-55 F127

中国版本图书馆CIP数据核字（2009）第170789号

领导05

领导决策信息杂志社⊙编

出 版 者 中国时代经济出版社

地　　址 北京市西城区车公庄大街乙5号

鸿儒大厦B座

邮政编码 100044

电　　话 （010）68320825（发行部）

（010）88361317（邮购）

传　　真 （010）68320634

发　　行 各地新华书店

印　　刷 北京佳信达恒智彩印有限公司

开　　本 787×1092　1/16

版　　次 2009年10月第1版

印　　次 2009年10月第1次印刷

印　　张 12.5

字　　数 296千字

定　　价 48.00元

书　　号 ISBN 978-7-80221-961-8

“十二五”：让我们的发展更有内涵

站在“十二五”的门前，欢度共和国60华诞，一览国庆大阅兵的雄壮，用“扬眉吐气”来形容国人的心情，当不为过。历经30年改革开放的波澜壮阔，我们的国家一扫百年屈辱，重又傲然崛起在世界的东方。即使“十一五”遭遇世界经济危机的严峻挑战，中国这条巨轮仍砥柱中流，破浪远航，令世人艳羡。难怪有一个美国著名作家写了本预测未来的书，引起世界一片骚动，书名居然就叫《21世纪中国统治世界》。近期也有世界媒体报道说，中国的政治实力已经超过美国，位居世界第一，争论着未来谁将主导世界。中国重新崛起作为现代历史最重大事件之一，作用力与反作用力必然引发连锁反应，不足为奇。但重要的在于，中国人仍然保持着一如既往的理智和清醒。这是一种成熟的表现，这种成熟也许更有威慑力和影响力。

再过不到两年，我们将进入共和国发展史上又一个新时期——第十二个五年规划。每一历史阶段有每一历史阶段的任务。“十二五”的使命是什么？政治家、经济学家、科学家、社会学家各有不同的理解和视角。而我们要说的，归结起来就是一句话——“十二五”：让我们的发展更有内涵！

让我们的发展更有内涵，首先要让我们的经济发展更有内涵。“十二五”时期正处于国际金融危机爆发后战略调整的关键阶段。此次国际金融危机对于中国一直以来重视投资拉动的增长模式提出了严峻挑战，迫切要求中国进行战略调整。2008年底国家实施的4万亿元扩大内需投资政策，在短期内促进了经济回暖，但从长期看，引进民间资本，调整内外需失衡仍将是“十二五”经济转型的战略选择，主要表现为两方面的压力：一是金融危机的倒逼机制，使我国通过外需市场消化大量过剩产能的增长方式难以为继，迫切需要我们的经济由依赖外需向依赖内需转变，这应成为一个长期战略。另一个是我国社会发展阶段已经改变，但经济结构与之不相匹配，再不下决心，传统增长模式与社会发展的脱节将累积越来越多的矛盾，积重难返。结构调整说了几十年，已经到了一个各种矛盾纠缠叠加的深水区，再也不能依靠“修修补补”，必须把短期问题与中长期优化结构结合起来，实施“一揽子”改革。毫无疑问，经济转型和结构调整作为“十二五”主题，在当前大背景下显得更加紧迫。而要实现更有内涵的发展，金融是一个重要杠杆，“十二五”时期，金融战略要上升到国家发展战略的核心位置，以此推动自主创新和科学发展。

让我们的发展更有内涵，还要让我们的社会发展更有内涵。我国总体上已进入以工补农、以城带乡的发展阶段，继续破除城乡二元结构，加快形成城乡经济社会发展一体化新格局，是实现全面小康目标的必由之路。“十二五”是推进城乡统筹发展的关键时期，能否实现中央确定的宏伟目标，进而为实现全面小康铺平道路，关键就看“十二五”。在集中精力搞经济建设的同时，必须十分重视社会事业的发展，实现经济和社会协调发展，在这一点上，虽然我们从“十一五”开始就已经破题，但从全国范围来看，经济、社会严重失衡的局面依然严重。在我国社会建设和社会管理领域，仍需要梳理复杂利益关系，着力解决那些影响城乡公共服务均衡发展的体制难题，并在整体规划和制度设计方面实现更大的创新。在这个过程中，政府职能的再造非常重要。

让我们的发展更有内涵，更要让我们的民生发展更有内涵。“十二五”规划要从机制上保障人民能更多地分享到改革发展的成果，主要表现就是进一步提高居民收入，完善保障民生方面的政策措施，花更大力气改善教育、医疗、就业等。民富与国强，一字之变，民本立现，意义极为深远。一直以来，我们都强调“国”为“民”先，“大河有水小河满，大河无水小河干”。但事实上，小河有水大河才能满，小河无水大河必然干。民为邦之本，民富而后才能国强。科学发展的真谛，就是把以人为本提高到执政理念的高度。中共十七届四中全会闭幕后《人民日报》发表的社论，题目就叫《永远不辜负人民的信任和期望》。

雄关漫道真如铁，而今迈步从头越。做好“十二五”内涵发展这篇大文章，是历史赋予我们的神圣使命，也是新时代向我们提出的严峻挑战。面对世界瞬息万变的发展大势，面对国与国之间的生存发展竞争，我们丝毫不能懈怠。而造就一个更有内涵、更稳固、更强大的中国，是全体中华儿女共同的目标。

让我们从现在开始努力，在“十二五”有更多的收获！

编辑部　（010）85995642
战略发展部　（010）85993919/5641（传）
地方事业部　（010）85993920/3923（传）
发行热线　（010）85991200/5112
财务部　（010）85995842/1203（传）
办公室　（010）85991202/1203（传）
国内发行　北京报刊发行局
国内订阅　全国各地邮政局（所）
邮发代号　2－152
地　址　北京邮政2030信箱（邮编100026）
北京市朝阳区金台西路2号
官方网站　中国政务信息网
www.ccgov.org.cn
编辑部投稿邮箱　bjb@ccgov.net.cn
法律顾问　魏大忠

领导 LingDao 目录

领导 目录 LingDao

领导 LingDao 目录

“十二五”新思路新战略

内涵式发展就是要转变过去的外延式规模扩张思路，让我们的经济发展、社会发展、特别是民生发展更有内涵。将过去的"国强民富"，改成"民富国强"的目标，从机制上保障人民能更多地分享到改革发展的成果。"国强民富"改为"民富国强"，道出科学发展真谛。"民富"先于"国强"，"民富"重于"国强"，不仅从认识上强调了"民富"的重要性，而且能从机制上推动保障"民富"的落实到位。

“十一五”规划完成进度情况

经济增长：17省市区提前完成规划目标

在地区经济总量完成方面，31个省市区中23个设立了地区GDP绝对额指标数据，8个地区设定了年度增长率指标数据。

首先，绝对额完成进度方面，到2008年末，31省市区均完成了地区GDP“十一五”规划目标60%的预期任务。其中，江苏、河南、山东、湖南、海南、重庆、四川、青海、浙江、宁夏、甘肃、陕西、云南、福建、广东、湖北、吉林等17个省市区均已提前完成2010年的规划目标。其中，广东省到2008年底完成地区生产总值35696.46亿元，位居31省市区首位，超出本省2008年预期目标15596.5亿元，超额完成量达到了70%以上。从仅完成2008年预期计划的6个地区的情况来看，黑龙江省到2008年底完成地区GDP总量8310亿元，居2010年目标相差1690亿元，未完成量占比居各省首位。

其次，从8个地区年度GDP增长率完成情况看，各地从2006到2008年年均增幅均高于既定目标。其中，内蒙古自治区年均GDP增速达到20%，高出排名最后一位的北京将近9个百分点。另据有关统计显示，内蒙古地区生产总值增速已连续7年保持全国第一位，今年一季度经济增长率也达到了15%，增速继续居全国前列。

23省市区“十一五”地区GDP规划完成情况

序号	地区	“十一五”规划目标		具体实现情况
		到2010年（亿元）	到2008年（亿元）	到2008年（亿元）
1	广东	33500	20100	35696.5
2	山东	30000	18000	31072.1
3	江苏	29000	17400	30024
4	浙江	20000	12000	21486.9
5	河南	17000	17200	18407.8
6	四川	12000	7200	12506.3
7	湖北	10610	10610	11330.4
8	湖南	10000	6000	11156.6
9	福建	10000	6000	10823.1
10	陕西	6000	3600	6851.3
11	吉林	6400	3800	6424.1
12	云南	5220	3120	5700.1
13	重庆	5000	3000	5096.7
14	甘肃	3000	1800	3176.1
15	海南	1400	840	1459.2
16	宁夏	1000	600	1098.5
17	青海	900	540	961.5
18	河北	17050	10230	16188.6
19	上海	15000	9000	13698.2
20	辽宁	13500	8100	13461.6
21	安徽	10000	6000	8874.2
22	黑龙江	10000	6000	8310
23	贵州	3400	2040	3333.4

注：前17地区均于2008年底提前完成“十一五”规划目标；各年度数据均未剔除价格因素影响。

8省市区年度GDP增长率完成情况一览

地区	“十一五”规划目标	2006～2008年具体实现情况			
		2006年（%）	2007年（%）	2008年（%）	年均增幅（%）
北京	年均增长9%	12	12.3	9	11.1
天津	年均增长12%	14.4	15.1	16.5	15.3
山西	年均增长10%	11.8	14.2	8.3	11.4
内蒙古	年均增长13%	23.8	19.1	17.2	20
广西	年均增长10%	13.6	14.5	12.8	13.6
新疆	年均增长9%	11	12.2	11	11.4

（续表）

地区	"十一五"规划目标	2006～2008年具体实现情况			
		2006年（%）	2007年（%）	2008年（%）	年均增幅（%）
西藏	年均增长12%	13.4	14	10.1	12.5
江西	年均增长11%	12.3	13	12.6	13

在各地区人均GDP完成量方面，在公布数据的24个地区中，已有21个地区人均GDP超过了当初"十一五"规划预期的目标，仅天津、河北、黑龙江3个地区没有提前完成"十一五"目标。其中，辽宁省人均GDP在2008年底达到了31259元，超出预期规划目标达62.2%，增幅位居24个地区第一位。紧随其后的是江苏省，人均GDP超出2010年规划目标的61.2%。

另据有关机构数据分析结果显示，到2008年底，在各省市区人均GDP排名中，上海首次突破一万美元大关，达到10529美元，居全国首位；北京以9075美元位居其次；而列第三位的是另一直辖市天津。有关专家表示，人均地区生产总值突破一万美元大关，表明上海已经进入中等发达经济体行列。

24地区人均生产总值完成情况与规划目标对比

地区	2010规划目标	2008年完成额
江苏	24515元	39526元
天津	61000元	55473元
河北	24100元	23239元
河南	18100元	19593元
内蒙古	29500元	32214元
湖北	17110元	18786元
海南	16000元	17175元
重庆	16180元	18025元
四川	14000元	15378元
新疆	14782元	19475.2元
青海	15700元	17389元
浙江	40000元	42214元
甘肃	10000元	12110元
宁夏	16180元	17892元
陕西	16000元	18246元
云南	11400元	12587元
福建	28000元	30123元
辽宁	19270元	31259元
吉林	23300元	23514元
黑龙江	24270元	21727元
江西	2000美元	2160美元
广东	4250美元	5000美元
北京	6000美元	9075美元
山东	3900美元	4749美元

注：美元与人民币汇率以当年年底价格计算

财政收入：12省市区提前完成目标

从地方财政收入完成情况看，全国有16个地区为相关财政收入设立了绝对额指标，有8个地区设立了年增速指标，还有7个地区没有设定此方面的具体目标。

在绝对额指标方面，江苏、河南、湖南、四川、宁夏、陕西、福建、辽宁、吉林、黑龙江、安徽、重庆12省区到2008年底已提前完成"十一五"目标，其余天津、河北、山东、海南4省市均完成到2008年预期目标。其中，四川省于2008年实现地方财政一般预算收入1041.8亿元，高于“十一五”预期目标291亿元，超额幅度达到了38.8%，居各地区首位。

在年增速指标方面，8个省市区中，“十一五”预期目标最高的是新疆，要求每年地方一般预算收入年增长16%；最低的是北京和贵州两地，均要求财政收入年增长达到12%。从前3年的实际增长情况来看，各省市区均达到了预期的增长目标。其中，内蒙古的年均增速达到33%，增速最快。北京市在8个省市区中排名列最后，财政收入年增速为13.8%。

16省市区财政收入绝对额指标实现情况一览

地区	“十一五”目标	2008年实现情况
江苏	地方一般预算收入2400亿元	2731.4亿元
天津	全市财政收入1520亿元	1489.89亿元
河北	全省财政收入2000亿元	1820.8亿元
河南	地方一般预算收入900亿元	1009.14亿元
山东	地方财政收入2000亿元以上	1956.9亿元
湖南	财政总收入1300亿元	1308.55亿元
海南	地方财政收入150亿元	一般预算收入145亿元
四川	地方一般预算收入750亿元	1041.8亿元
宁夏	地方一般预算收入85亿元	95.02亿元
陕西	财政收入1000亿元	1104.21亿元
福建	财政总收入1200亿元	1516.33亿元
辽宁	地方一般预算收入1190亿元	1356.1亿元
吉林	地方财政收入400亿元	422.77
黑龙江	地方一般预算收入540亿元	578.4亿元
安徽	财政收入1300亿元	1326亿元
重庆	地方一般预算收入513.62亿元	577.24亿元

注：新疆、青海两地数据为地方一般预算收入指标

结构调整：北京市第三产业比重达73%全国最高

加快经济结构调整，促进经济增长方式的转变正成为各地区当前的一项重要任务。在第三产业增加值比重方面，全国有23个省市区设定了“十一五”预期目标。

从2008年底的各地方实现情况来看，仅有北京、海南、上海、江苏、吉林5省、市提前实现了2010年的既定目标。其中，北京市第三产业占GDP比重已达到73%以上，为全国三产比重最高的省级地区；上海市第三产业占GDP比重为53.7%，超出“十一五”规划目标3.7个百分点，超额幅度最大。

另外，23个地区中四川、辽宁、安徽、山西、陕西5省的第三产业比重与预期目标差距较大。其

中，陕西省第三产业比重仅为32.9%，距“十一五”规划相差7.1个百分点，在各地区排名最后。与经济增长类指标相比而言，该省此项规划目标如期实现难度不小。

各地第三产业占GDP比重“十一五“目标实现情况

进度排名	地区	2010年目标	2008年完成	超额情况
1	上海	50%	53.7%	3.7%
2	江苏	35%	38.1	3.1%
3	海南	39%	40.2%	1.2%
3	北京	72%	73.2%	1.2%
4	吉林	37%	38%	1%
5	福建	40%	39.3%	-0.7%
6	贵州	42.2%	41.3%	-0.9%
7	广西	38.7%	37.4%	-1.5%
8	河北	35%	33.2%	-1.8%
9	云南	42%	39.1%	-1.9%
10	广东	45%	42.9%	-2.1%
11	甘肃	41.5%	39.1%	-2.4%
12	宁夏	39.7%	36.2%	-3.5%
13	山东	37%	33.4%	-3.6%
13	黑龙江	38%	34.4%	-3.6%
14	湖南	41.5%	37.8%	-3.7%
15	江西	35%	30.9%	-4.1%
16	青海	38.8%	34%	-4.4%
17	四川	40%	34.8%	-5.2%
18	辽宁	40%	34.5%	-5.5%
19	安徽	43%	37.4%	-5.6%
20	山西	40%	34.2%	-5.8%
21	陕西	40%	32.9%	-7.1%

节能减排：四省市区GDP能耗降幅不足一半

在促进节能减排，降低单位GDP能耗方面，“十一五”以来，全国平均实现了单位GDP能耗下降10.08%，化学需氧量、二氧化硫排放量分别减少6.61%和8.95%目标。根据各地区近3年来的完成情况看，北京、天津、宁夏、浙江等15个地区完成情况较好，到2008年底，均已实现累计单位GDP能耗降幅超过“十一五”预期规划60%的目标。其中，天津市已累计实现万元GDP能耗下降15.73%，提前实现“十一五”原定目标。北京市也已实现能耗累计下降18.65%，距“十一五”目标仅相差1.35个百分点。

另外，需要注意的是，全国有9个省市区节能减排后半程任务将尤为艰巨。其中，新疆、海南、青海、广西4地区到2008年底降幅均不足规划目标的50%，减排目标是否能如期完成令人担忧。

居民收入：晋豫等9省市区完成既定目标

从城市居民可支配收入设立绝对额指标的18个地区的实现程度看，山西、河南、湖北、湖南、四川、宁夏、云南、辽宁、安徽9省区提前完成到2010年既定目标计划，其中，宁夏到2008年底，完成城市居民可支配收入12932元，超出“十一五”既定目标16.5%个百分点，超额幅度位居9省区之首；相比之下，吉林省到2010年城市居民可支配收入要达到15000元的目标，而到去年底，仅为12829元。就算不考虑价格因素影响，两年后要达到既定目标，也要保证有年均8%以上的增长速度。而在设立年度增幅目标的9个省区中，各省年度进度完成情况均较好，北京、广东、广西等增长速度已大大超出了预期目标。

在农村居民人均纯收入方面，设立绝对额指标的18个地区中，已有15个提前实现“十一五”预期目标，仅陕西、重庆、江苏3省市区稍有落后，但如期实现既定目标，预计难度不大。而设立年增速目标的10个地区，“十一五”前3年年均

各省市区万元GDP能耗下降情况一览

地区	2010降幅目标（%）	到2008年底累计降幅（%）
北京	−20	−18.65
天津	−15	−15.73
河北	−20	−13.4
山西	−25	−13.88
内蒙古	−25	−13.34
辽宁	−20	−12.32
吉林	−20，力争达到−30	−12.75
黑龙江	−20	−11.88
上海	−20	−12.15
江苏	−20	−13.63
浙江	−15	−13.19
安徽	−20	−12.07
福建	−20	−10.41
江西	−20	−12.72
山东	−22	−14.47
河南	−20	−12.19
湖北	−20	−13.56
湖南	20	−14.54
广东	−13	−10.4
广西		−9.78
海南	−12	−4.52
重庆	−20	−12.84
四川	−20	−10.09
贵州	−20	−11.93
云南	−17	−10.29
陕西	−20	−13.85
甘肃	−20	−11.23
青海		−4.87
宁夏	−15	−11.32
新疆	−20	−7.29

注：GDP和工业增加值按照2005年价格计算；西藏自治区的数据暂缺。

增速均超过了预期目标，其中，广西年均增速保持了14.2个百分点，接近既定增速目标的3倍。

25省市区农民人均收入完成情况超预期

绝对额指标			年增速指标		
地区	2010年目标（单位：元）	2008年实现（单位：元）	地区	规划目标（单位：%）	实现情况（单位：%）
山西	3840	4097.2	北京	6	9.4
山东	5500	5641	天津	10	10.3
内蒙古	4400	4650	河北	8	11.3
湖北	4145	4656.3	广西	5	14.2
湖南	4170	4512	海南	6	10.6
四川	3750	4121	贵州	5	8.4
新疆	3390	3488	甘肃	6%	11.3
青海	3000	3061.2	福建	6	8.9
宁夏	3250	3682	广东	6	10.9
云南	2730	3103	西藏	13	17.4
辽宁	5500	5576			
吉林	4300	4932.7			
黑龙江	4520	4840			
江西	4600	4670			
安徽	3800	4202.5			

18省市区城镇居民收入完成情况超预期

绝对额指标			年增速指标		
地区	2010年目标（单位：元）	2008年实现（单位：元）	地区	规划目标（单位：%）	实现情况（单位：%）
山西	12735	13119.1	北京	6%	12.26
河南	12735	13231	天津	10%	11.17
湖北	12910	13152.86	河北	8%	12.73
湖南	13300	13821	广西	6%	12.93
四川	11000	12633	海南	8%	12.57
宁夏	111000	12932	贵州	7%	7.9
云南	12400	13250	甘肃	8%	10.7
辽宁	14000	14393	福建	7%	12.1
安徽	12000	12990.4	广东	5.50%	10.83

“十二五”规划编制工作的总体情况

“十二五”时期中国经济社会面临的主要矛盾和问题

我国即将进入“十二五”发展时期。从国内外发展局势上看，我国在这一阶段仍处于重要战略机遇期，挑战前所未有，但机遇大于挑战，将是妥善应对国内外发展环境重大变化的五年，是深入实践科学发展观的五年，是全面落实党的十七大提出的全面建设小康社会新要求的五年，也是承诺实现联合国千年发展目标的五年。在这样的背景下，科学编制和实施好以科学发展观为核心的“十二五”国民经济和社会发展规划，将是一项十分紧迫和艰巨的历史任务。

国际金融危机可能持续到“十二五”

此轮国际金融危机对于中国的影响自2008年下半年中国举办奥运会之后逐渐显现，目前仍处于持续阶段。这一次经济危机的波及面之广、冲击力之大远远超过1998年爆发的亚洲金融危机，也在许多指标和方面超过上世纪30年代爆发的全球性经济危机，因此可以被看做是百年一遇。按照世界经济史上的经济周期规律，一次经济危机自爆发、加深到稳定，再到复苏，长者5—8年，短者3—5年，前后平均5年左右。考虑到21世纪以来知识、技术、信息、经济的突飞猛进，极大地增强了世界经济的自我修复和调整能力，这次经济危机的周期乐观估计也要持续3年左右。中国从整体上看仍然处于工业化和城镇化加快推进阶段，全球经济危机的爆发不会改变中国经济发展总的趋势，但是加入世贸组织后中国与世界经济的联系日益加强，在这次全球经济危机中不可能独善其身。现在中国距离“十一五”时期结束还有一年半的时间，乐观估计中国有望在“十一五”末全面走出危机，这样“十二五”规划正好处于经济周期的回升期。但是，也不排除进入“十二五”后全球经济危机的阴霾仍然尚未完全消散，摆脱世界金融危机的羁绊是“十二五”规划的必要前提。目前，国际性经济危机尚未见底，因此令“十二五”规划的制订面临一个特殊的背景。

内外需失衡调整不可能一蹴而就

改革开放以来，中国实施出口导向的发展战略，利用低廉的劳动力、自然资源成本向国外出口了大量低附加值的产品，净出口对于经济增长发挥了重要的支撑作用。2008年，中国货物进出口总额为2.56万亿美元，对外依存度高达57.9%。这种模式已经持续了30年，很难长期维持。当前国际金融危机的爆发导致国外市场需求明显萎缩，更是对于中国高度依赖国外需求的发展模式提出了严峻挑战，迫切要求中国进行战略调整，切实将需求的重点逐步转移到国内需求上。“十二五”时期正处于国际金融危机爆发后战略调整的关键阶段。

改革开放以来，中国经济的高速增长在很大程度上来源于投资的拉动，消费对于经济增长的贡献率始终相对较低。从国际经验看，一个国家在工业化初期和中期阶段，人均GDP3000美元以下时，绝大多数都是依赖投资拉动经济增长的。消费需求是最终需求，也是衡量国民生活质量和体现以人为本的重要指标，从长远看也必须不断培育和挖掘消费特别是居民消费对于经济增长的拉动作用。

2008年底国家实施的4万亿元扩大内需投资政策，主要是扩大投资需求。但很多投资都投向基础设施和产能已经过剩的第二产业，有些地方还上马“两高一资”和以前环评不合格的项目，还有一些是加剧产能过剩的项目。这些虽然可以在短期内促进经济回暖，但长期看却将使原已严重失衡的投资消费结构更不平衡，并加剧产能过剩。照此势头发展下去，投资和消费的结构不但不能改善，还将进一步恶化，使最终消费，特别是居民消费支出所占GDP比重进一步降低。结果可能是经济在短期刺激后，又因最终消费需求和民间资本跟不上，而出现回落。因此，调整内外需失衡无疑是“十二五”规划的重点之一。但扩大内需也好，提升消费需求贡献率也好，不可能一蹴而就，都需要一个相对长的阶段。中国社科院学部委员、国家重要智囊张卓元指出，中国经济经过2003至2007年连续5年的两位数增长，已积累了不少矛盾和问题，“十二五”规划应着力解决中国经济目前表现突出的四大失衡问题，将“保增长”与“调结构”相结合，以实现经济持续、协调、较快增长。所谓“经济四大失衡”包括：内需外需失衡——倚靠外需，内需不足；投资消费失衡——最终消费，特别是居民消费所占比重太低；投入产出失衡——为提高经济增长所付出的资源、环境代价过大；城乡发展失衡——城乡区域经济和社会发展不协调。张卓元建议，“十二五”期间至少要推进7个重点领域和关键环节（价格体系、垄断行业、金融体系、财政体制、政府职能、社会保障、规划体制）的改革，来解决经济失衡。更有专家指出，应将调整经济结构作为“十二五”规划的主题。由于过去外需高速增长掩盖了国内生产过剩的矛盾，因此“十二五”期间必须从调整国内不合理的经济结构出发，释放出国内被长期压抑的需求；通过调整国内个人分配结构，以提供国内居民消费能力；通过大力推动城市化，释放出被城市化缓慢而压抑的巨大需求，从而解脱外需萎缩而内需也打不开的困境。而民生议题必然是“十二五”规划的一大重点。从长远看，这是缩小贫富区域差距，促进社会公平正义，提高国家发展质量的保证。而从两三年的短期看，国家提出的扩大内需方针，首先就需要千方百计增加百姓收入，提高富裕程度，完善保障机制，才能有效提升购买力，从而促消费、扩内需。

经济转型仍任重道远

中国改革开放以来经济的快速增长在很大程度上是依靠资源的高度消耗和低效利用、生态环境的严重破坏等为代价的粗放式发展模式，这种模式对于中国这样一个资源相对短缺、生态比较脆弱的国家而言不可能持续。土地资源的浪费与低效利用比较突出，工业化和城镇化对于建设用地的需求与保护耕地、维护粮食安全形成尖锐的矛盾。水资源的短缺、浪费和污染触目惊心，地表水干涸、污染严重，地下水过度开发导致多个城市地面沉陷，水资源的数量供给和质量保障均面临严峻挑战。能矿资源粗放式开采严重，带来生态环境破坏、安全事故频发等问题，总体上难以满足经济快速增长的需求，对外依存度一直居高不下，风险性不断加大。同时，由于生态保护建设投入不足、生态补偿不到位，水土流失、荒漠化、石漠化等生态退化问题突出，直接影响区域性乃至全国的生态屏障功能和生态平衡。"十二五"时期无论从国际金融危机带来的资源性产品价格下降这样一个有利时机，还是从对国内转变经济发展方式的迫切需求来看，都应该把加快建立资源节约集约利用和生态环境保护的机制放在一个重要位置。进一步促进资源性产品价格形成的合理化，理顺资源有关税费征收和使用体系，加快探索建立江河流域上游、自然保护区、重要资源开采地等不同类型区域的生态环境补偿机制。

就业矛盾达到峰值

目前，中国总体上仍然处于新增劳动力快速增加的阶段，需要持续创造更多的新增就业岗位，以缓解日益严峻的就业压力。特别是现阶段国际金融危机爆发以来，中小企业破产重组产生的裁员失业人口、国企改制带来的下岗失业人员、数量处于高峰的大学毕业生、军转干部、农村剩余劳动力形成的农民工等多种类型的待就业劳动力交织在一起，使得今后几年及"十二五"时期必须高度重视就业问题的解决。就业不仅关乎人的尊严、地位和收入水平，而且与社会稳定和谐和以人为本息息相关，必须在"十二五"乃至更长时期内加大政策的引导和资金的投入，确保就业岗位的创造和就业水平的稳定。与就业密切相关的就是社会保障体系的建设，社会保障体系越完善，在一定程度上越有利于缓解就业压力带来的社会不稳定因素。目前，中国社会保障体系建设刚刚起步，并且主要集中在城镇，广大农村仍然相当落后。借助目前国家一揽子4万亿投资计划中加大社会保障建设投入的时机，在"十二五"规划中进一步加大社会保障体系建设的力度，按照先城后乡，自下而上，先养老、医疗等基本保险，后失业、工伤、生育等其他保险的方向，稳步提高社会保障体系的覆盖面、统筹层次、缴费标准，为城乡居民构建适应国情、现实可行、保障基本的社保体系。

结构失衡困境并未摆脱

中国历来比较注重产业结构的布局和调整，在中央和地方各级政府的规划中都对产业发展的类型、规模、层次以及组织形态等构成产业结构的内容给予了详细的规划，而忽视空间结构和功能结构的规划，这是造成地区间重复建设、资源配置低效、功能定位冲突、恶性竞争加剧等问题的重要原因。真正的结构优化应该是包括经济结构、空间结构、功能结构三位一体的过程，经济结构的主体是产业结构，因而现实中应更多地关注产业结构与空间结构和功能结构的关系，这三个方面相互影响和促进，缺一不可。产业结构的优化调整大家比较熟悉，也就是通过调整三次产业的规模、速度和行业类型，实现产业结构高级化的目标。空间结构的优化调整是指根据一个地区的区位条件、资源禀赋、环境容量、发展基础等方面的比较优势，合理布局符合当地比较优势的特色产业，实现产业空间布局的集约和有序。功能结构的优化调整是指按照一个地区在国际、全国、全省、周边区域等不同层次发展战略目标中的功能定位，统筹规划产业的发展和布局，凸显和强化自身的功能定位，实现不同区域间功能互补和定位合理。“十二五”规划要针对“十一五”时期全国出现的产业结构趋同、空间结构失衡、功能结构冲突等现实性或苗头性问题，重点加强“三个结构”的并重、互动和耦合，减少资源的浪费和低效利用，促进全国产业以及经济的合理布局和协调发展。

“十二五规划”课题公开招标情况

国家“十二五”规划编制全面启动

“国强民富”变“民富国强”

中国的国民经济和社会发展第十二个五年规划即“十二五”规划的政策周期是从2011年到2015年。在制定程序上，各部委省市区在2009年下半年初步完成本领域、本地区的规划，统一汇总到国务院，编制全国的“十二五”规划，将在2010下半年的中共十七届五中全会上讨论建议稿，而后提交2011年3月份的全国两会上审议通过付诸实施。目前，各部委省市区的“十二五”前期课题调研均已启动。

香港《大公报》报道援引参与研究制定“十二五”规划的国家信息中心经济预测部高级经济师王远鸿透露，“十二五”规划将改变过去的国强民富，提出民富国强目标，从机制上保障人民能更多的分享到改革发展的成果。国家在“十二五”期间进一步提高人民收入，完善保障民生方面的政策措施，花更大力气改善教育、医疗、就业等民生工程的力度，推动环境保护和节能等。

目前，各部委省市区层面的“十二五”规划调研工作已经启动。国家发改委规划司“十二五”规划前期重大问题研究公告2008年11月就正式对外公布，总体要求是按照深入实践科学发展观、贯彻落实十七大精神的要求，围绕经济社会中长期发展中的重点难点问题，深入分析破解这些问题的方向和对策。2009年6月，国家发改委成立了“十二五“规划前期调研课题组，并开始频繁组织社科院、国研中心等智囊专家召开“十二五”规划前期专家讨论会，听取意见，对“十一五”规划实施情况进行中期评估，并着手准备“十二五”规划前期研究工作。按照往年惯例，2010年召开的中央全会将提出“十二五规划”建议，然后国家着手制定“十二五规划”。国家发改委将为2010年规划的制定准备系统数据，并提出初步意见。

国家发改委2009年6月关于《“十二五”规划前期重大问题研究公开选聘研究课题》招标开始进行。与此同时，发改委官员率团深入各地，就“十二五”保持可持续发展、培育新经济增长点等课题征求意见，开展实地调研。2月23日至2月25日，以发改委规划司副司长田锦尘为组长的国家发改委“十二五”规划调研组到安徽省开展调研；6月6日至9日，发改委政策研究室局长费洪平带领“十二五”规划思路调研组到山东临沂市调研。工业和信息化部也公布了“十二五”的三十个前期研究课题指南，国家能源局则启动了能源、电力的“十二五”规划调研，下半年将完成规划编制工作并广泛征求意见。交通运输部综合规划司牵头展开公路、水路建设的“十二五”规划研究。

而地方政府却希望将地方“构想”和国家规划相衔接，融入其中，就介入国家“十二五”规划展开角逐，尤以“重点发展产业”的争夺较为激烈。川陕渝的发改委正在着手考虑建设定期协商机制，要国家将西三角列入“十二五”规划。西三角是一个跨成、陕、渝三地的复合型经济区域，GDP总量占整个西部40%的大区域。与西三角相比，制定中的成渝经济区为争取列入国家“十二五”规划，正在紧锣密鼓地推进。成渝经济区《关于推进成渝经济区建设的主体报告》已经完成。试图以区域经济的概念加盟国家“十二五”规划，仅是其中的一种方式，而更多的省市区采取直接提前上马“十二五”规划的项目，以此保证入围。上海便是这样的领先者之一。2009年两会期间，上海市市长韩正表示：“在得到了国务院和有关部门认可的前提下，上海‘十二五’规划确定的一些项目将提前实施。提前推进的一些重大项目主要包括长兴岛二期、上海虹桥综合交通枢纽、上海的临港工业园等”。陕西也加入到这一行列，计划全部拿出国务院十大振兴规划的“地方版”，旨在以投资带动内需和经济增长。陕西省提前到“十一五”期间内执行的重大项目，主要集中在高速公路和铁路建设方面。此外，在吉林、广东，新疆等地，也有类似消息传出，越来越多的地方正将“十二五”规划项目提前到“十一五”进行，以刺激经济。而北京市在2009年5月底已面向全国公开选聘“十二五”规划六十个前期课题的研究机构。民生议题成为“十二五”规划中的一个重点。如北京的课题中，就包括了提高社会基本公共服务水平、教育、医疗卫生、文化、扩大就业、完善社会保障、人口发展、老龄化、人力资源、和谐小区村镇等课题。专家指出，民富目标的提出，意味着国家将完善收入分配格局提升到更重要的战略高度。从长远看，这是促进社会公平正义，缩小贫富区域差距，提高国家发展质量。从两三年的短期看，国家提出的扩大内需方针，首先就需要千方百计增加百姓收入，提高富裕程度，完善保障机制，才能有效提升购买力，从而促消费、扩内需。

在金融危机背景下，如何应对危机成为规划调研中的一个关键词。国家发改委规划司在5月份召开了“十二五”规划前期重大问题研究课题初步研究成果听议，听取了央行研究生部负责的完善金融体系及防范金融风险研究等课题汇报。目前，国际性经济危机尚未见底，因此令“十二五”规划的制订面临一个特殊的背景。中央确定的“保增长、扩内需、调结构”中，政策周期较长的调结构将在“十二五”规划中占到很大比重。几乎所有部委省市区的规划中，都有加大调整经济结构的内容。一方面，是为了保证当前应对危机的宏调举措延续过渡；另一方面也是立足长远，通过调整结构淘汰落后产能，化危为机，使中国能够在未来新一轮国际经济分工中占得有利先机。

在经济危机中焕发增长潜力的一批新兴产业，也将成为“十二五”规划亮点。科技部副部长刘燕华透露，发展生物经济正在成为许多国家应对金融危机的战略措施，生物技术和产业化将成“十二五”科技规划重点。另外，光伏太阳能等新能源，则有望在能源“十二五”规划中获得政策倾斜。

国强民富变民富国强意味着执政思路的根本改变

《上海商报》2009年6月16日署名评论文章认为，“十二五规划”将过去的“国强民富”改变为“民富国强”，表面上看只是两个词语的搭配顺序不一样，孰先孰后似乎关系都不大，但其实不然，它可能意味着一种执政思路的根本改变。在民富与国强的关系上，一直以来，我们都强调“国”在“民”之先，并常用大河与小河的关系来喻指，把国比作大河，民比作小河，“大河有水小河满，大河无水小河干”。但事实上，正确的逻辑关系应该是，小河有水大河满，小河无水大河干。民是国之本，民富而后才能国强。“民富”目标的提出，说明我们意识到了既往发展路径的缺陷。

6月22日的中国共产党新闻网署名评论认为，“国强民富”改为“民富国强”，道出科学发展真谛。“民富”先于“国强”，“民富”重于“国强”，不仅从认识上强调了“民富”的重要性，而且能从机制上推动保障“民富”的落实到位。体现了科学发展观的要义，揭示了科学发展观的精髓，夯实了科学发展观的理论，堪称妙笔。

8月6日中评社题为《民富国强　此其时也》的社评认为，“十二五”规划中将“国强民富”变为“民富国强”，意味着中国的发展将进入一个新的阶段。

英国《金融时报》中文网专栏今年1月13日题为《从国强到民富》一文指出，如何从国强进而到民富，如何让全民都能够享受到社会进步的福祉。从国强到民富的演进，仍然寄希望于变革。

发改委“十二五规划”招标锁定两大重点

6月25日，国家发改委召集社科院、国研中心等专家，召开“十二五”规划前期讨论会。国家发展改革委规划司指出：即将进入的“十二五”时期，我国仍将处于重要战略机遇期。机遇前所未有，挑战也前所未有，机遇大于挑战。因此，“十二五”规划将是我国妥善应对国内外发展环境重大变化的五年规划，是深入实践科学发展观、全面落实十七大提出的新的发展要求的五年规划，也是承诺实现联合国千年发展目标的五年规划。科学制定并实施好“十二五”规划，对实现全面建设小康社会宏伟目标具有重要意义。为进一步提高规划编制的透明度、民主参与度，广泛凝聚社会各界的智慧，对重大问题达成共识，增强规划的科学性，国家发展改革委决定对“十二五”规划前期重大问题研究进行公开选聘研究单位。每个五年规划的编制工作一般都要经过前期研究、形成基本思路、研究提出规划框架和起草规划草案几个阶段。前期重大问题研究是基础，是否能够做到充分和扎实，直接影响到基本思路的提出，影响到最后形成的规划的科学性、有效性和权威性。

为了做好“十二五”规划前期研究课题公开选聘研究单位工作，发展改革委在课题内容安排上作了改进。按照党的十七大的总体部署和深入贯彻落实科学发展观的要求，在充分讨论和广泛征求专家意见的基础上，提出了一个包含8个领域39个题目的《“十二五”规划前期重大问题选题指南》。《指南》选取的这些题目，重点是两个方面：一方面是关于“十二五”规划总体思路研究，发展目标研究等；另一方面是关于需要推动解决的制约经济社会中长期发展的一些重大问题，如转变经济发展方式，统筹城乡发展等，研究重点是寻找破解这些问题路径、方向，提出具体可行的政策举措。项目单位在申报课题时，可以依据自己的研究优势，直接用《研究指南》列出题目，也可以围绕《研究指南》确定的领域，自行确定研究题目，但是一定要围绕规划编制工作需要，突出关系全局发展的问题，突出战略发展的问题，突出宏观性、政策性方面的问题。要能直接为提出“十二五”时期国民经济和社会发展思路、起草“十二五”规划《纲要》服务，从国家中长期发展的战略高度出发，把问题分析透彻，把解决思路梳理清楚，并提出针对性和实用性强的政策措施。发改委强调，各单位要继续本着为国家未来发展出谋划策的意愿出发，撰写出有思想、有深度、有实际可操作性的研究报告，高水平、高质量地完成研究任务。

“调整结构或成为下个5年规划的关键。”会后，中国社科院学部委员张卓元在接受记者采访时直言，中国经济目前积累了不少矛盾和问题。“4万亿投资中，很多投资都投向基础设施和产能过剩的第二产业，如上马‘两高一资’的项目。”中国宏观经济学会秘书长王建也指出，“十二五”规划的主题应定为调整经济结构。多位专家也认为，制约中国发展的问题中，内外部不平衡问题位列其一。“‘十二五’期间至少要推进7个重点领域和关键环节的改革，来解决经济失衡。”参与规划前期课题的国家信息中心预测部一位处长表示。

讨论会之后，发改委官员便率团深入各地实地调研。此前就“十二五”保持可持续发展、培育新经济增长点等课题征求意见，发改委多次率团到地方开展调研。2月23日至2月25日，以发改委规划司副司长田锦尘为组长的国家发改委“十二五”规划调研组到安徽省开展调研；6月6日至9日，发改委政策研究室局长费洪平带领“十二五”规划思路调研组到山东临沂市调研。

促进区域协调发展，构建和谐社会是党的“十七大”和十七届三中全会提出的明确要求，也是“十二五”期间加快推进我国社会主义现代化进程的重要任务。国家发改委在规划“十二五”研究课题中，把促进区域协调发展作为“十二五”重点任务，并决定继续组织社会力量，以社会公开征集方式开展关于促进区域协调发展领域的重大课题研究。6月30日，国家发改委地区经济司发布“十二五”研究课题征集公告，明确课题应紧紧围绕“十二五”期间促进区域协调发展重大问题展开，重点对区域规划、区域政策、区域合作、流域治理、扶贫开发、国土开发整治等方面的有关理论与政策进行深入研究。主要课题包括；

（一）“十二五”期间落实区域发展总体战略面临的新形势，研究促进区域协调发展的主要任务和重大战略部署。

（二）研究提出“十二五”期间健全区域互动机制、发挥区域比较优势的政策措施和区域政策框架体系。

（三）分析国内和国际合作面临的新形势、新问题，研究提出拓展合作领域、创新合作方式、完善合作机制、开展国际区域政策对话与合作、内地与港澳台区域合作等思路与政策建议。

（四）“十二五”期间重点地区（城市群、都市圈、经济带）开发开放及区域规划编制工作的重点思路和重大任务，主体功能区规划组织实施的基本思路与政策建议。

（五）“十二五”期间促进中部地区崛起的基本思路与重大政策建议，研究提出承接产业转移、促进城市群发展的政策措施。

（六）研究提出“十二五”期间加强重点流域开发和污染防治的总体思路与政策措施，研究提出“十二五”期间重点流域生态经济区发展和生态补偿机制建立的基本思路，提出推进可持续发展领域的重大政策建议。

（七）分析“十二五”期间扶贫开发的新形势，研究进一步完善扶贫开发机制的思路和政策措施，提出扶持老、少、边、穷等特殊类型贫困地区发展的政策措施。

（八）研究提出“十二五”期间我国国家信息基础设施建设和地理空间信息应用的基本思路，研究提出地理空间信息应用有利于促进区域协调发展的政策措施。

“十二五”规划课题省市区比较

地方“十二五”规划研究特点

“十二五”时期是深入实践科学发展观、全面落实党的十七大提出的战略目标的重要时期，也是积极应对国内外发展环境重大变化，加快推进经济转型升级的关键时期。科学制定和实施好“十二五”规划具有十分重要的意义。2009年是“十二五”规划的启动之年。为做好“十二五”规划前期研究工作，各省市区在充分讨论和广泛征求专家意见的基础上，结合本地“十一五”规划实施情况和未来发展的形势和任务，研究拟定了“十二五”规划重大问题研究指南。在选题过程中，按照内容覆盖广、影响性大、社会关注度高，需要突出理清思路和举措的原则，重点突出以下研究方向:

一是突出战略性。作为“十二五”规划的重要基础，课题选择要坚持贯彻落实科学发展观，抓住对全市经济社会发展具有全局和长远影响的问题，深入开展“十二五”规划的总体思路、发展目标、空间布局等战略性研究。

二是突出综合性。当前，我市经济社会发展面临的问题呈现多元化、复杂化和关联化的特点，必须通过多领域、多要素、多角度的综合性研究，提出解决问题的思路和对策。

三是突出前瞻性。“十二五”规划的编制和实施将影响我市较长一个时期的经济社会发展，既要充分认识世界经济环境急剧变化给我市经济发展提出的新问题新挑战，又充分认识我市经济发展的基本态势和长期向好趋势，抓住影响我市中长期发展的趋势性问题进行深入研究，做到未雨绸缪，超前谋划。

相关链接

天津市邀请专家为“十二五”发展“把脉”

4月21日，天津市发改委邀请京津部分专家学者，召开“十二五”规划前期重大问题研究选题专家座谈会，结合各自研究领域，结合天津发展的现状和发展要求，对需要研究的重大问题提出意见和建议，为天津发展把脉。与会专家表示，“十二五”的重大问题和需要研究的重点问题，一是认真研究所处的发展阶段，明确经济结构调整、产业结构调整的方向，充分利用优势，促进经济持续快速健康发展。二是认真研究发展面临的国际国内形势，特别是面对这次国际金融危机给发展带来的影响，如何沉着应对，抓住机遇，加快发展。三是认真研究如何落实国家对天津、对天津滨海新区的定位，如何实现“两个走在前列、一个排头兵”的重要要求，更好地发挥滨海新区龙头作用，带动全市乃至环渤海地区协调发展。四是认真研究如何挖掘天津潜力，大力发展现代服务业；如何搞好与京津冀、环渤海地区的关系，特别是处理好与北京的关系，实现优势互补，错位发展，打造具有天津特色的产业集群，提升核心竞争力。五是认真研究中心城区、各区县产业空间布局，形成合理的功能定位，避免盲目竞争、无序竞争。六是认真研究“十二五”期间如何尽快提高医疗卫生、社会保障等公共服务水平，尽快提高城乡居民收入，使收入水平提高与GDP增长基本同步。七是认真研究采取什么样的措施，加大改革力度；如何建立完善的市场体系；如何搞好土地的集约利用；如何搞好金融创新等。八是认真研究规划形式的创新，改变过去片面注重发展目标，规划不能落地，缺乏约束力等问题，在目标设定、项目安排、产业布局等方面深化研究。

四是突出地方特色。“十二五”时期是建设全面小康社会，率先基本实现现代化的关键时期，要把握发展的阶段特征，深入分析本省市区的新形势、新特征，按照目标要求，研究提出发展新思路和新举措，为编制“十二五”规划奠定重要基础。

目前已有包括北京、上海、浙江、重庆、广东、福建、辽宁等数十个省市区进行了“十二五”规划重大研究课题的公开招标，这些课题基本反映了“十二五”期间中国区域经济和城市发展的核心问题，反映了城市发展的一般规律特征。其中，很多新的概念和规划化要求体现了不同城市的不同关注点。

北京规划编制四个“突出”

2009年5月19日，北京市“十二五”规60个课题（包括18个重点课题和42个一般课题）公开招标。这些课题是根据当前及今后一个时期北京市经济社会发展面临的新形势、新情况、新要求，按照重点和一般相结合、突出阶段性特征研究、突出综合性研究、突出解决重点问题和突出规划重点内容的原则确定的。“十二五”是北京市人均GDP超过1万美元、经济社会发展将向更高水平、更高层次跨越的关键时期；是“人文北京、科技北京、绿色北京”建设的起步时期；是实施城市空间布局战略调整、促进城乡和区域协调发展关键时期；是保持首都经济社会平稳较快发展的关键时期。与“十一五”规划相比，“十二五”规划编制的起点更高、要求更高、难度也更大。

北京市“十二五”规划编制的特点是“四个突出”：

一是突出阶段性特征研究。与“十一五”相比，“十二五”北京发展面临着人均GDP超过1万美元后经济社会发展的阶段性特征，面临着利用国际金融危机引发世界经济布局调整等重大机遇，同时也面临着着力推进新城建设、构建现代产业体系等重要任务，这些方面都设立了新的课题。

二是突出综合性研究。60个课题中，综合性研究课题占全部课题的三分之一以上。研究内容包括北京市经济布局调整与重点发展区域相关政策措施、人口资源环境协调发展、基础设施需求与重大项目布局、城乡经济一体化发展等方面。

三是突出解决重点问题。根据“十二五”发展的要求，本着集中力量办大事，着力解决重点问题和突出薄弱环节的原则，确定了包括提高社会基本公共服务水平、完善社会保障、生态文明建设、北京市重大信息基础设施建设、加快南城和西南部地区发展等相关课题。

四是突出规划重点内容。根据起草编制“十二五”规划纲要的需要，还确定了一批与规划内容相关的课题，包括北京市“十二五”规划纲要框架思路研究，北京市“十二五”规划纲要经济社会发展指标体系及测算等。

上海21项重大课题探路转型

上海市“十二五”规划前期重大问题确定了21项课题。这21项课题分属6大专题，分别是国际金融危机背景下的上海战略、加快调整产业结构推进经济振兴转型、优化城市空间布局、突破资源环境瓶颈、破解影响科学发展的体制机制瓶颈，以及加快社会发展促进社会和谐。此21项课题，将全方位谱就“十二五”时期的新上海愿景图。7月9日，上海市“十二五”规划前期重大问题研究的公开选聘研究单位结果发布，在162份的各类课题申请书中，上海市发改委确定了21项课题的研究小组。

“十二五”时期是上海加快推进“四个率先”、建设“四个中心”的关键时期。目前上海正在经历前所未有的转型发展过程，如何破解转型中的难点问题、如何化解和利用金融危机中的“危”与“机”，成为21项课题探寻的重点。在上海市“十二五”规划前期重大课题中，三大课题直指产业结构和经济转型问题，对现代服务业、先进制造业和高技术产业的发展进行研究。服务业方面，新规划将对目前上海已明确的金融、航运、信息以及生产性服务业等重点领域，提出具体发展目标和促进其迅速壮大的举措；而对于医疗、教育、文化娱乐、旅游、商贸等可能成为服务业新增长点的领域，将提出发展路径。《上海市“十一五”规划实施情况中期评估报告》显示，上海现代服务业的“短腿”现象尚未得到根本扭转。其主要表现在：金融业受证券市场影响波动性大，航运专业服务以及教育卫生等社会服务业规模偏小，而服务业整体对长三角和全国的辐射作用也不够强。与服务业类似，产业转型问题近年来也一直困扰着“上海制造”。今年1-5月份，上海规模以上工业总产值同比下降了7%。

“上海将来要通过技术和价值链引领结构调整，并通过集约化发展产生产业辐射带动效应。”“上海加快发展先进制造业研究”课题负责人、复旦大学管理学院副院长芮明杰表示，“上海要率先探索一条产业转型的新路，从目前的产业‘依附发展’升级到自主发展。”

面积仅6340.5平方公里的工业重镇上海，长期以来面临强大的能源环境压力。在“十二五”规划前期重大问题中，能源和环境均是其中的关键字眼。“上海能源发展和节能问题研究”课题负责人、复旦大学能源研究中心常务副主任吴力波表示，“从长远来看，上海要尽量实现电力生产方式和供应渠道的多元化。”吴力波表示，煤电在上海没有发展空间，因此开发风电、太阳能、生物质能源等新能源，将是对目前脆弱能源供应体系的一个有力补充。

在环境问题上，上海亦有受制于国家整体政策的瓶颈。“上海环境保护目标和措施研究”课题负责人、复旦大学环境科学系教授戴星翼表示，上海未来要走“高端化循环经济”的路子，即增加循环产业链的知识含量和技术含量，提高附加值，尽可能地让产品不成为废弃物的经济。“环保不能总在末端做防御，因为污染和经济增长的赛跑是没完没了的；更多的要在生产环节上做文章。”

广东“十二五”课题强调粤港澳合作

广东省政府从“十二五”规划前期研究课题中，筛选出部分课题向社会公开选聘研究单位。本次面向社会公开选聘研究单位的“十二五”规划研究课题共10个，包括：广东省“十二五”发展环境研究、广东省“十二五”发展战略和发展思路研究、广东省“十二五”发展目标和指标体系研究、广东省产业结构调整和提升产业竞争力研究、“十二五”期间广东省扩大消费促进经济增长研究、广东省收入分配结构调整和提高城乡居民生活水平研究、广东省“十二五”经济体制改革研究、广东省社会管理体制改革研究、新形势下广东省开放型经济发展面临的挑战与策略研究、粤港澳合作的重点领域与合作方式研究等。研究课题立足于落实科学发展观、研究和解决广东省未来发展中面临的重大问题，主要涉及总体发展战略、经济社会发展、体制改革、区域合作等方面的内容。在广东省“十二五”规划前期研究课题指南中，“粤港澳合作的重点领域与合作方式研究”成为其重要组成部分。在新近公布的广东省“十二五”规划前期研究课题指南中，包括了“粤港澳合作的重点领域与合作方式研究”部分。其主要重点研究粤港澳合作在现代服务业、基础设施建设、共建优质生活圈等方面面临的问题和合作前景、内容，提出创新合作方式的政策建议。

福建规划编制突出“五个注重”

福建省围绕国内外发展环境、思路目标、产业结构、城乡区域、投资与基础设施、社会事业、改革开放、闽台交流与合作、人民生活和资源环境等十大方面，研究提出了包含33个题目的《福建省“十二五”规划前期重大问题研究选题指南》。按照内容覆盖广、影响大、社会关注度高，需要突出理清发展思路和举措的原则，这次选题注重以下几个方面：

一是注重分析形势发展变化。各个专题要关注当前国内外发展环境的深刻变化，分析判断我省经济社会发展趋势及对中长期发展可能产生的影响，重点开展“十二五”期间宏观环境分析及提出政策建议等。

二是注重体现“科学发展、四求先行”的要求。课题的选择力求充分体现“科学发展、四求先行”在编制“十二五”规划中的指导作用，突出科学发展这个主题，突出海峡西岸经济区建设这条主线，着重对今后发展的方向进行重点分析评价，重点组织开展“十二五”规划总体思路、产业结构调整和产业布局、加快城乡一体化发展进程研究等。

三是注重发挥特色优势。把握和拓展福建在全国区域协调发展格局中的特殊优势，尤其是如何运用好、发挥好区位、对台、港口资源三大特色优势，重点开展两岸“大三通”新形势下拓展闽台交流合作研究等。

四是注重推进改革创新。关注体制机制对经济社会发展的影响，坚持市场取向的改革和体制创新，把改革作为发展的永恒动力，提出推进重点领域和关键环节的改革思路，重点开展深化经济体制改革的总体思路研究等。

五是注重改善民生。着力民生、着力民心，使海西建设成果充分体现在提高生活水平、满足物质文化需求、实现人的全面发展上，重点开展完善社会保障体系、扩大就业研究等。

省市区“十二五”规划研究主要特征

仍然强调应对国际金融危机

从各省市区“十二五”规划前期研究确立的课题看，应对金融危机对策和思路研究首当其冲。比如，上海市“十二五”规划前期重大问题研究选题指南中，应对国际金融危机成为首要课题，包括：

国际金融危机背景下，国际经济变化趋势及对上海的影响和应对措施，研究重点是未来几年特别是“十二五”期间及到2020年世界经济（包括国际产业分工、贸易投资、金融货币体系、重要资源产品等）的发展趋势和特点，分析其对上海经济发展可能产生的影响；分析在这种背景下上海建设“四个中心”将面临的新机遇和新挑战，妥善应对危机影响、保持经济持续较快发展的措施建议；国际金融危机背景下，国家宏观经济政策取向分析及对上海的影响和举措，研究分析这些政策变化和调整对当前和今后一段时期，特别是“十二五”时期上海经济发展的可能影响，提出上海如何适应我国宏观经济发展变化和宏观经济政策调整。

重庆应对金融危机课题研究包括“十二五”建设长江上游金融中心研究，重点研究优化和规范重庆金融生态环境，提出“十二五”时期建设长江上游金融中心，构建符合重庆特点区域金融体系的思路和措施；重庆金融危机下世界500强在渝投资情况及趋势研究，重点研究世界500强企业在渝投资现状，金融危机及政府宏观调控政策影响下，世界500强进入重庆变化及趋势分析等。

天津“十二五”规划重大问题选题也突出.国际经济环境变化及对天津经济社会发展的影响和对策研

究、人均GDP超过1万美元后天津市经济社会发展阶段性特征和发展重点的研究，据此提出“十二五”及到2020年天津经济结构调整及经济社会发展方向、发展目标和重大措施的建议。

河南省也提出要加快金融体系建设研究，分析金融体系发展存在的突出矛盾和问题，据此提出“十二五”时期完善金融体系的基本思路、主要目标和重点任务；加快资本市场和郑州区域性金融中心建设的政策措施；增强金融服务经济发展能力的措施办法；加快农村金融体系建设和创新金融方式的方向和重点。福建省依据本省特点“十二五”规划前期重大问题则侧重保持对外经贸持续增长的对策研究。

更加重视经济转型和结构调整

经济转型和结构调整是“十二五”时期的主题。对此，各省市区在确立“十二五”研究课题中都给予了高度重视，结合本地区实际，积极研究研讨化解经济转型和结构调整难题的办法与良策。

部分省市区“十二五”结构调整研究方向与课题比较

省市区	相关课题
河南	河南省加快转变经济发展方式的思路与对策研究，重点研究国际上和国内发达地区发展方式的比较、主要经验及启示，转变经济发展方式的内涵要求及经验教训，探索建立推动科学发展的评价指标体系，研究提出“十二五”期间经济发展方式转变的基本思路，要解决的难点问题、主要途径、政策措施和制度保障；河南省构建现代产业体系、促进产业结构优化升级研究，分析新一轮全球经济调整和世界科技发展周期背景下国内外产业结构调整和产业转移的新趋势，当前产业结构中存在的矛盾和问题，研究提出“十二五”期间走新型工业化道路，以信息化带动工业化，加快培育壮大战略支撑产业，构建以现代农业为基础，高新技术产业为先导，先进制造业为支柱，现代服务业为支撑的现代产业体系，以及提高产业核心竞争力的总体思路、主攻方向、重点领域、主要任务、体制机制保障和政策措施；河南省加快现代服务业发展研究，研究国际上发达国家以及国内其他发达省份服务业发展的经验与启示，分析服务业发展相对滞后的主要原因，适应工业化、城镇化、国际化、市场化、信息化的新形势，按照构建现代产业体系的要求，重点提出加快现代服务业、新兴服务业和公共服务业发展的总体思路和方向、优先领域、体制机制保障和政策措施，提出现代物流、金融保险、文化、旅游、房地产等重点行业规划思路。
重庆	重庆市对接国家产业振兴规划建设西部现代产业高地研究，重点研究“十二五”时期重庆现代产业发展环境和薄弱环节，对接国家十大产业振兴规划，提出建设西部现代产业高地，提升产业核心竞争力的思路、目标、空间布局、重点领域、体制保障和政策措施；重庆“十二五”建设国家重要装备制造业基地研究，重点研究“十二五”时期重庆建设国家重要装备制造业基地的阶段性目标、发展思路、可持续发展的模式和举措；重庆“十二五”建设国家重要石油天然气化工产业基地研究，重点研究“十二五”时期重庆建设国家重要石油天然气化工产业基地的阶段性目标、发展思路、可持续发展的模式和举措；重庆“十二五”加快建设长江上游科技创新中心和科研成果产业化基地研究，重点研究“十二五”时期重庆加快自主创新能力建设、大力发展电子信息产业以及培育发展高新技术产业的目标、发展思路、重点领域和对策措施；重庆“十二五”加快发展现代服务业研究，重点研究重庆服务业发展相对滞后原因，针对存在问题，提出“十二五”加快重庆现代服务业发展的思路、方向、优先领域、政策措施和保障机制。
陕西	陕西省产业结构优化升级与支柱产业发展研究，分析新一轮全球经济调整和世界科技创新周期背景下国际国内产业结构和产业转移的新趋势，针对产业发展的现状、特点、存在的突出矛盾和问题、对接国家产业振兴规划，研究“十二五”期间产业结构优化升级面临的机遇和挑战，借鉴国际国内产业结构调整的主要做法和经验，提出实现全省产业结构优化升级、提升核心竞争力的思路、目标、重点、空间布局和对策措施；并通过对产业现状、未来发展潜力在更大范围进行比较分析，结合国家产业发展重点方向，研究提出支柱产业及其发展壮大途径。

大力推进资源环境与节能减排

资源环境与节能减排一直是中国经济持续稳定健康发展的“短板”，“十一五”虽然付出了努力，但成效并不理想。中国经济要想在“十二五”时期开创新的局面，必须在解决能源、资源、环境保护利用方面有实质性突破，地方经济社会的长足发展更维系于此。从各地“十二五”课题研究规划看，重视程度和力量投入也很大。

和“十一五”规划前期课题相比，北京市此次的60个课题中，新课题占1/3以上。其中，环保生态建设成今后重点。环境保护将成为“十二五”研究的一个重点。共6个资源环境类课题中，有3个都是重点课题，包括北京生态文明建设目标、重点及政策措施；北京环境保护战略及措施研究；北京节能减排和低碳经济发展目标、思路及措施研究等。北京市发改委发展规划处负责人表示，“十二五”期间，要求北京城市更宜居、环境更美好，这也是“三个北京”建设的客观要求。为此，绿色北京和生态文明建设，将成为今后的建设重点。

河南省加强经济社会发展物质生产要素保障能力研究，将分析预测土地、水资源、能源、重要矿产资源等经济社会发展要素的供求变化趋势和保障程度，研究提出“十二五”及到2020年保障经济社会发展要素供给能力的基本思路、主要任务和对策措施；河南省生态文明建设战略研究，将分析提出生态文明建设战略的内涵，研究“十二五”期间生态文明建设的基本思路、目标任务和建设重点，以及主要的政策措施；提出符合生态文明建设要求的产业结构、增长方式和消费模式；提出四大流域生态建设和重要生态走廊建设的规划思路；研究提出进一步完善生态环境补偿机制的思路、重点和制度保障与政策设计；河南省节能减排及循环经济发展战略研究，将分析节能减排及循环经济发展的现状，研究提出“十二五”节能减排及循环经济发展的基本思路、约束性目标、重大工程和政策措施。

重庆市作为综合改革试验区，做好能源与资源保护利用与节能减排是统筹城乡发展的重要一环。该市“十二五”规划32个重点研究选题中，规划了重庆“十二五”环境容量及区域配置研究，重点研究重庆的环境承载能力状况，环境容量的总体趋势，控制目标，区域分布，探索“十二五”时期环境容量指标跨区域配置方式和机制；重庆“十二五”建设长江上游生态文明示范区研究，重点研究生态文明示范区科学内涵、范围界定，分阶段的目标、任务和重点，提出“十二五”重庆建设长江上游生态文明示范区，落实森林重庆、宜居重庆目标的思路、发展模式和保障措施；三峡库区移民安稳致富问题研究，重点研究影响库区发展和移民安稳致富的因素，针对存在问题，提出“十二五”期间促进库区发展和移民“融合”、安稳致富的思路、战略重点、主要途径和对策措施。

着力推进民生工程

广东省“十二五”规划前期研究课题仅十项，其中有关民生的课题就占了3项。“十二五”期间广东省扩大消费促进经济增长研究，重点研究消费现状和特点，分析影响消费的因素、消费与经济增长的关系、消费结构变化对产业结构的影响等，预测“十二五”消费增长的趋势与目标，提出扩大消费，促

进经济增长的政策建议；广东省收入分配结构调整和提高城乡居民生活水平研究，重点分析收入分配结构、城乡居民生活水平的现状和影响生活水平提高的因素，比较城乡之间居民生活水平的差异，研究提出收入分配结构调整的思路、提高城乡居民生活水平和缩小城乡收入差距的政策建议；广东省社会管理体制改革研究，重点研究工业化、城镇化过程中的社会关系，特别是人口、劳动力从农村向城镇转移所产生的社会关系变化和矛盾的处理政策，提出建立覆盖城乡的社会公共服务体系的政策建议及就业、教育、科技、文化、医疗卫生、社会保障、收入分配、社会治安等社会管理体制改革的方向和举措。

福建省"十二五"规划前期研究提出了包含33个题目的《福建省"十二五"规划前期重大问题研究选题指南》，选题突出五个注重，其中之一就是注重改善民生。着力民生、着力民心，使海西建设成果充分体现在提高生活水平、满足物质文化需求、实现人的全面发展上，重点开展完善社会保障体系、扩大就业研究等。具体课题包括：全方位促进就业增长的对策研究、着力扩大消费的对策研究、进一步完善社会保障体系的对策研究、建立健全食品药品质量监督管理体系研究等。

积极推进区域协调发展

中国城市经济学会秘书长、中国社会科学院区域经济研究所研究员刘维新认为，中国城市发展很难和西方比较，人均GDP超过1万美元之后，城市如何发展还没有一个规律性认识。若想实现向发达阶段的跨越，意味着要从城市空间布局战略上做出调整，促进城乡和区域协调发展。在"十二五"规划前期研究中，加快区域协调发展无疑成为地方重点课题。

北京市将加快北京南城和西南部地区发展列入重点课题。在北京“十二五”规划前期课题中，专门针对区域发展的有5项，其中有3项属于重点课题，包括城乡经济社会发展一体化、加快南城和西南部地区发展、实施京津冀都市圈区域规划的总体思路、重点领域及对策措施等。该市发改委表示，北京作为国际大都市，在经济发展水平不断提高的情况下，进一步提高城乡和区域发展的协调性，不断缩小区域、城乡之间的发展差距，加快农村城市化步伐，对于提高北京现代化水平至关重要。

重庆市“十二五”规划重点研究选题指南，新十年重庆深入推进西部大开发思路研究被作为重中之重，重点研究过去十年西部大开发政策效应和“十二五”时期国内区域合作发展趋势，提出新十年重庆利用西部大开发政策进一步推动发展的思路、重点领域和举措。构建“西三角”经济区基本思路研究也受到相当重视，重点研究以重庆城市群、成都城市群、关中城市群为主体，构建“西三角”经济区的重要意义、基础条件、重点方向、保障措施，以及重庆在构建“西三角”经济区进程中具备的优势条件及应发挥的作用。此外，重庆“十二五”统筹城乡改革重点及推进方案，重点研究“十二五”时期重庆统筹城乡改革思路、重点领域和方向，研究提出改革分步实施的具体方案，发展目标、路径选择、政策措施和保障机制。

相关链接

863计划在京召开“十二五”战略研究工作启动会

6月27日，863联办在京召开“十二五”战略研究工作启动会，全面部署并启动了现代农业技术领域的战略研究工作。现代农业技术领域办主任、农村司贾敬敦副司长讲话指出，863现代农业技术领域高度重视“十二五”战略研究，并围绕现代农业技术领域“十二五”战略研究工作提出了基本要求：一是充分认识和把握现代农业技术领域面临的新形势，对农业科技面临的国家重大战略需求和中长期发展趋势形成若干判断；二是认真分析美国、欧洲、日本等发达国家和巴西、印度等发展中国家农业发展模式和发展态势，明确国际农业科技尤其是高技术发展的重点和趋势；三是认真研究和贯彻落实《国家中长期科学和技术发展规划纲要》精神和内容，结合近期国际国内新形式和中央出台的政策方针，凝练重要任务方向，在农业领域落实到实处；四是认真总结现代农业技术领域“十一五”的战略布局和执行情况，面向未来农业高技术的发展趋势，结合我国面临的新形势和新需求，做好“十二五”现代农业领域的战略布局和部署。会议围绕现代农业技术领域“十二五”战略研究的框架设计、任务划分、技术突破方向和战略产业培育等内容，初步确定包括基因组学研究、动植物分子与细胞育种、农业生物药物与疫苗、数字农业与现代装备等八个战略研究专题，并明确了各专题的内涵、基本框架和重点，要求各专题组尽快制订具体工作方案。

天津市“十二五”规划重大问题研究选题指南，有关区域经济的课题包括：环渤海地区发展趋势及天津在区域发展中地位和作用的研究，分析环渤海及京津冀都市圈发展现状、趋势及主要制约因素，从经济结构、产业层次及对经济总量、增长速度影响的角度，分析天津在区域发展中的优势与劣势、机遇与挑战。根据天津发展的基础条件和周边地区发展趋势，研究天津在环渤海发展、特别是京津冀一体化中的地位和作用。研究提出天津加快提升在区域经济发展中的地位、发挥重要作用的对策建议；以滨海新区为龙头促进三个层面联动协调发展的对策研究，从滨海新区、中心城区及各区县三个层面分析天津市经济布局现状、存在问题及原因，提出在产业布局和资源配置上推进三个层面联动协调发展的思路、路径及切入点，研究提出三个层面联动协调发展的阶段性目标、任务、重点和步骤，促进全市协调发展的操作性措施建议；加快城镇体系建设，促进城乡一体化发展的对策研究，将总结分析天津新城及小城镇建设的成功经验及存在问题，分析国内外特大型城市新城发展规律及其作用，研究提出可供天津学习借鉴的经验。结合天津总体战略定位和空间发展战略要求，提出各新城发展的定位、目标和重点任务。研究提出促进新城及小城镇发展建设和管理的政策措施。研究提出“十二五”及到2020年天津城镇体系建设以及城乡一体化的目标、重点任务和推进措施。

湖南省“十二五”规划前期重大问题研究指南包括：“两型”社会试验区建设研究。在现有规划研究成果的基础上，重点对完善长株潭规划实施机制，优化发展环境，建设投融资平台，推进以轨道交通为重点的基础建设、以“两型”产业为特色的产业体系建设、以湘江重金属污染治理为突破口的生态环境整治，整合行政资源，促进一体化建设等问题进行研究；“十二五”时期落实区域发展总体战略面临的新形势、新任务研究，重点对全省市区域发展格局和工业化、城镇化和农业产业化的空间布局，协调推进长株潭、环洞庭湖、湘南、湘西共同发展，统筹城乡发展，全面推进新农村建设，农村中心社区建设等问题进行研究；新型城市化研究，将重点对建设以城市群为主体形态的城镇体系，优化城市空间布局、完善城市基础设施、增强城市承载能力，强化工业化对城市化的支撑作用，建设生态化、人文化城市，推进土地、住房、户籍、社保政策综合配套等问题进行研究。

深化改革破解体制机制难题

无论是应对经济危机、推进经济转型和结构调整，还是区域协调发展、节能减排与民生保障，深化各项改革，破解体制机制都是前提。“十二五”在深化改革方面不能有更多、更大的突破，实现科学发展就无从谈起。各地在确定“十二五”课题选题方面，深化改革的选题占了很大比重，涉及经济、政治、社会等方方面面。

上海市关于破解影响科学发展的体制机制瓶颈专题研究领域包括：发挥和放大浦东综合配套改革试点效应，进一步深化上海改革方面，回顾总结上海在推进改革方面取得的成效和不足，结合金融危机暴露出来的问题，分析制约上海长远发展的体制机制瓶颈及其原因，从推进上海经济振兴和发展转型角度，研究分析下一步深化改革的重点、难点和主要瓶颈，提出“十二五”期间及到2020年上海深化改革的主要任务、重点领域和推进步骤；深化上海行政管理体制改革方面，按照使上海成为“全国行政效率最高、行政透明度最高、行政收费最少的地区之一”的要求，分析当前行政管理体制改革存在的主要问题和瓶颈，提出下一步深化行政管理体制改革总体思路和长远目标，以及“十二五”的具体目标、重点任务和改革措施；完善企业发展环境。

河南省“十二五”有关深化改革方面的课题占有相当的比重，河南省经济体制改革总体思路研究，将重点研究“十二五”期间深化经济体制改革的主要任务、重点领域和实施步骤，研究建立改革的评价体系，研究如何把握改革的力度、发展的速度与群众的可承受度之间的关系，研究如何建立有利于科学发展的体制机制，提出加快形成完善的现代市场体系的重要改革举措和制度设计；河南省深化社会管理体制改革研究，将研究如何健全党委领导、政府负责、社会协同、公众参与的社会管理格局，健全基层社会管理体制，如何健全党和政府主导的维护群众权益机制，如何推进社会组织建设和管理，如何加强流动人口服务与管理，如何完善重大公共安全事件和突发事件应急管理机制；河南省资源要素价格改革思路和对策研究，将研究“十二五”期间资源要素价格改革的总体要求和任务，按照反映市场供求关系、资源稀缺程度、环境损害成本的基本要求，提出完善生产要素市场和资源性产品价格形成机制的措施，以及推进改革的实施步骤。

其他方面如能源保障、扩大对外开放、提升文化软实力、新农村建设、社会事业建设等也是地方“十二五”开列的重点研究领域。

目前理论界关于“十二五”规划的主要观点

金融战略应成为“十二五”规划的核心

国务院政策研究室关于“十二五规划”的相关讨论会日前悄然启动。应邀参与研讨的太平洋证券研究院院长向松祚博士在接受《理论前沿》周刊专访时，就“十二五”时期国际金融和货币大势作出四个基本的判断，即国际货币体系将进入“战国竞争时代”，美元仍将是全球主要储备货币；国际金融中心之竞争将愈演愈烈，世界金融中心格局将逐渐向亚洲（尤其是中国）转移；未来数年，发达国家经济体将陷入低速增长，出现“滞胀”的可能性不容低估；金融危机触发全球产业大规模的分化、整合和转移。基于以上判断，向松祚博士提出，全球金融危机是中国的战略拐点。战略拐点的核心是中国需要制定一个面向未来的总体金融战略，包括金融对内放开和对外开放。“十二五”规划时期，金融战略需要上升到中国发展战略的核心位置。全球金融危机是中国的战略拐点。许多重大问题，譬如上海国际金融中心的建设、香港金融中心的定位、港币的前途、国内金融体制的进一步改革、中国金融业的国际化、外资金融机构进入中国市场的限度、人民币汇率政策、人民币的区域化和国际化、资本账户的开放，等等；乃至如何创造一个刺激内需的长效机制，如何推动自主创新和科学发展，都必须依靠本国金融业的全面发展和创新，都需要放到总体金融战略层面来加以考虑。全球金融危机是中国的战略拐点，这有两个层面的含义：其一，危机创造机遇，机遇需要战略。席卷全球的金融危机，对每一个国家都是重大考验和转折，每个国家都处在重要的十字路口。是否能够将危机转化为伟大的历史机遇，将决定未来各国相对实力之盛衰。“十二五”规划期间和今后更长一段时期，中国面临的最重要挑战是能否将全球金融经济危机转化为真正的战略机遇。其二，中国过去30年高速增长赖以实现的许多关键战略和策略，比如对出口的过度依赖、“以市场换技术”的传统观念，以及“重税收、轻金融”的思维方式等都不可持续，需要变革。“十二五”规划和未来长期战略必须围绕这些变革展开。

“十二五”的主题词应是“调整”

中国宏观经济学会秘书长王建2009年6月9日发表观点认为，应当把调整作为“十二五”规划的主题。王建认为，“十二五”的结构调整与以往相比有五点不同。

首先，以往的调整无一例外都是以短缺为背景进行的，但自20世纪90年代以来，中国的短缺背景就在不断淡出，直至转化成本轮经济增长中的过剩背景。目前阻挡中国经济成长前进脚步的已经不是严重的短线产业的瓶颈制约，而是严重的产品与产能过剩，这个矛盾不解决，中国的长期发展就会越来越因缺乏需求动力而陷入低速增长，甚至爆发生产过剩危机。从供给短缺转变到生产过剩，背后的主线是两条，一条是在居民中收入分配不平均的倾向日益严重，导致微观层面中的储蓄与消费失衡；另一条是工业化与城市化严重不同步，导致中国的产出能力已经达到人均3000美元GDP的水平，但是人口的主体——农村人口的消费能力只有700美元，也是引起总需求与总供给失衡的重要原因。不经历一个较大的收入分配结构调整，不掀起一个城市化高潮来纠正城市化滞后的矛盾，以这次衰退为标志，中国就可能再难见到9%以上的增长率。

第二，伴随90年代以来中国经济从短缺向过剩转变的国际环境，是新全球化浪潮席卷世界，这在相当大的程度上掩盖了我国国内的过剩倾向，是由于外部失衡抵消了内部失衡矛盾。但是，发达国家走出这场危机可能会需要很长时间，所以尽管新全球化的大趋势没有变，若想再现外需高速增长而无须考虑国内结构矛盾的前景，在“十二五”期间就几乎不存在，就必须从调整国内不合理的经济结构出发，释放出国内被长期压抑的需求，就是通过调整国内个人分配结构，以提供国内居民消费能力；通过大力推动城市化，释放出被城市化缓慢而压抑的巨大需求，从而解脱外需萎缩而内需也打不开的困境。

第三，调整中央与地方的关系，改变长期以来的“分灶吃饭”财政体制，向发达市场经济国家的“先集中、后返还”的财政体制过渡，是调整的重要内容之一。进行这种调整的难度在于沿海省市区，因为沿海地区是中国财富创造的主要源泉，而内地许多省市区早已是靠着中央财政的转移支付。但“十二五”期间由于外需不振，沿海地区的一般财政收入和“土地财政”收入都会减少，甚至发生困难，目前已有许多省市区需要通过中央政府代发地方债来渡过困难时期，因此在这个时候推动财政体制改革应该是最好的时机。

第四，中国的经济体制改革发展到今天，企业所有制成分已经发生了深刻变化，非国有企业已经成为各类产业发展中的主体，如果说以前的调整是以国有企业为主体的背景而进行，以行政命令的“关停并转”为主要方式，在“十二五”调整期内，则应更多考虑采用市场化的动力机制进行。所谓市场化的动力机制，就是把市场萧条作为主要的淘汰机制。还包括使用财政补贴、税收减免、贷款贴息等手段，鼓励先进企业兼并落后，从而使先进企业做大做强。还应充分发挥资本市场的作用，为先进企业的兼并活动开通更宽的资本市场通道。

第五，30年来中国经济的高速发展，在很大程度上是建立在消耗资源与破坏环境基础上的，到了目前阶段，大部分地区城市和农村的环境污染已经到了无以为继的地步，这样下去，即便有了现代化也没有用，因为已经不适合人类生存，而且资源也已难以支撑了。不调整就不会有高速度，所以“十二五”应是中国经济的一个中速增长期，平均速度在7%~8%之间就应该满意，要把调整摆在一切工作的首位，而把增长速度放在次要位置。

“十二五”产业规划不应再看发改委“脸色”

在国家发改委6月17日举办的有关全国“十二五”规划前期研究工作的一个城市规划论坛上，有参与专家建议，“十二五”规划中可以考虑缩小编制产业规划的分量。国家发改委国土开发与地区经济研究所副所长王青云表示，当前无论是全国“十二五”规划，还是地方“十二五”规划编制都还需

要保留编写产业规划，只是思路要转变，从过去注重数量规划转为注重操作性，从产业导向转向空间导向。“十二五”规划仍将编写产业规划，但是编写思路和内容都要做较大的调整。各级地方政府的“十二五”产业规划编辑思路也将随之调整。王青云建议，各级政府在编制“十二五”产业规划的同时，需要编制配套的产业规划落实实施细则。尤其是，地方政府没有权利调整税费等政策，但是可以从土地用途上引导产业规划。新的规划思路是不要再坚持发展什么产业，而是要规划在什么地方发展产业。新的产业规划编制思路调整为空间引导。在全国层面，以“主体功能区”的概念去引导产业布局，在单个城市层面，以“功能区”来引导产业在城市的布局和发展。控制产业规划数量是“十二五”规划编制的指导方向，对于单个城市来说，“十二五”期间没有必要再编制数量众多的产业发展规划。城市编制产业规划数量可以与城市人口规模挂钩。对于北京、上海这样的超大城市，一般编制十几个重点行业的产业发展规划即可。而对于人口100万人左右的中等城市，编制产业规划不超过7个，并以此类推。王青云同时强调，地方政府在编制产业规划的工作中，还存在对产业规划期望太高的问题。“不要想太高的产业，要找最理想的产业。”在王青云看来，产业规划要适合地方实际，例如，西部地区目前是资源型产业为主，做高精尖的产业或高端服务业等尚缺乏配套环境。在讨论全国“十二五”规划编制问题时，参与编制的专家提出，“十二五”规划没有必要再专门做详尽的产业发展规划，产业发展应该由市场来决定，不应该再人为制定一些产业条框。另外，有的地方政府编制产业规划喜欢看国家发改委“脸色”。国家发改委和工信部等部委的部门五年规划出来后，相关部委未来五年资金支持比较大的行业，就成为地方在下一个五年规划中重点发展的产业。结果难免是大部分地区的重点发展产业都雷同。规划设计专家指出，地方政府无论制订怎样的产业发展规划，都要注重产业发展的可操作性。因此，地方政府应该在“十二五”产业规划当中，明确执行这些产业规划的政策措施。

“十二五”规划应深化综合减灾机制建设

2009年8月17日的《瞭望》文章刊载中国灾害防御协会副秘书长、北京市人民政府专家顾问团专家金磊题为《综合减灾“十二五”规划编制理念》的文章建议，“十二五”规划应深化综合减灾机制建设。目前我国已越来越多地在城乡规划中引用综合减灾观念，但涉及灾种少，手段单一，缺乏相关规划内容及有效控制机制，使城市综合减灾规划形同虚设。随着“国家综合减灾十一五规划”（2006～2010年）完成期的临近，极有必要从战略高度研究并深化“十二五”期间国家在综合减灾规划上的相关事宜。在准确评估国内外灾情及发展态势的情况下，抓住推进中国城乡综合减灾战略的要害问题，明晰“十二五”规划编制的理念。

要加大应对巨灾的综合能力建设。综合减灾能力指：重视风险意识能力的建设，重视风险理解能力的建设，重视灾害风险防御能力的建设，重视风险状态下的应急能力的建设。要开展跨部门的综合减灾实践。近年来有的省（市）环保部门与消防部门系统开展了跨域的研究与减灾行政管理，应在全国逐步推广。

文章强调，综合减灾规划不能形同虚设。当前亟须加强综合减灾应急管理的基础性研究。有效的综合减灾规划内容包括：城市综合减灾能力评估；确定防灾总体目标；针对不同风险度，制定不同容忍等级的系统对策；给出灾前、灾中、灾后不同环节的防灾减灾支持系统。每个综合减灾规划，都不应排斥单灾种规划。“十二五”规划期内，建设主管部门必须严格要求大中城市在防灾减灾规划中加强综合减灾与单灾种规划的协调研究，用综合减灾规划指导单灾种规划，从而保障综合减灾规划目标的最终实现。

“十二五”农业科技要优先发展

5月22日，农业部科教司组织召开“‘十二五’农业科技发展战略专家务虚座谈会”，就我国农业科技发展的现状和问题提出“十二五”农业科技优先发展若干建议。专家们建议，“十二五”期间要进一步加大对农业科技的投入，重点做好以下几项工作：一是紧紧围绕调整农业结构、改变农业增长方式、提高农业效益、改善农业生态环境和提高农产品的国际竞争力的需要，选择和突破一批带有基础性、全局性、方向性、关键性的重大科学与技术问题，为改造传统农业、提升农业效益提供持续支撑；二是大力发展现代农业前沿高技术，积极发展具有中国特色的农业机械化技术，引领现代农业发展；三是大力加强农业基础研究，不断增强自主创新能力和农业科学技术发展的持续动力；四是积极推进农业科技资源的共享和集成，发挥技术集成对农业生产的综合作用；五是做好包括资源收集保存与评价、数据资源挖掘与共享等农业科技基础性工作；六是实施包括源头治理、过程控制、残留检测、产品溯源、质量评价、风险评估在内的农产品质量安全科技工程，建立和完善农产品质量安全保障体系和农业生物安全监测系统；七是继续推进国家农业科技创新体系建设，创新科技体制和运行机制、科研协作机制；八是加强技术推广体系和农民培训体系建设，发挥国家队、省队和基层单位科技资源的整体作用，积极推广农业技术成果和先进适用技术，尽快转化为现实生产力；九是推进农业科技国际合作与交流从被动到主动的战略转变。专家们建议，规划要注意与《国家中长期科学和技术发展规划（2006－2020）》、《国家粮食安全中长期规划》、《“十一五”农业科技发展规划》等相衔接，体现经济社会发展对农业科技提出的新要求，要把握好规划定位、核心思想和前期工作基础三个问题。规划定位方面，建议农业部制订一个相对稍大的科技规划，不仅包括农业部内可以调控的资源，而且要与科技部、发改委等相关计划衔接；核心思想方面，建议规划应明确提高土地产出率、资源利用率、劳动生产率等三大核心思想，分别为农业发展提供保障、基础和方向；规划前期工作方面，建议要做好农业产业发展的经济分析、农业产业增长的科技需求分析和农业科技创新能力分析等。

相关链接

东北振兴司召开东北地区“十二五”规划思路研讨会

7月20日，根据国家发展改革委统一部署，为配合制订国民经济和社会发展"十二五"规划，东北振兴司在北京召开东北地区"十二五"规划思路研讨会，研究部署"十二五"东北老工业基地发展规划思路研究工作。

会上，专家学者对"十二五"期间东北地区发展面临的形势、问题和主要任务等方面发表了意见。关于面临的形势，大家一致认为，"十二五"时期，我国以重化工业为代表的工业化进程将加速，以住房、汽车消费为主的个人消费空间仍然很大；我国传统的竞争优势正在削弱，劳动力供给充裕度降低，劳动力成本上升；国际、国内不同区域的产业转移加快；单个企业的竞争逐渐转变为产业链的竞争；以新能源等为代表的世界新兴产业蓬勃发展，拉动世界经济，尤其是发达国家经济发展；我国科学发展观的深入贯彻落实，对经济发展提出了更高的要求，传统发展模式难以为继；应对气候变化国际协定等国际性公约涉及发展权问题，提高了发展门槛，对发展中国家将产生双重影响。东北地区存在的主要问题是，市场化程度较低，现代服务业、民营经济发展依然滞后，高新技术产业比重偏低，单位产出能耗、污染物排放偏高等。关于“十二五”发展主要任务，一是以发展生产性服务业、建立大的产业基地产业集群为重点，深入推进产业结构调整；二是大力推进城市化、区域经济一体化，使之成为推进区域经济增长的新驱动力；三是构建对外开放新格局；四是进一步推进体制机制创新，加紧解决历史遗留问题。

会议认为，研究东北地区"十二五"规划思路，要在全面评估总结"十一五"期间振兴东北地区等老工业基地战略实施情况的基础上，科学分析国内外经济格局深刻调整为东北地区振兴带来的新机遇新挑战，着力把握东北地区经济社会发展面临的新课题，明确提出"十二五"期间东北地区振兴的战略目标、指导方针、发展重点和重大举措。

会议强调，开展规划思路研究要深化三个认识：一是对世界经济格局和走势的认识。受国际金融危机的影响，世界经济何时走出低迷尚难预测，国际产业结构调整升级加速，技术进步和新兴产业培育的步伐加快，出口导向型的经济发展模式面临深刻调整；二是对国内经济社会发展的认识。我国已经进入经济发展中期调整阶段、全面建设小康社会冲刺阶段、工业化进程由中期向后期转变阶段；三是对东北地区区情的认识。五年多的振兴工作取得了很大成绩，但东北地区存在的体制性、结构性矛盾有待进一步破解，需要深化区情认识，以开阔思路、找准问题。

会议要求，开展规划思路研究要把握五个重点：一是产业结构升级问题。要升级改造传统产业，加快发展高新技术产业和现代服务业；二是社会发展问题。"十二五"时期是实现全面建设小康社会的关键时期，东北地区的社会发展与发达地区还有较大差距，要加大对城市化建设、城乡统筹发展、资源型城市可持续发展的支持力度，促进社会事业发展。三是进一步深化改革。继续推动东北企业兼并重组，推动厂办大集体问题的彻底解决，推动东北地区综合配套改革试点工作，进一步提高东北地区市场化水平；四是全面扩大对外开放。要深化开放层次和水平，形成沿海沿边全方位开放的新格局，通过开放进一步推进改革；五是培育区域创新能力。围绕产业升级、新兴产业培育梳理出一批关键共性技术和核心技术，依托高校科研院所着力提高产学研相结合的能力，促进自主创新成果产业化。

产业转型与核心竞争力

中国目前到了一个各种矛盾纠缠叠加的改革深水区，经济转型不能依靠“修修补补”的政策调整完成，必须把短期问题与中长期优化结构结合起来，实施“一揽子”改革方案，集中解决中国经济社会发展的深层次矛盾，建立与发展阶段相适应的体制机制，走出一条短期和中长期兼顾、标本兼治的新路子。

“十一五”产业结构调整步履维艰

国内经济：投资过高而消费不足导致经济失衡

在国内投资和消费关系上，“十一五”以来，我国固定资产投资占GDP比重由2006年的53.8%增长到2008年的58%以上，而同期全社会消费品零售额占GDP比重仅为33%，与发达国家的消费占GDP比重60%相比，投资过高而消费不足，已成为导致我国国内经济失衡的重要原因。

投资方面，内蒙古、辽宁、吉林、安徽、江西、重庆、云南、西藏、陕西、宁夏、青海11个省、市、区的固定资产投资比重3年间均超过了全国平均水平。其中，吉林省2008年固定资产投资总额达到了5608.2亿元，占地区GDP比重高达87.3%，在年均增幅和占GDP比重方面，均排在首位；而广东省在2008年固定资产投资比重为31.3%，排在各省最后；上海市年均增速为-0.87，是唯一的年增速为负者。

消费方面，仅北京、辽宁、吉林、浙江、福建、湖北、湖南、广东、重庆、四川等10个省、市社会消费品零售额占地区GDP比重高于全国平均水平。而部分西部省份的情况尤为落后。其中，新疆消费年平均比重仅为26%，连续3年为全国最低。另外，值得肯定的是，湖北省社会消费品零售额占地区GDP比重达到年均44.2%，全国最高。

“十一五”以来31省市区消费和投资占地方GDP比重情况

地区	2006年		2007年		2008年	
	投资	消费	投资	消费	投资	消费
北京	41.88%	41.61%	41.77%	40.63%	36.69%	43.75%
天津	41.76%	31.13%	46.59%	31.75%	53.57%	31.48%
河北	46.91%	29.14%	50.22%	29.08%	54.80%	30.15%
山西	47.46%	33.95%	49.91%	33.39%	51.72%	33.53%
内蒙古	70.19%	33.29%	71.79%	31.26%	73.64%	31.10%
辽宁	61.50%	37.13%	67.45%	36.56%	74.41%	36.53%
吉林	60.68%	39.20%	69.09%	37.83%	87.30%	38.67%
黑龙江	36.13%	32.28%	40.11%	33.00%	44.16%	34.16%
上海	37.62%	32.42%	36.27%	31.57%	35.26%	33.12%
江苏	46.52%	30.60%	47.66%	30.45%	50.16%	32.18%
浙江	48.21%	33.83%	44.84%	33.09%	43.28%	34.63%
安徽	57.47%	33.01%	69.08%	32.64%	76.50%	33.42%
福建	39.16%	35.51%	46.36%	34.47%	48.85%	35.37%
江西	57.46%	30.58%	60.03%	30.60%	73.12%	32.14%
山东	50.33%	32.26%	48.29%	32.50%	49.68%	33.41%
河南	47.25%	31.05%	53.36%	30.62%	56.88%	30.76%

（续表）

地区	2006年		2007年		2008年	
	投资	消费	投资	消费	投资	消费
湖北	44.10%	45.01%	46.91%	43.64%	51.18%	43.83%
湖南	41.95%	37.45%	45.16%	36.48%	50.64%	36.93%
广东	30.43%	34.80%	29.90%	34.09%	31.32%	35.78%
广西	45.54%	33.15%	49.36%	31.87%	52.68%	32.61%
海南	40.26%	29.28%	41.07%	29.59%	48.39%	30.73%
重庆	68.95%	40.20%	75.87%	40.30%	79.37%	40.50%
四川	51.09%	39.61%	53.69%	38.22%	60.62%	38.39%
贵州	52.47%	30.23%	54.30%	29.97%	55.75%	30.44%
云南	55.12%	29.67%	58.19%	29.41%	61.87%	30.15%
西藏	79.43%	30.82%	79.00%	32.73%	77.38%	32.93%
陕西	54.84%	33.64%	62.48%	32.95%	70.57%	32.93%
甘肃	44.92%	31.51%	48.26%	30.84%	54.65%	31.17%
青海	63.68%	28.07%	61.62%	26.58%	60.55%	26.30%
宁夏	70.17%	27.99%	67.45%	26.24%	78.17%	25.96%
新疆	51.46%	23.89%	52.53%	24.06%	55.05%	24.40%

注：本表中的投资仅为固定资产投资，消费为全社会消费品零售额占比情况。

外向经济：上海出口依存度全国最高

国际金融危机的冲击使我国经济对外依存度偏高的状况又一次引起了巨大的关注。有关数据表明，2008年，我国外贸依存度为60%以上，远远高于发达国家20%左右的水平。同时，国际经济衰退的加深还将导致境内热钱外流和对华投资的减少，出口、投资、消费三大发动机一旦熄灭，将使中国经济增长面临极大的考验。

出口贸易方面，全国有7个省市区的出口依存度超过了30%，出口依存度较高；5个省的出口依存度介于10%~30%之间；19个省市区的出口依存度小于10%，为低出口依存度地区。上海市“十一五”前3年的平均出口依存度高达85.35%，排名居各地首位；内蒙古自治区平均出口依存度仅为3.41%，排名最后。另外，从总体分布情况来看，我国各省市区的出口拉动经济处于两极分化状态，其中，以上海和广东为代表的部分东部省份经济增长对外贸出口依赖程度偏高，而大部分中西部省市区出口依存度不足10%。

引进外资方面，“十一五”前3年数据反映，31个省市区合计利用外商直接投资数额达2366.7亿美元，其中，江苏省、广东省合计利用外资数额分别为644.4亿美元、565.97亿元，占全国合计利用外资比重达到27.23%和23.91%，列全国第一、二位。而与此同时，尤为值得关注的是，西部地区有7个省市区的利用外资数额不及全国的1%，其中，西藏自治区利用外资额3年合计仅0.62亿美元，占全国比重也仅为0.03%，不及东部部分地级市一年的利用外资数量。

31省市区“十一五”前3年出口依存度排名

排名	地区	2006年	2007年	2008年	年均依存度
1	上海	85.47%	86.15%	84.44%	85.35%
2	广东	89.88%	86.73%	77.32%	84.64%
3	江苏	57.80%	57.74%	54.15%	56.56%
4	天津	59.92%	55.03%	45.39%	53.45%
5	浙江	49.99%	49.85%	49.04%	49.63%
6	福建	42.26%	39.42%	35.96%	39.21%
7	北京	37.61%	38.19%	37.42%	37.74%
8	江西	6.26%	71.72%	8.10%	28.69%
9	新疆	18.29%	23.83%	31.36%	24.49%
10	辽宁	23.88%	23.39%	21.34%	22.87%
11	山东	20.70%	21.12%	20.48%	20.77%
12	黑龙江	10.64%	12.67%	13.62%	12.31%
13	河北	8.58%	9.05%	10.14%	9.26%
14	宁夏	10.32%	8.95%	7.83%	9.03%
15	海南	10.22%	8.12%	8.72%	9.02%
16	安徽	8.68%	8.73%	8.74%	8.72%
17	西藏	5.90%	7.04%	12.32%	8.42%
18	重庆	7.48%	5.98%	7.67%	7.04%
19	云南	6.60%	7.34%	5.98%	6.64%
20	湖北	6.44%	6.46%	6.99%	6.63%
21	四川	5.98%	5.98%	7.16%	6.37%
22	广西	5.80%	6.26%	7.00%	6.35%
23	山西	6.79%	8.31%	3.90%	6.33%
24	陕西	6.26%	6.25%	5.39%	5.97%
25	吉林	5.47%	5.33%	5.07%	5.29%
26	湖南	5.25%	5.17%	5.15%	5.19%
27	甘肃	5.17%	4.48%	3.44%	4.36%
28	青海	6.44%	3.63%	2.98%	4.35%
29	河南	4.14%	4.06%	3.98%	4.06%
30	贵州	3.55%	3.91%	3.90%	3.79%
31	内蒙古	3.48%	3.52%	3.22%	3.41%

注：本表数据计算均以当年汇价及物价水平为准。

31省市区“十一五”期间外商直接投资数额占全国比重情况一览

排名	地区	2006年（单位：亿美元）	2007年（单位：亿美元）	2008年（单位：亿美元）	合计 占全国比重
1	江苏	174.3	218.9	251.2	27.23%
2	广东	178.1	196.2	191.67	23.91%
3	浙江	145.1	103	100.7	14.74%
4	山东	102.1	110.1	82	12.43%
5	辽宁	59.9	91	120.2	11.45%
6	福建	71.8	81.3	100.26	10.71%
7	上海	71.1	79.2	100.84	10.61%
8	天津	43.7	54.6	74.2	7.29%
9	北京	45.5	50.7	60.8	6.63%
10	湖南	28.9	32.71	40.05	4.30%
11	江西	28.1	31.04	36.04	4.02%
12	河南	18.5	30.6	40.33	3.78%
13	河北	23.8	30.1	34.2	3.72%
14	湖北	24.5	27.7	32.45	3.58%
15	安徽	13.9	30	34.9	3.33%
16	四川	14.7	20.1	33.4	2.88%
17	黑龙江	17.5	21.7	25.5	2.73%
18	内蒙古	19.7	18.1	26.51	2.72%
19	山西	13.2	19.1	27.3	2.52%
20	吉林	16.5	22.7	9.93	2.08%
21	重庆	8.8	12.2	27.29	2.04%
22	陕西	9.2	12	13.7	1.47%
23	海南	7.9	11.2	12.83	1.35%
24	广西	7.1	9.4	9.71	1.11%
25	云南	3.02	5.03	7.77	0.67%
26	青海	2.8	3.1	2.2	0.34%
27	甘肃	2.7	3.8	1.28	0.33%
28	贵州	1.8	1.27	1.49	0.19%
29	新疆	1.03	1.2	1.9	0.17%
30	宁夏	1.4	0.5	1.21	0.13%
31	西藏	0.15	0.24	0.23	0.03%

注：四川、陕西两省2008年数据为当年实际利用外资数据。

产业结构：低于低收入国家10个点

我国第三产业发展严重滞后。到2008年底，我国第三产业增加值占GDP的比重仅为40.1%。而按照世界银行数据显示，全世界第三产业（服务业）增加值占GDP的比重为68%，低收入国家为50%，中等收入国家为51%，下中等收入国家为48%，上中等收入国家为61%，高收入国家为71%，而我国仅为40.1%，低于低收入国家近10个百分点。因此，发展第三产业将成为下阶段我国推动国民经济增长的新动力。

从各省市区"十一五"期间第三产业的发展情况来看，到2008年，我国仅有北京、西藏、上海、天津、广东、重庆、湖北、贵州、浙江、海南10个省市区的第三产业比重高于全国平均标准，而河南省的第三产业增加值占GDP比重在2008年仅为28.6%，在全国各地中排名最后。

值得肯定的是，北京市近几年来，第三产业得到了较快的发展。到去年底，北京市三产比重已达到73%以上，提前完成了到2010年达到72%的"十一五"规划目标。同时，7月20日，北京市统计局发布的上半年经济统计情况显示，今年上半年，该市第三产业保持了10.5%的增长速度，已成为首都经济企稳回升的"主力军"。

科技创新：京津沪研发投入已达地区GDP2%以上

数据显示，改革开放以来，我国科技进步对经济增长的贡献率只有39%，远低于创新型国家70%以上的水平。"十五"末期，我国全社会研究与开发经费占GDP的比例没能达到预期的1.5%，仅占1.3%，与发达国家2%左右，世界500强企业5%到10%的水平相比还有较大差距。而最新数据表明，2008年我国科技全社会总投入为3710亿元，占我国GDP的1.49%，虽然已是历史最高点，但距"十一五"规划中提出的科研投入占到GDP2%的目标尚有一定的距离。

在国内三种专利申请受理数量方面，截至2008年底，广东省累计专利申请量和授权量分别达到631816件和371447件，均居全国第一位，PCT国际专利申请量也连续七年保持全国首位。而在专利申请量占全国比重方面，江苏省在2008年超过广东，专利申请量达128002件，占全国比重的17.85%，实现了巨大的跨越。同时，全国仍有12个省市区年专利申请量占比不到全国的1%，地域科研能力差距明显。

在科技投入方面，2008年，全国研发经费总支出达到3710.2亿元，达到历史最高点。已有的数据显示，北京、上海、天津3个直辖市2008年研究与发展经费（R&D）投入占地区GDP比重达到了2%以上。而北京市全年研发投入达到610.9亿元，占全市GDP的5.8%，远高于全国1.52%的同期水平，也超过了2006年全球研发投入比排名第一的以色列（4.65%）。另据科技部发布的2008年全国科技进步统计监测结果显示，去年北京综合科技进步水平指数为79.12%，比2007年提高了0.46个百分点，跃居全国首位。

2006～2008年各地第三产业占地区GDP比重情况

地区	2006年	2007年	2008年
北京	70.9%	72.1%	73.2%
西藏	55.0%	55.2%	55.5%
上海	50.6%	52.6%	53.7%
天津	40.2%	40.5%	60.1%
广东	42.7%	43.3%	42.9%
重庆	44.8%	42.4%	41.0%
湖北	40.6%	42.1%	40.5%
贵州	39.8%	41.8%	41.3%
浙江	40.1%	40.7%	41.0%
海南	39.9%	40.7%	40.2%
福建	39.1%	40.0%	39.3%
湖南	40.8%	39.8%	37.8%
甘肃	39.5%	38.4%	39.1%
云南	38.5%	39.1%	39.1%
安徽	40.2%	39.0%	37.4%
吉林	39.5%	38.3%	38.0%
广西	39.7%	38.4%	37.4%
宁夏	39.6%	38.2%	36.2%
江苏	36.3%	37.4%	38.1%
辽宁	38.3%	36.6%	34.5%
四川	37.8%	36.5%	34.8%
青海	37.5%	36.0%	34.0%
内蒙古	37.8%	35.7%	33.3%
山西	36.4%	35.3%	34.2%
新疆	34.7%	35.4%	35.4%
陕西	35.3%	34.9%	32.9%
黑龙江	33.7%	34.7%	34.4%
河北	33.8%	34.0%	33.2%
山东	32.6%	33.4%	33.4%
江西	33.5%	31.9%	30.9%
河南	29.8%	30.1%	28.6%

2006～2008年各地国内三项专利申请量全国占比情况

地区	2006年	2007年	2008年
北京	5.65%	5.40%	6.14%
天津	2.83%	2.68%	2.43%
河北	1.54%	1.34%	1.27%
山西	0.60%	0.57%	0.75%
内蒙古	0.41%	0.34%	0.31%
辽宁	3.63%	3.33%	2.93%
吉林	0.97%	0.90%	0.77%
黑龙江	1.39%	1.23%	1.16%
上海	7.66%	8.05%	7.36%
江苏	11.33%	15.17%	17.85%
浙江	11.26%	11.75%	12.55%
安徽	0.99%	1.03%	1.45%
福建	2.20%	1.93%	1.84%
江西	0.67%	0.60%	0.52%
山东	8.14%	7.99%	8.37%
河南	2.45%	2.54%	2.57%
湖北	3.10%	2.96%	2.95%
湖南	2.18%	1.92%	1.95%
广东	19.32%	17.47%	14.49%
广西	0.59%	0.59%	0.54%
海南	0.11%	0.11%	0.12%
重庆	1.38%	1.14%	1.16%
四川	2.79%	3.27%	3.39%
贵州	0.57%	0.47%	0.41%
云南	0.66%	0.53%	4.60%
西藏	0.02%	0.02%	0.05%
陕西	1.22%	1.45%	1.66%
甘肃	0.31%	0.27%	0.30%
青海	0.07%	0.07%	0.06%
宁夏	0.14%	0.14%	0.15%
新疆	0.48%	0.39%	0.34%

“十二五”经济转型面临严峻考验

化解经济危机影响 力保“十一五”规划目标如期实现

十一届全国人大常委会第六次会议2009年2月24日举行第二次全体会议，听取了国家发改委主任张平作的国务院关于“十一五”规划《纲要》实施中期情况的报告。报告在肯定成绩的同时指出，《纲要》实施也面临一些不容忽视的矛盾和问题，特别是国际金融危机的扩散和蔓延，对后两年规划实施形成了严峻的挑战，首当其冲的就是经济结构性矛盾仍然突出。从需求结构看，内需与外需、投资与消费结构失衡，经济增长过于依赖投资和出口拉动的局面没有根本扭转。2007年投资率仍高达42%以上，消费率进一步降至48.8%，外贸依存度高达66%以上。从产业结构看，工业增速过高，服务业发展滞后，农业基础薄弱，经济增长主要依赖工业带动的局面没有根本扭转。近两年，工业增速都在13%左右，占国内生产总值的比重由2005年的42.2%提高到2007年的43%，其中，重化工业占工业增加值的比重由69%提高到70.6%。服务业增加值比重和服务业就业比重均未达到预期要求。从要素投入结构看，科技进步、劳动者素质提高、管理创新等对经济增长的贡献不够，经济增长主要依赖物质资源和简单劳动投入带动的局面没有根本扭转。其次，资源环境压力不断加大。随着经济总量扩大，能源、淡水、土地、矿产等战略性资源不足的矛盾越来越尖锐，长期形成的高投入、高污染、低产出、低效益的状况仍未根本改变，带来水质、大气、土壤等污染严重，生态环境问题突出。由于高耗能、高排放行业增长较快，节能准入和落后产能退出机制尚未完全建立，降低能源资源消耗和减少主要污染物排放的形势更加严峻，完成节能减排任务相当艰巨。

报告指出，规划实施所面临的新挑战，主要是后两年规划实施的国内外环境发生了明显变化。今年以来，世界经济金融形势复杂多变，不稳定不确定因素明显增多。次贷危机引发的金融危机愈演愈烈，迅速从局部发展到全球，从发达国家传导到新兴市场国家和发展中国家，从金融领域扩散到实体经济领域，酿成了一场历史罕见、冲击力极强、波及范围很广的国际金融危机。在国际金融危机冲击下，实体经济增速大幅下滑。目前来看，国际金融危机尚未见底，有可能持续较长时间，世界经济将经历一个较长的低迷和调整时期。我国对外依存度已相当高，外部需求占总需求的比重较大，国际金融危机和世界经济调整不可避免地使我国经济增长、就业、企业效益、财政收入和金融安全等方面受到影响。加之我国经济生活中尚未解决的深层次矛盾和问题，当前我国经济下行风险比预想的要严重，经济下滑已经成为当前和今后一个时期的主要矛盾，而且可能会越来越突出。伴随经济增速下行压力加大，就业、“三农”、节能减排、金融领域等方面的矛盾和问题也可能会进一步显现。这对全面实现“十一五”规划目标和任务构成了新的严峻考验。

双重压力逼迫经济转型加快

当前我国处于经济转型的战略选择期，主要有两方面压力步步紧逼：

一是金融危机的倒逼机制，使我国通过外需市场消化大量过剩产能的增长方式难以为继。在外向型突出的广东东莞市，保守估计今年许多乡镇厂房的空置率超过10%，东莞改革开放以来GDP年均增长18%，今年出现了罕见的负增长。尽管随着国际市场的逐步恢复，我国外贸出口这一驱动力不能放弃，但长远来看我国依靠外需拉动的趋势已经改变。山东省社科院产业经济研究所所长张卫国说，过去十年中国幸运地走了一段依靠外需创造世界奇迹的路径，但同时我们消耗了大量资源能源、劳动力成本超低，制造了物美价廉的商品供应世界，还被别人就贸易顺差等问题大加指责。如果没有金融危机，中国在这条路上还要持续一段时间，危机逼迫我们必须由依赖外需向依赖内需转变，这应成为我国一个长期战略。

二是我国社会发展阶段已经改变，但经济结构与之不相匹配，且在过去十年中我国已多次丧失调整的机会。再不下决心，传统增长模式与社会发展的脱节将累积越来越多的矛盾，积重难返。中国（海南）改革发展研究院院长迟福林认为，从发展阶段看，改革开放30年，我国已由以解决温饱为主要任务的生存型阶段进入以促进人的发展为目标的发展型阶段。这一阶段客观上要求经济增长由投资拉动为主转变为以消费拉动为主。但实际情况是，近年来，我国投资率持续攀升，消费率却降至改革开放以来的最低水平。北京市经济和信息化委员会副主任梁胜说，1998年亚洲金融危机及2004年宏观经济过热，本来都为我国经济结构调整提供了机会，但我们都错失了。由于国际市场需求旺盛，以高投资和高出口为主要特征的增长模式反而得到继续强化。我国长期存在“双高”问题，即高投资率，以及高投资率下的高增长率问题。当前我国经济发展正处在企稳回升的关键时期，面临的困难和挑战仍然很多，在保增长中必须认真贯彻落实科学发展观，必须把调整结构与产业升级放在更加突出位置，防止地方固定资产投资盲目扩张，坚决控制盲目重复建设。

深化改革不能再靠“修修补补”

中国目前到了一个各种矛盾纠缠叠加的改革深水区，经济转型不能依靠“修修补补”的政策调整完成，必须把短期问题与中长期优化结构结合起来，实施“一揽子”改革方案，集中解决中国经济社会发展的深层次矛盾，建立与发展阶段相适应的体制机制，走出一条短期和中长期兼顾、标本兼治的新路子。从目前的经济形势来看，今年上半年，我国宏观经济基本经受住了金融危机直接冲击的考验，保增长、调结构、促改革、惠民生取得明显成效。当前，经济运行中的积极因素不断增多，企稳向好势头日趋明显。同时，经济回升基础还不稳固，国际国内不稳定不确定因素仍然较多。不少专家认为，在经济形势逐步稳定，各种深层次矛盾仍然突出的情况下，应痛下决心，以即将到来的“十二五”规划为抓手，从中长期的发展着眼，全面建立未来经济转型的“一揽子”战略规划和实施细则，并以此为基础，推进相关制度和政策的一系列改革。

专家建议，我国未来经济增长的根本症结是扭转投资率持续高增，消费率明显不足的问题，由生产主导型的增长方式，逐步向消费主导型的增长方式转变，由投资和外需拉动为主向内源驱动转变。以此为基础，尽快组织研究经济转型的“一揽子”战略规划，包括居民消费水平提高、产业转型升级、统筹城乡发展、推动市场化改革、落实推进主体功能区战略等诸多方面，并通过全面推进改革，扫清阻碍经济转型的体制性机制性障碍。

“十二五”中国城市产业转型展望

当前各省市区正在积极进行“十二五”规划课题研究，产业转型升级是其中的重中之重。在转型中求发展，在发展中促转型，应是“十二五”时期的一个特色。

“绿色大珠三角”呼之欲出

广东省“十二五”规划前期研究课题指南共确立了10个方面的研究课题，其中，广东省产业结构调整和提升产业竞争力研究，重点研究“十二五”时期广东省应对国际与国内产业竞争的优劣势，提高产业资本、知识密集度与实现充分就业的关系，提出资本、知识密集型产业与劳动密集型产业结合的合适度选择以及相应的政策建议；研究提出建立现代产业体系、促进产业可持续发展、提升产业竞争力的总体思路、发展方向、重点领域、体制保障和政策措施等。虽然，目前关于珠三角“十二五”产业转型的研究对策还没有出台，但从国家发改委2009年年初发布《珠江三角洲地区改革发展规划纲要（2008~2020年）》，将珠三角与港澳紧密合作内容提升为国家战略后，珠三角地区的反应，不难推测未来这一城市群产业调整的走向。

1月21日在广州举行的粤港合作第十二次工作会议上，广东省副省长万庆良与香港特别行政区政务司司长唐英年达成共识，决定成立“粤港推进珠三角改革发展规划纲要实施协调小组”，将在金融业、服务业、基础设施和城市规划、科技创新等四大领域重点合作，并建议把“绿色大珠三角地区优质生活圈”纳入国家“十二五”规划。两地政府将在粤港合作联席会议框架下，成立第22个专责小组，推动粤港金融合作，小组选取和推进合作项目的长远目标是粤港金融资源突破体制和机制的障碍，自由流动，为区域经济发展提供强大的金融支持。在服务业合作方面，粤港双方全力推动《内地与香港关于建立更紧密经贸关系的安排》，实施香港服务业在广东先行先试的开放措施。

去年以来，粤港双方加大合作力度，共同应对全球金融经济危机挑战，取得了一系列合作新成果。接下来，粤港合作重点除共同落实《纲要》外，还包括将进一步继续支持在粤的港资企业应对国际金融危机，加快转型升级。广东高度重视在粤港资企业现在所面临的困难，并为此出台《广东省支持港澳台资企业应对国际金融危机和加快升级若干政策措施》，包括2009年10亿元财政专项资金扶持、减免企业部分税费等9个方面30项措施。2009年3月29日，珠三角各市现场会在佛山市启动，旨在推动珠三角各市落实《珠江三角洲地区改革发展规划纲要》，做好“三促进一保持”和“双转移”等各项工作。4月9日，在现场会第八站东莞，广东省委书记汪洋对东莞提出的“忍得住暂时的阵痛、忍得住暂时速度的放缓、忍得住暂时收入的减少、忍得住社会的非议”给予充分肯定，认为转型升级要继续坚持“四个忍得住”，矢志不移地抓转型升级，才能赢得长远竞争力。

“海西”是产业升级的新平台

5月4日，国务院总理温家宝主持召开国务院常务会议，讨论并原则通过《关于支持福建省加快建设海峡西岸经济区的若干意见》。国务院常务会议指出，在当前两岸关系出现重大积极变化的新形势下，应采取更加有力的措施，进一步发挥福建省比较优势，赋予先行先试的政策，加快建设海峡西岸经济区，促进福建省经济社会又好又快发展。这表明，海峡西岸经济区正式晋身国家级试验区，将成为中国又一经济增长点。《意见》由国家发改委牵头制定，于5月16日在福建举行的海峡论坛上正式公布。

福建于2004年提出建设海峡西岸经济区。海西区以福建为主体，面对台湾，北承长三角，南接珠三角，西连内陆，涵盖周边，具有进一步带动全国经济走向世界的特点和独特优势的地域经济综合体，预计建成后的经济区年经济规模在17000亿元以上。

对于国务院此次支持海西，学术界普遍将此解读为继上海“两个中心”建设目标要点出台后的经济区域振兴政策。“我的理解是，国务院支持福建加快建设海峡西岸经济区，属于循序渐进政策。”厦门大学一位专家指出，“此前，福建所说的海西区域定义包括广东、浙江、江西的部分地区，但涉及省份太多，协调有难度，优先发展主体更有优势。”

按照国务院常务会议要求，支持福建加快建设海峡西岸经济区，要重点做好的工作包括加强两岸产业合作和文化交流、加快现代化基础设施建设、高起点发展特色产业、推动跨省市区域合作、先行试验一些重大改革措施等7个方面。“加快建设海西主旨就是发挥福建独特的对台优势和先行作用，将其构筑成为两岸交流合作的前沿平台。”福建省政府人士表示。

事实上，自从去年海峡两岸实现三通以来，海峡西岸经济区的建设规划正在持续升温，而4月26日海协会和海基会在南京紫金山庄签署的海峡两岸空运补充协议、金融合作协议、共同打击犯罪及司法互助协议，亦被学术界视为重点支持海西的前期铺垫。“两岸携手应对经济危机，需要加强产业对接和互补，产业转移也是台湾自身发展的必然趋势，海西区正好可以作为这种合作平台。”上述福建政府人士称。

福建省发改委官员进一步解释称，从国家层面来说，支持福建加快建设海峡西岸经济区，除了促进两岸经贸合作，也有利于长三角、珠三角等发达地区的进一步协作，更有利于构建中西部地区的对外开放新通道。“福建正在通过加快高速公路、铁路、港口群等基础设施建设，促进形成服务中部崛起、西部开发的对外开放新的通道。”该官员说，“当然，最重要的是福建的区位优势、政策优势将得到充分发挥。”加快现代化基础设施建设，构建以铁路、高速公路、海空港为骨架主枢纽的海峡西岸现代化综合交通网络，是国务院支持意见的重点内容之一。

“当前及今后福建的发展，将站在更高的起点。”上述福建省发改委官员表示，“福建的‘十二五’规划前期重大问题研究课题，重点都是围绕建设海西和两岸经济合作试点平台。”正在着手进行的福建的“十二五”规划前期重大问题研究课题，其产业体系包括产业转型升级、打造先进制造业基地、加快发展现代服务业和现代农业；投资和基础设施则着眼于保持固定资产投资持续较快增长、加强现代化综合交通运输体系建设、构筑稳定经济清洁安全的能源供应体系。“重要的是经济体制改革、体制机制再创新，这将决定今后持续提升闽台经贸合作水平和闽台合作先行先试优势。”该官员认为，“福建的先行先试，其目的在于尽快扩大海西的辐射带动范围，形成更加宽松灵活的两岸经济整合政策。”“福建将陆续出台支持台资企业发展的优惠政策，今年对台资企业缴纳出口信用保险保费给予比例高达50%的补贴，比非台资企业高出10%，并对为生产性台资企业、台资贸易企业提供融资担保的担保机构给予担保风险补偿。”前述福建省发改委官员称。据上述福建省发改委官员透露，鼓励、支持台商投资高新技术园区，建设海峡西岸高新技术产业带，使之成为承接台湾高新技术产业与技术转移的载体，也是此次国务院支持意见的一个亮点。“福建将进一步推动福州、厦门科技园区已有的对台特色更加浓厚，并结合海西农业园区发展状况，探索将部分农业园区提升到国家级。”该官员表示“另一个建设重点是电力建设，尤其是新能源发电”。该官员称，有关部门已经在考虑引入台湾新竹科学工业园的发展模式与管理机制，在福建创建科学工业园。此外，将推进福建与台湾在金融、电子信息、机械、石化、现代农业等领域的深度合作。

“海西的主体性功能定位已明确，不排除中央将给予福建在先行先试方面更大的施展空间，比如一些政策的制定权将可能下放给福建。”厦门大学一位专家认为，目前福建与台湾已发展到经济关系正常化，闽台经济整合是必然趋势。未来发展应该是优惠贸易安排、自由贸易区、共同市场、货币同盟和最终的经济一体化。据上述福建省发改委官员透露，现阶段，在福建建立对台经贸实验区已在研究之中，将考虑把厦门岛或平潭岛建成闽台自由贸易岛，将厦门象屿保税区、福州马尾保税区建成港区合一的台湾保税加工贸易区，争取将两岸金融业的试点放在福建等。

江苏出台重点产业调整一揽子规划纲要

今年5月，江苏省结合本省实际，增加了新能源、医药及生物技术、环保3个产业，共出台13个重

相关链接

“再不积极经济转型，被赶超不可避免”

“广州正处在槛上，什么槛？转型！转好了大有希望，转不好迟早要掉下来。”7月30日，广州市委书记朱小丹在当天召开的九届七次全会第一次全体会议上讲话中说，广州目前前有标兵，后有追兵，如果再没有忧患意识，终究会被天津等“后起之秀”赶超。“我们后面有好几个城市在追赶，（它们是）深圳、苏州、天津，尤其是天津，上半年的地区生产总值增长16.2%，足足是我们的两倍！”朱小丹介绍，天津市今年固定资产投入已经超过60%，而广州不到19%。他在会上算了一笔账：广州去年的经济总量是8200亿元，今年有望破9100亿元，预计2010年过万亿元。“再看天津，由于有一系列的航空等大项目支持，如果按其目前的发展速度，我们2010年刚刚破万亿元，之后再过一两年，就会被天津赶上。”朱小丹警告称，如果广州再没有忧患意识，积极实现经济转型，被天津赶超将不可避免。国家中心城市不是自封的，不是从天上掉下来的，也不是一劳永逸的。不能成功实现发展模式转变，科学发展实力和中心城市功能就提升不起来，甚至会落伍、被淘汰出局。要有忧患意识，从国家战略高度，加快转型、提升功能，推进国家中心城市建设。

点产业调整和振兴规划纲要。其中有7个产业的规模是在2011年达到万亿元。《规划纲要》具有五个特点：一是阶段性。发展目标的制订注意与当前重点工作相对接，规划期为2009－2011年，与“十一五”国民经济发展总体规划以及各专项发展规划相衔接，兼顾“十二五”远景发展目标；二是衔接性。注意把江苏省规划纲要与国家产业调整振兴和规划相衔接；三是操作性。最大限度地帮助企业解决困难、渡过当前难关；四是前瞻性。注意利用当前形势对经济结构调整的倒逼机制，加快江苏工业转型升级，为下一轮发展形成新的竞争优势；五是互动性。坚持先进制造业与现代服务业双轮驱动，互动发展。新能源产业是促进经济发展的战略先导产业，也是江苏省着力培育发展的新兴产业。为进一步抓住全球新能源产业兴起的机遇，江苏省政府此次出台新能源产业调整和振兴规划纲要，积极抢占市场和技术制高点，做强做大江苏省新能源产业，力争在关键技术和高端产品开发上取得突破，形成一批在全国具有特色和影响力的产业聚集区，力争成为全国风力发电和风电制造的基地。2008年江苏新能源产业实现产值近900亿元。其中，光伏产业规模居全国首位，太阳能电池产量达1580兆瓦，占世界太阳能电池产量的23%。目前，江苏省已经形成了从高纯度多晶硅、硅片、电池、组件、集成系统设备到光伏应用产品较为完整的产业链。江苏的风电装备成套机组制造企业数量居全国首位。生物质直燃锅炉、百万千瓦压水堆核电站核关键阀门等一批高新技术和产品填补了国内空白，达到了国际先进水平。

浙江能否跳过重化工直接转型服务业

在错失重化工之下，浙江省的一些地市已经在服务业上发展得有声有色。“杭州不再满足于做世界的工厂，还要成为世界的办公室。”6月5日，杭州市市长蔡奇在新加坡杭州科技园开园仪式上致辞说，杭州将积极承接以高端服务业为主导的新一轮全球产业转移，其目标是打造成为中国的“班加罗尔”。而在这轮金融危机的重灾区绍兴，当地政府则率先出台了《关于进一步支持工业企业分离发展生产性服务业的若干意见》。规定，工业企业转型服务业，土地不需招拍挂，并返还60%补交出让金，这种力度在全省也少见。有统计数据显示，去年浙江省（不含宁波）有600多家工业企业实施了分离发展服务业，当年产生各项地方税超过7亿元。而该省制造企业面广量大，去年全部工业增加值为1万多亿元。这其中，有不少是物流、研发、营销等生产性服务企业创造的。

对于浙江目前的产业结构能否支撑生产性服务业发展，浙江大学国际经济研究所所长赵伟并不乐观。“浙江只在‘一个半’产业发展上有突破。”近年来浙江仅在传统制造业和三产中之商品批发与零售、公路及内河航运、餐饮、旅游服务以及建筑等行业取得成效，但三产主体产业的金融、电信、通讯等领域的产权改革进展远远不够。更为重要的是农地制度、金融体制等都需要改革。赵伟认为，中国30年间的产业结构演进主基调属于“二产化”加“非农化”，截至2008年依然为2>3>1的结构特征（其中，浙江省三次产业结构为5.1：53.9：41.0）。但近年来“三产”增速明显加快，这意味着产业结构演进的“二产化”高潮正在过去，而工业化进程的重头产业正在发生转换，已经或者即将掀起“三产化”浪潮。但浙江省发展规划研究院柳博隽认为，浙江面临科技创新不强和高端要素不足的重大挑战。上世纪70年代欧美发达国家，第二产业向第三产业升级的一个大背景，在于他们均注重科技的促进作用，如日本、韩国等等，都提出了“技术立国”导向。众所周知，浙江更多依靠资本与劳动要素投入的数量性扩张，缺乏建立在科技革命基础上的技术积累和产品创新。浙江跳过重化工阶段直接上服务业的话，浙江必须弥补前一轮技术革命的差距和追赶新一轮技术革命，挑战之艰巨可想而知。

“加快发展服务业，使之成为经济发展的新引擎、社会转型的新支撑。”浙江省委书记赵洪祝2008年9月就提出，将服务业作为新的经济增长点和结构调整的战略重点，积极推进服务业与先进制造业建立浙江现代产业体系。彼时，中共浙江省委出台“关于加快转变经济发展方式、推进经济转型升级的决定”的文件提出，紧贴工业转型升级需求，大力发展物流、金融、科技、信息、文化和商务服务等产业，使生产性服务业增加值占服务业比重达到55%左右。《浙江省服务业发展规划（2008-2012年）》提出，到2012年全省服务业增加值占GDP比重达到47%，年均增长12%以上；杭甬温服务业增加值占GDP比重分别达到58%、53%、54%左右，其他城市产业结构向“三、二、一”型加速转变。到2020年，全省服务业增加值占GDP比重超过55%，形成以现代服务业为主体的产业结构。这是金融危机冲击实体经济以来，浙江公布的第一份产业发展纲要。该《规划》提出，紧紧围绕先进制造业与服务业“双引擎”战略，确定十大重点行业，分别为现代商贸、金融服务、现代物流、信息服务、科技服务、商务服务、旅游、文化服务、房地产及社区服务业。加快发展软件开发等服务贸易，并加强公共服务体系建设。今年3月，浙江省编制确定128个服务业年度投项，总投资额达1541亿元。一季度全省限额以上服务业投资845亿元，同比增长16.7%，占限额以上投资比重为54.9%，成为拉动浙江经济增长的主要力量。

“十二五”区域产业升级的新观点新思路

“十二五”西部大开发应注重四个方面

《中国西部经济发展报告（2009）》新闻发布会暨中国西部经济发展论坛7月11日在中国社会科学院报告厅举行。会上，多位研究区域经济领域的专家为中国西部经济的崛起献计献策。中国社科院城市发展与环境研究中心副主任魏后凯在中国西部经济发展论坛上重点介绍了“十二五”的西部开发总体思路，并提出了自己的四点建议。

魏后凯说，当前中国经济区域已经进入了重要的转折点。可以把它叫做拐点、转接点，在这种情况下，对“十二五”全面深入推进西部大开发应该是提供了很好的机遇。“十二五”西部大开发的总体思路是16字方针："全面推进、科学发展、东西互动、加速转型"。在"十二五"期间，未来的西部开发要抓住六个重点。第一是特色优势产业的发展。第二是空间布局的优化。第三是完善开放性的经济，包括对内开放，我认为国内的民间资本比外向资本更为重要。第四是基础设施的建设。第五是生态环境的建设。第六是基本公共服务的建设。要推进这六个重点，还要注重以下四个方面：

第一，要进一步推动优势产业的发展。因为现在西部开发产业的支撑力、产业的竞争力还有待进一步的提高。所以我们觉得应该通过发展特色优势产业，为未来西部的开发提供一个强有力的产业支撑。

第二，要大力统筹城乡发展。西部地区的城乡收入差距在全国最大，要优化我们的空间布局，培育新的增长点。目前的三个重点地区，关中和天水、北部湾，现在规划已经批了，我想在"十二五"期间，我们应该在这三个重点区域之外推动、启动一批新的增长点，新的重点开发区。

第三，要加大财政转移支付力度，大力推进基本公共服务的均等化。根据我们的研究来看，一般性的财政转移支付，也就是现在的均等化的财政转移支付缩小了地区差距。但是从广义的角度看，由于税收返还的因素，我们广义的财政转移支付是扩大了地区差距。所以未来要进一步加大财政转移支付力度，尤其是均等化的财政转移支付力度，要大力地推进基本公共服务的均等化。从目前来看，这个难度很大，现在均等化财政转移支付所占的比重比较小，总量不大，我国20多个省市区都享受这种均等化的财政转移支付。

最后一点，要改变过去对西部地区的办法，进一步完善政策体系，广泛吸引国内外的民间资本，大规模地参与西部大开发。国内外的民间资本不能大规模参与到西部大开发中来的话，要实现西部大开发的长远目标可能是一句空话，所以政策要有所转变。前段时间和有关部门协商，要进行分类指导，针对西部地区不同类型的地区采取不同的政策措施，这个问题现在正在研究中。

把创新平台建成经济转型升级先导区

把创新平台建成经济转型升级先导区是浙江省委书记赵洪祝7月10日在浙江省科技厅调研时提出的一个新命题。主要内容就是坚持以科学发展观为指导，全面实施"创业富民、创新强省"总战略，围绕建设创新型省份和科技强省的目标要求，积极实施自主创新能力提升行动计划，以重大创新平台建设为抓手，加快提升区域创新能力，加快浙江经济转型升级。赵洪祝要求，要大力推进科技体制改革和行政管理体制改革，坚持政府主导、市场运作、多方共建，以新的体制和机制建设、运营创新平台，努力把创新平台建成浙江省经济转型升级的先导区。要进一步探索整合科技资源，完善科技成果转化和公共服务制度，努力使平台真正做到集服务、研发、转化和产业化四大功能为一体。赵洪祝强调，要广泛利用国内外创新资源，积极引进大院名校，联合共建高层次的科技创新平台，推动浙江自主创新能力和水平的提高。要深入实施百千万人才创新工程，完善相应的绩效激励制度，引进和培养一流的创新领军人才、一批研究开发骨干人才，重点引进一批掌握核心关键技术的海外高层次科技人员，形成梯队合作的强大创新团队。要继续扎实推进创新平台的软硬件条件建设，提升创新平台的层次和水平，为吸引和稳定创新团队创造良好条件。各级各部门要把创新平台放到重要位置，加强领导，统筹规划，扎实推进创新平台建设。要建立健全多元化、多渠道的科技投入体系，进一步引导全社会加大科技投入，切实做好土地等要素保障，为创新平台建设创造良好的基础条件。

6月23日下午，赵洪祝邀请省咨询委部分专家学者为本省经济发展“把脉会诊”时曾寄语省咨询委和广大专家学者，当好加快推进本省经济转型升级的“智囊团”。当前国际金融危机已经持续一段时间，我们要继续强化应对国际金融危机、推进经济转型升级的具体措施，更加注重研究当前和今后一个时期的发展战略，为“十二五”规划作准备。特别要重点研究打造高新技术支柱产业，加快发展现代服务业；改造提升传统产业，促进块状经济向现代产业集群转变；打造科技研发基地，建设自主创新平台；建设生态文明、加大节能减排力度等重大问题。希望各位专家学者围绕这些方面问题，进一步增强使命感和责任感，更好地发挥积极性主动性和创新精神，全面梳理影响经济转型升级的问题和矛盾，认真研究行之有效的政策措施。同时，各级党委、政府和各有关部门，都要进一步重视决策咨询工作。

推进珠三角一体化和产业扩散转移正当时

广东省委党校副校长陈鸿宇2009年4月15日在接受《南方日报》专访时提出，工业化进入成熟期，城市体系已经形成，多核心区已经出现，要素流动的实际需要呼唤区内推进一体化。当前，珠三角已经走到了这一步，不一体化就是犯历史性的错误。他认为，汪洋书记在广东省委十届三次全会上的讲话中提出要把实施《纲要》与实现提升珠三角带动东西北战略结合起来。这个点题意味深长，要从一个更广阔的空间视角去认识纲要本身的意义和广东的战略地位。《纲要》不仅仅是小珠三角的事情，它规划到的空间比原来要开阔得多，涵盖了珠三角和港澳、环珠三角、甚至跟泛珠三角、东盟都有紧密联系。从产业的兴起、集聚、扩张与升级的内在规律看，珠三角已经从集聚资源的阶段向对外扩散的阶段转型。在这个新阶段，珠三角要提升，要转变增长方式，提升产业层次，固然离不开自身的努力，但同时也需要有一个更广阔的空间来进行腾挪，这个腾挪的空间就是环珠三角、就是泛珠三角和东盟。《纲要》提出了珠三角的五大战略定位。而这些目标的实现光靠珠三角不行，光靠近期规划不行，需要长远规划。十五年前，广东省委、省政府提出要加快建设珠江三角洲经济区，当时提出这个战略是为了解决珠三角已经出现的画地为牢、诸侯经济、无序竞争等发展问题。应该说，那一决策对珠三角从一个地理概念进化成一个成形的工业区起到了重要的推动作用。但也要看到，15年前，珠三角仍处于工业化的加速成长期，仍处于集聚资源的阶段，那个时候在客观上仍然是竞争多于合作，区域整合的动力不足，因此，15年过去了，珠三角区域整合方面仍存在着很多不尽如人意的问题。如今，珠三角已经开始迈入工业化成熟期，区域内的城市体系开始出现，区域从总体上也从集聚资源为主的阶段开始向对外扩散的阶段过渡，珠三角的发展呼唤一体化，呼唤生产要素在区域内的更自由的流动。可以说，珠三角已经走到了推动区域经济一体化的这一步了，不一体化就要犯历史性的错误。《珠三角地区改革发展规划纲要》恰恰是在这样一个关键的历史转折点上提出了推进珠三角一体化的战略任务，时机拿捏得非常到位。如何推动珠三角一体化？关键是五个一体化：交通基础设施一体化，城乡发展一体化，区域协调发展一体化，产业布局一体化，更重要的是体制机制的一体化。其中，基础设施一体化很重要，因为没有这个一体化，其他一体化的实施成本就会很高。城乡一体化也特别重要。城乡一体化必须保留有城有乡的格局，而不是要搞城区一体化的规划。不能把城市化、城镇化，简单地理解为城区化。在珠江三角洲这么大的一个都市圈里头，产业结构应该是夹农夹工夹三产；功能分区上应该是夹城夹镇夹村落，夹山夹水夹绿带。

区域协调与政策创新

区域经济政策的最终目标，是通过增进个人福利、机会、公平和社会和睦体现出来的。因此，一个区域的经济政策，显然应该有助于提高人均实际收入、实现充分就业、扩大个人职业和生活方式的选择范围，保障收入和避免造成收入悬殊。我国的区域政策应从区域协调发展的新内涵出发，以区域利益协调为主线，构建五大目标的动态组合。

“十一五”区域经济布局基本成型

“十一五”期间，区域经济逐渐成为各地经济增长的主角，同时又是各地经济发展的风向标。促进区域经济协调发展，已经成为各地方的战略重点。从目前我国已出台的区域战略规划来看，从南到北，从沿海到内地，中国区域经济已呈现多极发展、齐头并进的态势。中国新一轮的区域改革试验也由此进入到一个深化的阶段。目前全国已经形成了三大经济圈、七个综合配套改革试验区以及七大经济区（带）的区域经济战略形势。

三大经济圈

在中国区域经济中，长三角、珠三角、京津冀三大经济圈的经济总量占到全国的1/3，是当之无愧的“排头兵”。

珠三角地区：规划面积为24437平方公里，人口4283万人，集中了广东全部人口的61%。2008年“珠三角”GDP总值达29745.58亿元，占到全国的10%。2009年1月8日，国务院正式发布《珠江三角洲地区改革发展规划纲要（2008-2020）》。按照总体目标要求，珠江三角洲地区发展规划将迈三步：一年开好局，四年大发展，十年大跨越。到2012年珠江三角洲地区率先建成全面小康社会，人均地区生产总值达到80000元；到2020年，率先基本实现现代化，人均地区生产总值达到135000元。

“珠三角规划纲要”主要指标十年“三步走”

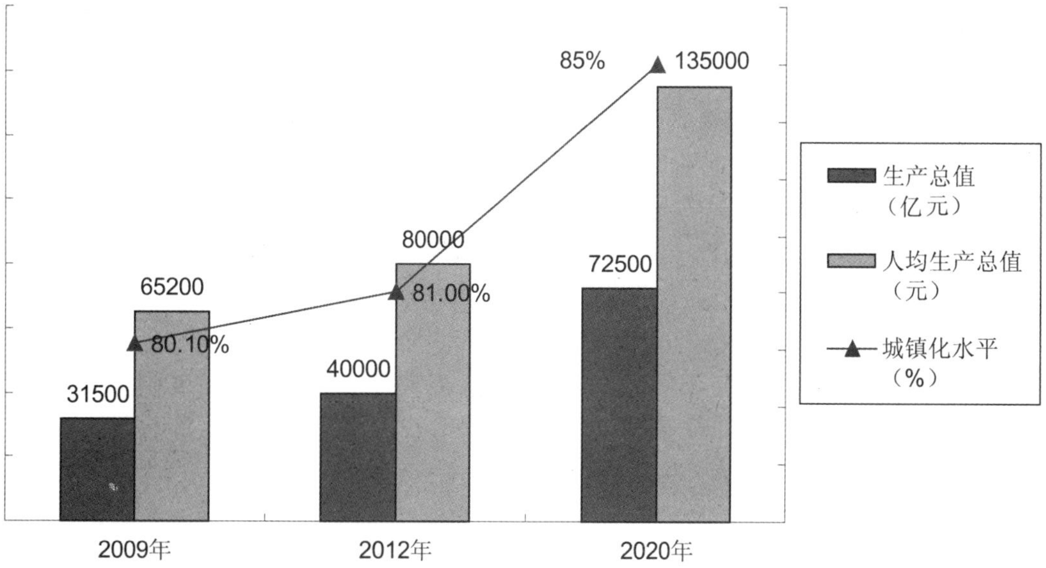

“珠三角规划纲要”部分指标规划目标

指标	单位	2012年	2020年
城镇污水处理率	%	80	90
城镇生活垃圾无害化处理率	%	85	100
轨道交通运营里程	公里	1100	2200
现代服务业增加值占服务业增加值比重	%	53	60
年主营业务收入超千亿元企业数量	家	8	20

长三角地区：面积近11万平方公里，人口逾7000万。2008年长三角地区GDP为53956亿元，增幅为11.7%。2008年8月6日，国务院原则通过《进一步推进长江三角洲地区改革开放和经济社会发展的指导意见》，规划目标为，到2020年形成以服务业为主的产业结构，形成分工合理、各具特色的空间格局，并在全国范围内率先基本实现现代化。

“长三角指导意见”规划目标

指标	2012年	2020年
产业结构	服务业比重明显提高	形成以服务业为主的产业结构
科技发展	科技进步对经济增长的贡献率大幅提升	重要领域达到世界先进水平，对经济发展的引领和支撑作用明显增强
区域分工	趋于合理	形成分工合理、各具特色的空间格局
单位GDP能耗	低于全国平均水平	接近或达到世界先进水平
社会保障体系	覆盖城乡	进一步提高

（续表）

指标	2012年	2020年
公共服务能力	进一步增强	实现基本公共服务均等化
社会发展	基本实现全面小康社会	率先基本实现现代化

京津冀地区：京津冀城市群包括北京市、天津市和河北省的石家庄、唐山、保定、秦皇岛、廊坊、沧州、承德、张家口八个地市及其所属的通州新城、顺义新城、滨海新区和唐山曹妃甸工业新城。区域面积为18.34万平方公里，人口8500万。2008年，京津冀地区生产总值达到2.98万亿元，同比增长11.9%。

七大综改试验区

自2005年6月上海浦东新区综合配套改革试验区获批开始，在四年的时间里，共有天津滨海新区等七个区域发展规划依次获批。

浦东新区：2005年6月21号，国务院批复浦东新区为第一个综改试验区，重点建设国际金融中心和国际性航运中心。规划面积为570平方公里，2009年并入南汇区，扩为1210.41平方公里，户籍人口268.60万。2008年GDP和财政收入分别达3100亿元和1000亿元，同比增长11.8%和16%。

滨海新区：2007年3月，《天津滨海新区综合配套改革试验总体方案》正式获得国家批复，成为国家第二个综改试验区，规划面积2270平方公里。截至2008年底，滨海新区常住人口达到202.88万人。方案主要侧重于经济体制改革，计划用5~10年的时间，率先基本建立完善的社会主义市场经济体制。

成都：2007年6月，《成都市统筹城乡综合配套改革试验总体方案》正式公布。成都市面积12390平方公里，2008年末户籍人口1125.0万人，2008年GDP总量3901亿元，地方财政收入350亿元。方案规划，到2020年，人均GDP达到109860亿元，城镇化率达到70%，农民人均纯收入21000元，城乡人均收

重庆城乡综改“两步走”主要指标变化情况

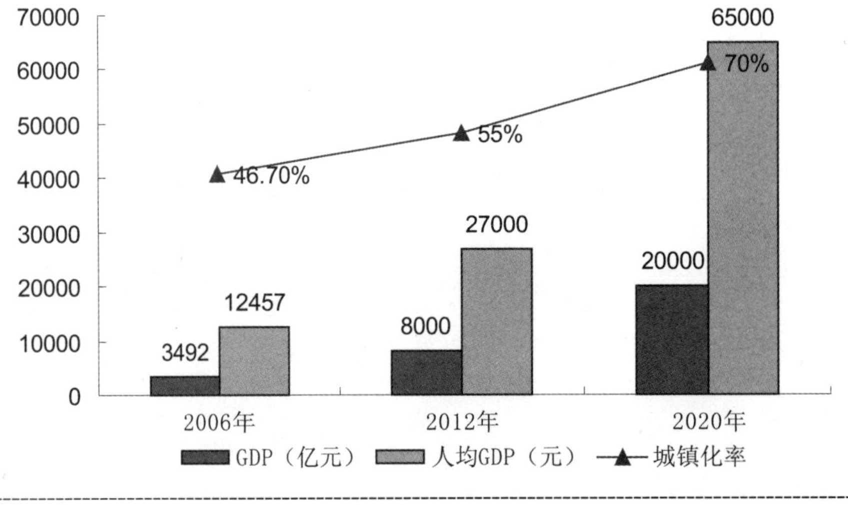

入比降为2:1。

重庆：2007年6月，国务院批准了《重庆市统筹城乡综合配套改革试验总体方案》，重庆与成都同时成为国家综改试验区。重庆市面积约8.2万平方千米，2007年底，户籍人口3235.32万。2008年GDP达5097亿元，地方财政收入577亿元。方案的总体目标规划到2020年，具体实施分“两步走”，第一步是从2007年到2012年，经济总量比2006年翻一番以上，城镇化率超过55%，城乡居民收入差距由4：1缩小到3：1，第二步是到2020年，城乡居民收入比降到2.5：1，城镇化率上升至70%。

武汉城市圈：2007年12月，国务院批准武汉城市圈和长株潭城市群为全国资源节约型和环境友好型社会建设综合配套改革试验区。2007年武汉城市圈内常住人口2987.65万人，城镇化水平为46.8%。2008年GDP达6430亿元。《武汉城市圈综改方案》提出，到2020年，武汉城市圈总人口达到3340万人，实现城镇化水平达70%；人均GDP近6万元。

长株潭城市群：长株潭城市群包括长沙、株洲、湘潭三市，面积2.8万平方公里，2008年总人口1320.28万人，实现GDP达4565.31亿元。长株潭综改方案提出的具体指标为，到2015年单位GDP能耗在2006年基础上降低40%，化学需氧量、二氧化硫排放量分别下降19.5%、24.5%。

深圳：2009年5月，《深圳综合配套改革试验总体方案》正式获批，并向中央申报将特区范围扩大至全市，深圳特区的总面积将由现在的395平方公里扩容为1948平方公里。2008年，GDP总量达7807亿元，出口额1797.20亿美元，占全国出口总额的12.6%。规划目标是形成“四大中心”：全球性的“金融中心”、“贸易中心”、“创新中心”和“国际文化创意产业中心”。

七大综改试验区规划目标

综改试验区	规划获准时间	目前发展状况	规划目标
浦东新区	2005年6月	2008年GDP达到3151亿元，同比增长11.6%，财政收入突破1000亿元，增长幅度达22%，贸易进出口总值为1450亿元	2009年，全区生产总值增长10%左右，地方财政收入增长8.5%，全社会研发经费支出相当于浦东新区生产总值的比例达到3.1%左右
滨海新区	2006年6月	2008年GDP和财政收入分别达3100亿元和1000亿元，同比增长11.8%和16%。社会固定资产投资达到1650亿元，增幅高达43%，社会消费品零售总额超过300亿元，出口总值为261亿元	用5至10年的时间，把滨海新区建设成为北方对外开放的门户、高水平的现代制造业和研发转化基地、北方国际航运中心和国际物流中心、宜居生态型新城区
成都	2007年6月	2008年GDP达3901亿元，地方财政收入350亿元，分别同比增长12.1%和19.1%。社会固定资产投资达到3000亿元，增幅为25.8%，社会消费品零售总额为1600亿元，出口总值为90亿元	到2012年，人均GDP达到51250亿元，财政一般预算收入576亿元，城镇化率达到60%，农民人均纯收入达到10000元，城乡人均收入比为2.4:1。到2020年人均GDP达到109860亿元，财政一般预算收入1762亿元，城镇化率达到70%，农民人均纯收入21000元，城乡人均收入比降为2:1

（续表）

综改试验区	规划获准时间	目前发展状况	规划目标
重庆	2007年6月	2008年GDP达5097亿元，地方财政收入577亿元，同比增长30%。社会固定资产投资达到4045亿元，增幅28%，社会消费品零售总额超过2000亿元，进出口总值共达95亿元	到2020年，重庆市城乡居民收入之比由4:1降到2.5:1，农村基本公共服务超过全国平均水平，城镇化率将由目前的46.7%上升至70%
武汉城市圈	2008年12月	2008年GDP达6430亿元，增长15.7%，实现财政收入602亿元	2020年，城镇化水平达70%，人均GDP近6万元
长株潭城市群	2008年12月	2008年实现GDP达4565.31亿元	到2015年单位GDP能耗在2006年基础上降低40%，化学需氧量、二氧化硫排放量分别下降19.5%、24.5%
深圳	2009年5月	2008年，深圳GDP达到7807亿元，人均GDP达到13153美元，地方财政一般预算收入突破800亿元，出口总额1797.20亿美元，占全国出口总额的12.6%	建设"四大中心"：全球性的"金融中心"、"贸易中心"、"创新中心"和"国际文化创意产业中心"

七大区域经济布局

截至目前，除国家综改试验区外，广西北部湾经济区、辽宁沿海经济带等7个国家区域经济布局也被提升到国家战略层面。同时，各个地方之间积极建立经济圈或经济带以促进经贸发展，经济合作区域遍及全国。

广西北部湾经济区：2008年2月20日国务院公布《广西北部湾经济区发展规划》，标志着广西北部湾上升到国家战略层面，成为第一个区域经济布局。广西北部湾经济区由南宁、北海、钦州、防城港四市所辖行政区域组成，陆地国土面积4.25万平方公里，2006年末总人口1255万人。获批规划提出的经济指标为：到2010年，实现人均地区生产总值较大幅度提高；到2020年，人均地区生产总值超过全国平均水平，经济总量占广西的比重提高到45%左右。

海峡西岸经济区：《国务院关于支持福建省加快建设海峡西岸经济区的若干意见》2009年5月14日正式发布。规划到2012年，人均地区生产总值接近或达到东部地区平均水平，城乡居民收入显著提高，地方财政收入较大幅度增长。到2020年，生态文明建设位居全国前列，城市化水平提升到62%以上，实现全面建设小康社会的目标。

江苏沿海地区：2009年6月《江苏沿海地区发展规划》获批，规划区域包括连云港、盐城、南通三个地级市，拥有954公里大陆岸线。2005年，沿海三市人均GDP为1万多元，仅为全省平均水平的一半左右。规划提出，到2010年，沿海地区生产总值达到4400亿元，占全省的比重为15%左右。

横琴地区：2009年6月24日，国务院常务会议讨论并原则通过了《横琴总体发展规划》。横琴岛地处珠江口西岸，面积106.46平方公里，2008年末，岛内常住人口4203人。规划预计通过10~15年的努力，把横琴建设成为连通港澳、区域共建的“开放岛”，到2015年，人均GDP达到12万元；2020年，达到20万元。

关中—天水经济区：2009年6月国务院正式公布《关中—天水经济区发展规划》，提出将把关中—天水经济区打造成为“全国内陆型经济开发开放的战略高地”，规划区域包括陕西省西安、铜川、宝鸡、咸阳、渭南、杨凌、商洛部分县和甘肃省天水所辖行政区域，面积7.98万公里。预计到2020年，关中—天水经济区的经济总量占西北地区比重超过1/3，人均地区生产总值翻两番。

辽宁沿海经济带：2009年7月《辽宁沿海经济带发展规划》原则通过，辽宁沿海经济带由大连、丹东等6个沿海市所辖的21个市区和12个沿海县市组成，土地面积约占全省的1/4，人口约占1/3，地区生产总值占近1/2。计划到2020年，将沿海经济区建成东北亚国际航运中心和国际物流中心。

黄河三角洲：2008年底，山东省提出把黄河三角洲高效生态经济区纳入全国经济格局通盘考虑的提议，目前中央已原则同意山东的提议。黄三角拥有未利用地811万亩，其中多为国家鼓励开发的盐碱地、荒草地，适宜大规模开发建设。经过数年的开发，2008年，黄河三角洲地区实现生产总值4500亿元，增长15%左右，高于山东省平均水平。预计到2010年地区生产总值比2005年翻一番，达到5300亿元左右。

部分地区经济区域规划目标

地区	规划区域	获准时间	目标
广东	横琴经济合作区	2009年6月	促进横琴经济区成为粤港澳合作新模式的示范区，到2020年，总人口28万人，人均GDP为20万元
安徽	合蚌芜经济圈		把经济圈建设成为长三角重点城镇群组成部分；到2010年，经济圈国内生产总值预期3600亿，年均增长17%
江西	鄱阳湖生态经济区		2020年前，建成世界大湖流域矿产资源开发利用的示范地区之一；2020年规模以上加工型龙头企业达到6000家以上，实现年销售收入6000亿元以上
福建	海峡西岸经济区	2009年5月	10—15年之后，成为我国经济发展重要区域
广西	北部湾经济区	2008年2月	建成国际商贸区、出口加工区、边境经济合作区等各类园区；到2020年，人均地区生产总值超过全国平均水平
陕西、甘肃	关中—天水经济区	2009年6月	到2020年，关中—天水经济区的经济总量占西北地区比重超过1/3，人均GDP翻两番
辽宁	辽宁沿海经济区	2009年7月	到2010年，沿海经济带开发区的地区生产总值达到3000亿元，地方财政一般预算收入增长15%左右，污水处理率达到80%以上，垃圾无害化处理率达到90%以上
江苏	沿海经济带	2009年6月	到2010年，沿海地区生产总值达到4400亿元，占全省的比重为15%左右
山东	黄河三角洲		到2010年地区生产总值比2005年翻一番，达到5300亿元左右

国家“十二五”应更加重视区域协调发展

国家发改委深化区域发展领域的理论与政策研究

促进区域协调发展，构建和谐社会是党的“十七大”和十七届三中全会提出的明确要求，也是“十一五”规划的一项创新成果。国家发展改革委国土开发与地区经济研究所副所长肖金成在他的《“十六大”以来区域协调发展的情况与未来的政策建议》中，针对我国区域发展还存在着一些比较突出的问题，如保护生态环境成为宏观调控的迫切课题；地区间经济与人口分布失衡，经济社会发展差距仍在扩大；经济和资源分布空间失衡，导致资源跨区域调动的压力越来越大；地区差距继续扩大，区域竞争激烈；促进区域协调发展的政策法律体系不健全等问题，就“十二五”我国区域发展和区域政策方面提出一系列建议：

一是“因地制宜”制定区域发展政策。中央政府应牢牢把握区域政策的制定权。不仅要根据各地区的不同情况制定不同的区域发展政策，而且要根据各地区的情况制定区域财政政策、区域金融政策、区域土地政策、区域人口政策、区域资源政策、区域环境政策等。制定政策要考虑其统一性、系统性和有效性，既要和法律法规有机衔接，又要考虑政策的连续性和严肃性，还要有利于区域协调发展机制的形成。

二是将制订全国性空间规划和区域性空间规划提上议事日程。“十一五”期间制订“主体功能区”规划的目的是根据各地区的资源环境承载能力、开发力度和发展潜力确定优化开发地区、重点开发地区、限制开发地区和禁止开发地区。这是区域发展理论的重大创新，有利于促进我国的空间结构调整和空间开发秩序的协调，有利于生态环境的保护和生产力布局的合理分布，也有利于有针对性地制订区域政策。但仅仅确定四类地区是不够的。他建议将主体功能区规划作为全国性空间规划的重要组成部分，在编制主体功能区规划的基础上，开始全国性空间规划和区域性规划的编制工作。“十一五”期间进行了编制东北地区振兴规划、长三角区域规划和京津冀区域规划的试点，取得经验之后，应在“十二五”期间展开全国性空间规划和区域性空间规划的编制工作。根据国外国内的经验，空间规划应包括以下内容：（1）主体功能区划分（可以主体功能区规划为基础）；（2）空间布局与城镇体系建设；（3）骨干基础设施，主要包括铁路、公路、机场、港口、水源地和防洪排涝设施；（4）大流域的治理；（5）资源合理利用和产业发展；（6）生态环境保护；（7）人口分布与城市化进程；（8）区内外的经济合作。

三是建立区域协调发展委员会。区域协调发展既需要有规划和政策的配合，也需要有实施的主体，因此建议成立国务院部委级区域协调发展委员会，专司区域协调发展之职责。职责是编制区域性空间规划、主持制定区域政策、提出促进特定地区发展的目标和任务、负责跨省市区行政区重大基础设施的规划和实施，负责跨省市区行政区流域的治理与环境保护、区域合作机制的构建、促进国际次区域的合作等等。区域协调发展委员会可在西部开发办、东北振兴办、中部崛起办、扶贫办等国务院办事机构的基础上设立。这几个机构虽然服务的对象不同但功能都是一致的，经过整合，可化分力为合力，成为促进地方经济发展，促进区域协调，促进区际合作的重要政府部门。

四是改革户籍等限制劳动力流动的制度，逐步解决人口与经济空间结构失衡问题。长期以来，人口分布的固化状态始终未能打破，无疑在很大程度上影响到经济效益的提高。立足于合理化和优化空间结构的角度，国家应加快对户籍等限制人口流动的制度的改革，在拆除地区壁垒，允许物品畅通的同时实现人口流动的正常化，以人物互动方式逐步解决要素空间结构失衡问题。未来，需拓展改革思路，南水北调、西气东输以“物动”体现以人为本的思想，在西部、北部生态形势日益恶化的情况下，主要应以“人动”体现以人为本的理念，引导西部地区的劳动力和一部分人口向发达地区有序流动。制定促进人口自由流动的政策，引导欠发达地区的人口向发达地区和城市转移。同时，考虑到西部地区脆弱的生态环境对我国经济社会可持续发展造成的严重威胁，以及人类经济活动对生态环境的破坏日益严重和西部地区落后的经济状况，实行地区之间的适度移民，解决由地区之间人口分布不平衡造成的一系列生态环境保护、经济社会可持续发展问题。

五是按照不同类型区分别制定不同的扶持政策和发展战略。我国现行的区域政策是根据东中西三大地带和四大板块为基本范围制定的，虽然比“一刀切”的政策有所进步、有所细化，但仍失之于过粗。建议按六大类型区分别制定区域政策，即贫困地区、老工业基地、资源型城市、生态脆弱地区（沙漠化、石漠化地区、水源地、干旱地区、地质灾害频发地区）、粮食主产区、边境地区。不同类型区不仅要有不同的扶持政策，而且要有比较科学的战略思路。一要有基本的方向和阶段性目标；二要有长期的规划；三要有具体的手段和策略；四要有政策的扶持和资金的支持；五要有战略、策略实施的主体。

“十二五”推进城乡统筹和区域协调发展的新视角

从目前的发展趋势看，区域经济发展呈现了以下3种积极的现象：地方经济向区域经济转化，出现了破局性态势；产业重组、市场重组得到优化组合；区域协调发展取得了阶段性成果。为了应对国际金融危机的影响，各地对区域发展规划纷纷做出了大的调整。一些地方重复引进大项目或盲目上高科技、附加值高的大项目的势头未减。中国管理科学研究院秘书长兼区域发展研究所所长张乃剑认为，这种现象如果不能尽快改变，后果将非常严重，不仅会带来重复建设资源浪费，为今后的产业调整埋下隐患。

因此，无论是立足当前应对国际金融危机，还是着眼长远调整战略布局，我们都必须进一步推进城乡统筹和区域协调发展，加快培育区域经济增长极，努力拓展新的发展空间。

统筹协调，要加强决策部署的连续性。越是应对危机，越要稳住基础。城乡统筹发展，我们刚刚迈出坚实的第一步。还要下更大的决心、花更大的气力、用更多的力量，解决好“三农”问题，切实保障粮食等主要农产品供给，促进农民持续增收，改善农村生产生活条件。同时协调推进城镇化和新农村建设，提高城镇的承载能力，充分发挥城镇化带动经济增长的作用。统筹协调，需要政策扶持和引导，增强发展后劲。随着我国经济运行企稳向好，政府投资和信贷资金更要乘势而上，进一步帮助农村和中西部地区“输血”、“造血”。统筹协调，重在激发各方面优势，形成发展合力。东部地区和广大城市有资金、技术、管理经验等优势，中西部地区和广大农村有资源、文化和成本优势。在市场配置资源的基础上，充分调动、发挥各方面的优势，我们会发现，我国经济发展仍然是空间广阔、源泉旺盛、活力四射。统筹协调，贵在改革创新，迎难而上。目前，东部率先、西部开发、中部崛起、东北振兴的国家现代化发展战略布局正在不断得到充实。随着一系列政策安排、项目布局落实到位，全国各地，尤其是中西部地区的基础设施建设、产业发展水平将再上新台阶，这将为中西部地区承接东部产业转移、培育新的增长极创造良好的发展条件。各地要抢抓机遇，在国家的宏观布局中找准定位，在新形势下重新规划产业布局和发展方向，立足大资源、放眼大市场，打破城乡、行政区划的界限，借势而为。统筹协调将在更深的层面推进改革创新，而改革创新将在更高的层次加快统筹协调。

“十二五”区域政策创新路向

与澳门一水相隔的珠海横琴岛开发大幕即将拉开，其产业涉及房地产、旅游、基建等。而相比产业，业内最为关注的横琴新区"一国两制"下的"政策创新"亦箭在弦上。横琴新区是继上海浦东新区、天津滨海新区之后，第三个由国务院批准的国家级新区。号称"比特区更特"。横琴新区的开发，预示着在“十二五”区域政策创新将进入一个崭新阶段。

政策目标上以协调区域利益、缩小区域差距为主线，实现动态整合

美国著名区域经济学者埃德加·胡佛认为：“区域经济政策的最终目标，是通过增进个人福利、机会、公平和社会和睦体现出来的。因此，一个区域的经济政策，显然应该有助于提高人均实际收入、实现充分就业、扩大个人职业和生活方式的选择范围，保障收入和避免造成收入悬殊。”我国的区域政策应从区域协调发展的新内涵出发，以区域利益协调为主线，构建五大目标的动态组合。《政治学研究》2009年6月16日刊登的陈瑞莲、谢宝剑题为《回顾与前瞻：改革开放30年中国主要区域政策》一文，对改革开放30年中国主要区域政策的演进进行了系统回顾，未来中国的区域政策作了前瞻。

一是区域比较优势充分发挥。即各地区根据自身发展基础、资源禀赋、潜在优势等具体特点，明确其区域定位和比较优势，在此基础上深化地区间专业化分工，并加强区域间经济技术和人才等多方面的合作和互助，形成各具特色、优势互补、共同发展的区域关系新格局。

二是区域收入差距控制在合理范围。这就要求既要注重区域间当前利益协调，又要注重区域间长

远利益协调。区域间收入差距要控制在社会可承受的范围之内，并逐步缩小，最终实现地区间的共同富裕。

三是地区基本公共服务均等化。基本公共服务均等化意味着不同区域的公民都能够分享改革发展的成果，在基础设施、义务教育、医疗卫生、社会保障等方面享受到质量和数量都大体相当的基本公共服务，从而保障落后地区居民最基本的生存权和发展权，全面提高当地人口素质，增强落后地区长期的自我发展能力。

四是提升市场一体化水平。从体制上消除限制区域之间要素自由流动的制度根源，促成区域之间要素市场的统一。

五是资源有效利用，环境生态得到保护和改善。既保证当前资源配置的高效率，又保证长期内资源可持续的利用，实现当前和长远发展利益的统一；在生态环境方面，要切实贯彻科学发展观，发展环境友好型产业，区域间加强环境保护合作，促进人与自然和谐相处，实现可持续发展。以上五大目标是互相联系、互为促进的动态发展过程，由于中国当前的主要问题是区域经济差距过大、地区基本公共服务水平差异突出的问题，因此着重解决区域差距，实现各地区基本公共服务的均等化应成为当前区域政策的主要目标。

政策框架上加强立法和区域规划编制，完善区域协调机构

首先，构建区域协调发展的法制基础。包括在相关立法中，加入促进区域经济社会协调发展、调控中央与地方关系的内容，明确中央政府与地方政府各自的事权和财权关系划分，避免政府间关系紊乱和随意的权利侵蚀现象，尽快制订和出台国家区域开发方面的法律等。其次，强化区域规划编制，整合现有的相关区域发展机构。如整合“国务院扶贫办”、“国务院西部大开发办”和国务院部委机关中与地区开发有关的机构，设置专门的区域协调机构。在人大设立区域发展委员会（立法机构）、国务院设立国家地区开发署（行政执行机构）等区域发展的权威机构。

政策机制上健全区域协调互动机制

区域协调互动机制，是指推动区域间相互协调、相互促进、实现优势互补、共同发展的机制。主要包括：

市场机制。要打破行政区划的局限，消除地区间的市场壁垒，促进生产要素在区域间自由流动和合理配置，引导产业有规律的转移和集聚。

合作机制。探索建立制度化的区域合作机制，开展多层次、多形式、多领域的区域合作，鼓励和支持各地区搭建区域经济协作和技术、人才合作的良好平台，形成以东带西、东中西共同发展的格局。

互助机制。发达地区要采取对口支援、社会捐助等方式帮扶欠发达地区。做好发达地区对欠发达

地区的对口支援，特别要做好对边疆地区和少数民族地区的对口支援，鼓励社会各界捐资捐物，改善贫困地区人民的生活，改善义务教育、基本医疗等公共服务条件。拓展支援领域，在继续推进资金援助、项目援助的基础上，加大技术援助和人才援助的力度，放大辐射和带动作用，将外生援助转化为内生机制。

扶持机制。按照公共服务均等化原则，加大国家对欠发达地区的支持力度，明确扶持重点，加大扶持力度，推进欠发达地区快速发展。

补偿机制。目前，区域间的补偿机制主要是生态补偿机制。要以统筹区域协调发展为主线，以体制创新、政策创新和管理创新为动力，坚持“谁开发谁保护、谁受益谁补偿”的原则，因地制宜选择生态补偿模式，不断完善政府对生态补偿的调控手段，充分发挥市场机制作用，动员全社会积极参与，逐步建立公平公正、积极有效的生态补偿机制，努力实现生态补偿的法制化、规范化，推动各个区域走上生产发展、生活富裕、生态良好的文明发展道路。

政策实施工具从“简单化”向“精细化”转变

区域政策的有效实施，需要有组织完善、设计精细、有的放矢的一整套区域政策工具作为保障框架。而简单化的政策工具，难以应对区域公共问题的多样化治理诉求。因此，必须综合考虑各地资源禀赋、区位条件和经济社会发展水平等因素，采用法律、经济、行政等多管齐下的区域协调手段，构建多元化的政策工具体系，使区域政策工具从简单化走向精密化。按照“十一五”规划关于优化开发区域、重点开发区域、限制开发区域、禁止开发区域的规划格局，今后要增加对限制开发区域、禁止开发区域用于公共服务和生态环境补偿的财政转移支付，逐步使当地居民享有均等化的基本公共服务；要重点支持限制开发区域、禁止开发区域公共服务设施建设和生态环境保护，支持重点开发区域基础设施建设；要引导优化开发区域转移占地多、消耗高的加工业和劳动密集型产业，提升产业结构层次。引导重点开发区域加强产业配套能力建设。引导限制开发区域发展特色产业；要对优化开发区域实行更严格的建设用地增量控制，对限制开发区域和禁止开发区域实行严格的土地用途管制，严禁生态用地改变用途；要鼓励在优化开发区域、重点开发区域有稳定就业和住所的外来人口定居落户，引导限制开发区域和禁止开发区域的人口逐步自愿平稳有序转移。

政策绩效评价上实施差异化评估导向

胡锦涛同志在党的十七大报告中指出：“加强国土规划，按照形成主体功能区的要求，完善区域政策，调整经济布局。”这一思想打破了传统的区域经济发展思路与发展模式，为科学地评价区域政策绩效指明了方向。优化开发区域要成为带动全国经济社会发展的龙头和我国参与经济全球化的主体区域；重点开发区域要承接优化开发区域的产业转移，承接限制开发区域和禁止开发区域的人口转移；限制开发区域要因地制宜发展资源环境可承载的特色产业，引导超载人口逐步有序转移；禁止开发区域则要依据法律法规和相关的规划实行强制性保护，严禁不符合主体功能定位的开发活动。目前，全国各地正在陆续开展的主体功能区域规划编制工作，区域政策研究中应注意研究与主体功能区相配套的财税、投资、产业、土地、金融和人口政策及其评价标准。在区域绩效评价和政绩考核方面，应针对主体功能区的不同定位，实行不同的绩效评价指标体系和政绩考核办法。优化开发区域要强化经济结构、资源消耗、自主创新等的评价，弱化经济增长的评价；重点开发区域要对经济增长、质量效益、工业化和城镇化水平以及相关领域的自主创新等实行综合评价；限制开发区域要突出生态建设和环境保护等的评价，弱化经济增长、工业化和城镇化水平的评价；禁止开发区域主要评价生态建设和环境保护。

完善区域经济体系应由四个层次组成

目前，我国区域经济发展已经进入了一个以统筹协调、缩小差距为特点的新的发展阶段，迫切需要全面系统地建立一个完善的多层次区域经济区划体系，为我国城镇化、工业化和区域经济的协调发展提供必要的基础和前提。国务院发展研究中心发展战略和区域经济研究部刘勇2009年8月4日在《关于制定“十二五”时期城乡区域协调发展战略的若干建议》中提出，根据发达国家的经验，中国这样的大国，完善的区域经济区划体系应该由以下四个层次组成。

第一个层次——宏观区域经济层次。目的在于从全国区域经济的整体上揭示一个大国区域经济的基本态势和特点。划分的依据主要是，在宏观自然条件背景下（如与海岸线的距离、宏观地形地貌以及地带性水热条件等），综合考虑经济发展水平、人口与城镇分布密度以及宏观区域政策的制定等因素划分若干大区域。目前，我国宏观区域经济被划分为东中西三大地带，或东北、东中西部4大板块（或东西部两大块）。

第二个层次——综合经济区域层次。主要目的是统一规划和建设大型跨区域性基础设施项目，如区际高速公路、铁路以及航运等交通线路与枢纽工程、区际通信工程、大型水利工程等等，以为区域经济一体化创造必要的硬件条件。划分方法是以省市区为基本单位（保证行政区的相对完整），根据省市区间经济联系程度、宏观空间区位、资源与产业结构特征、经济发展水平以及社会文化风俗等区域特征因素，按照统一规划与建设基础设施、省市区临近、行政区划完整并不打破上一级经济区划以及未来发展方向大体一致等原则，将若干临近的省市区划分为一个综合经济区。我国“九五”时期划分了7大综合经济区，但实际上并没有起什么作用，同时也与现行三大地带或4大板块不相衔接。目前，提出的综合经济区域划分的方案不下数十种。

第三个层次——特色经济区层次，由可称城镇群地区。这个层次的经济区划主要是着眼于，在较细的产业分类层次，甚至产品层次上，建立合理的区域分工与合作关系，以形成各具特色的区域经济体系。事实上，这个层次的经济区划是最实用、最关键的经济区划，是奠定整个空间经济布局的基础。划分方法是以地级市为基本单位，根据自然条件的同质性、要素禀赋的相似性和产业发展的关联性，按照以区域主导产业发展为核心，区域产业集群为依托，分工协作为纽带、共同区外市场为目标等原则，将若干临近的地级市划分为一个特色经济区。目前，我国尚没有划分过这样的特色经济区，一种可能的方案就是以几个地级市为核心的城市群划分为一个特色经济区，全国可能有各种成熟与正在形成中的城市群达70多个。

第四个层次——基本经济区层次，又可称为城市圈地区（本质上是城市与其直接腹地组成的区域）。目的在于建立生产与生活一体化的基本区域经济空间，实现统筹城乡发展以及城乡一体化的目的。划分方法是以点状的地级市为核心，根据城镇辐射能力和范围、生产与生活基本在城镇群内完成以及城乡建设一体化等要求，按照以一个或几个较大的城镇为中心、城镇间交通通信网络完整以及人口与产品交往达一定密集程度等原则，将相邻而彼此联系紧密的地区，实际上相当于或就是地级市及其所管辖的县域地区。目前，我国有300多个地市行政区划单位，也就有300多个基本经济区。

在相对完善的区域经济体系的基础上，在特色经济区和基本经济区两个区域层次内部，可以根据建立主体功能区要求，进一步划分功能区，以实现区域经济体系和主体功能区的有机结合，避免工业化和城镇化遍地开花的局面，形成城乡区域经济合理的“大分散、小集中”空间分布格局。

谁是“十二五”区域战略排头兵

今年以来，国务院相继审议通过一系列区域发展规划，海西经济区、深港联动方案、江苏沿海地区以及关中—天水经济区规划相继获批。在专家看来，一系列区域经济规划相继出炉，也是国家层面应对当前金融危机以及面对未来经济发展而出的“新牌”。那么，“十二五”期间，又有哪些经济区有可能成为中国区域经济的新亮点呢?

辽宁：沿海经济带有望纳入国家战略

在辽宁省“十二五”课题研究规划中，“十二五”落实三大区域发展战略研究最为引人注目。招标公告要求，辽宁省“十二五”区域经济发展和空间布局思路研究，要对“十一五”辽宁区域经济发展情况进行分析总结，对“十二五”辽宁落实三大区域发展战略面临的新形势进行分析，研究提出各区域发展和区域协调发展的主要任务和政策措施。按照主体功能区规划的要求，研究提出空间结构调整的主要任务和产业布局。

2008年，辽宁在大力推进“五点一线”沿海经济带开发建设的同时，将辽宁中部城市群确定为沈阳经济区，并将阜新纳入沈阳经济区，并适时推进了突破辽西北战略。至此，辽宁的三大区域发展战略开始实施，三个区域协调发展的局面开始形成，沿海与内陆互动发展开始迈出新步伐。这是辽宁老工业基地走向全面振兴过程中的浓重一笔。

沿海经济带。据统计，到2008年底，五个重点发展区域累计开发土地面积158.7平方公里，批准进区项目570个，总投资2207.2亿元。其中，仅在2008年，合同外资额就达23.2亿美元，实际利用外资额8.5亿美元，同比分别增长109%和60.4%。辽宁“五点一线”沿海经济带已成为国内外客商关注的热点。

沈阳经济区。沈阳经济区是以沈阳为中心，包括鞍山、抚顺、本溪、营口、阜新、辽阳、铁岭共8个城市，通过中心城市沈阳的经济辐射和吸引，与周围经济社会活动紧密联系的地区形成的“区域经济共同体”。沈阳经济区各市具有天然的地缘关系，彼此之间水相系、山相连、人相亲，形成了较为完整的经济地理单元。沈阳经济区是我国重要的重化工业发展基地之一，是东北地区经济发展的重要区域和辽宁省的经济核心地带。全区总面积75402平方公里，占全省的50.95%；总人口2362万人，占全省的54.9%。沈阳经济区整体上保持较高的发展速度，呈现出良好的发展态势。该区是全国公路网和铁路网最为稠密的地区之一，以沈阳为中心基本形成了“一环五射”的现代化运输通道，将区内8个城市连成一个整体。沈阳经济区是全国城市化程度最高的地区之一，区内重化工业发达，装备制造、冶金、石化、煤炭等产业在全国占有非常重要的地位；产业关联互补性强，形成了汽车、精细化工、装备制造业等

多个关联互补性强的产业链条。《辽宁中部城市群经济区发展总体规划纲要》提出，沈阳经济区要构筑“一核、五带、六群”的区域经济发展格局，即：建设沈阳特大经济核心体；打造沈抚连接带、沈本产业经济带、沈铁工业走廊、沈辽鞍营通海产业经济带、沈阜产业经济带；构建装备制造、石油化工、钢铁工业、新材料、高新技术、制药六大产业集群。沈阳经济区将实施区域创新和经济一体化战略，实现区域经济持续、快速、协调、健康发展。以沈阳为中心的沈阳经济区的基础设施、市场要素一体化业已取得新进展。在编制完成沈阳经济区8城市发展总体规划纲要、重点产业带规划的基础上，围绕构建“一核、五带、十群”产业发展新格局，辽宁省启动建设了城际铁路、高速公路、城际快速通道等一批重大项目，积极打造主业突出的重点产业集群。去年以来，沈阳经济区内的8城市把面向国内外招商引资、加快发展产业集群，作为推进一体化发展的重中之重，先后有组织地赴香港和长三角、珠三角及福建等地区开展联合招商活动。通过招商引资，沈抚、沈本、沈铁、沈阜、沈辽鞍营5条重点产业带和10大产业集群建设不断加快，涌现出本溪药园、铁岭专用车产业园、沈阳铁西装备制造产业集群、鞍山达道湾钢铁产业集群、抚顺新材料产业集群、营口沿海产业基地、彰武林产品加工产业集群、辽阳芳烃及化纤原料产业集群千帆竞发、齐头并进的喜人局面。在沈阳经济区各城市之间，辽宁省利用城市中间地带、利用节点发展经济，加快城市的连接，加快同城化和一体化。

突破辽西北。2008年，辽宁省出台《关于实施突破辽西北战略的若干意见》，决定借助国家实施积极的财政政策和适度宽松的货币政策的有利时机，实施“突破辽西北”战略，加速扩大省内需求，促进全省经济社会协调发展。辽西北地区包括阜新、朝阳、铁岭三个市。多年来这一地区工业发展相对缓慢，城乡居民生活水平较低，社会保障和就业压力大。辽宁适时推出突破辽西北战略，提出了3年见成效、5年大变样的目标。明确了在突破辽西北中，重点抓好环境建设，特别是绿化工程；抓好基础设施建设，特别是交通基础设施建设；抓好农业产业化，特别是畜牧养殖业；抓好工业化，特别是工业产业集群的任务，给辽西北地区注入了新的发展动力，加快发展振兴的热流处处涌动。按照5年内辽西北实现“县县通高速”的目标，启动彰武至通辽高速公路和阜新至盘锦高速公路等建设项目，修建绥中至凌源高速公路，加快推进巴新铁路、锦州至赤峰铁路改造项目，尽早启动沈阳至阜新至朝阳快速铁路以及沈阳至铁岭的轻轨工程等铁路建设项目。在产业发展上，辽宁将充分利用辽西北地区的煤炭资源优势，积极推进阜新40亿立方米煤制天然气、朝阳煤化工等重大项目建设，打造一批具有国际先进水平的煤化工企业，使之成为突破辽西北的标志性工程。此外，辽宁省还安排沈阳、大连、鞍山三个经济较为发达的市，分别帮扶阜新、朝阳、铁岭，并重点在工业园区建设、项目引进、人才培训等方面进行帮扶，加速辽西北经济社会发展。

此前，国务院常务会议原则通过《辽宁沿海经济带发展规划》，标志着辽宁沿海经济带开发建设已纳入国家战略，将成为下一步东北振兴规划的重要组成部分。作为《规划》重点的“五点一线”上升为国家战略，对加快辽宁沿海经济带发展，对于振兴东北老工业基地，完善我国沿海经济布局，促进区域协调发展和扩大对外开放，具有重要战略意义。有分析人士指出，作为东北振兴规划的重要组成部分，这次提出《辽宁沿海经济带发展规划》，就是要将东北的经济振兴，从“工业”领域转向“全方位”。

山东“蓝色经济区”以及“黄三角”有望上升为国家战略

8月17日，山东半岛蓝色经济区规划编制正式启动。按照规划目标，以2010年为规划基期；第一阶段到2015年，基本形成具有核心竞争力的海洋优势产业；第二阶段到2020年，建成产业发达、优势突出、人与自然和谐、在国内外有重要影响的山东半岛蓝色经济区。与以往不同，山东半岛蓝色经济区发展规划既是区域规划，又是经济社会发展总体规划，涉及经济、政治、文化、社会、生态等各个领域，关系沿海各市及内陆腹地的发展。按照要求，山东半岛蓝色经济区发展规划除1个总体规划外，还需15个省直部门分别编制海洋能源、现代服务业、高新技术产业发展、海洋生物产业发展、海洋装备制造业、临港重化工业发展、盐化工及海洋化工产业发展、信息服务、现代海洋渔业发展、生态环保、对外开放、园区发展、交通运输发展、海洋工程建筑业发展、海洋生态环保产业发展、现代农业发展、水利发

相关链接

长株潭“两型社会”试验区建设将纳入国家“十二五”

2009年4月21日至25日，以全国政协副主席郑万通为团长的全国政协常委视察团来湘考察长株潭“两型社会”试验区建设。视察团表示，将通过向中央报送调研报告、与国家部委专题协商等方式，努力推动将长株潭“两型社会”综合配套改革试验区建设纳入到国家“十二五”规划。郑万通表示，在当前国际金融危机还在蔓延的形势下，一方面继续坚定不移地推进“两型社会”建设，另一方面牢牢把握“两型社会”的特点和诸多优势，把国际金融危机形成的压力转化为动力和科学发展的机遇，积极承接新一轮产业转移，实现“弯道超车”，实现又好又快发展。第一，加强战略研究。准确界定“两型社会”的内涵，在此基础上明确和完善长株潭试验区“两型社会”建设的目标，包括硬指标和软指标、近期目标和中长期目标等。第二，依靠产业支撑。立足本地区特点和优势，大力推进传统工业企业的节能减排，同时推进新兴产业的研发和传统产业的改造，为长株潭“两型社会”建设提供坚实的产业基础和经济支撑。第三，注重统筹城乡发展。在“两型社会”建设中，大力推进社会主义新农村建设。第四，实施重点项目倾斜。在试验区继续大力引进并实施那些具备良好发展前景、符合“两型社会”建设要求的重大项目，如可再生能源开发利用、新型电机电池研发等，形成产业基地，实现集聚效应，为试验区改革搭建重要支点。第五，重视人才和科技进步，注意营造有利于吸引人才、推动科技创新的软件环境。第六，应当把湘江治理作为长株潭“两型社会”建设中必须突破的标志性工程，加大中央财政的投入支持力度，抓紧研究湘江流域生态补偿机制，大力整治湘江生态环境。

展、土地开发利用、海底矿产勘探开发开采输送加工等专项、城镇体系建设、教育事业发展、科技事业发展、卫生事业发展、人力资源和社会事业发展、海洋文化旅游业发展25个专项规划。25个专项规划与1个总体规划将“同步进行”，于10月底前完成初稿，有望年底前印发实施。8月11日，在青岛举办的蓝色经济发展国际高峰论坛上，国家发展改革委副主任杜鹰指出，要把山东半岛蓝色经济区建设成为“国家海洋经济发展的示范区，重要的先进制造业基地和对外开放前沿，连接长三角和京津冀，辐射黄河流域开放开发的又一重要增长极”。媒体和专家就此评论，山东半岛蓝色经济区被赋予国家战略意义。“省级版”山东半岛蓝色经济区总体规划目前已基本成熟，并上报国家级，争取纳入国家“十二五”发展规划，进入国家发展战略。

作为全国最后一个待开发的大河三角洲——黄河三角洲的开发已正式启动。黄三角处于长三角和珠三角产业向北梯次转移的中间地带。随着国际产业升级转移加速，国内经济热点区域由南往北、由东向西递延，作为环渤海核心区重要组成部分和山东对接京津冀发展门户的黄三角，如果能够找准自身定位，紧扣生态高效主题，合理布局等将对加速环渤海区域一体化、促进环渤海地区成为全国经济社会发展的重要角色。所以，山东省在黄三角开发总体规划中赋予其“依托山东，对接京津冀，服务环渤海，面向东北亚”的历史使命。2009年3月26日，由国家发改委副主任杜鹰带队的调研组奔赴山东，从农业水利、产业协调、能源交通、社会发展、国土资源利用、环境保护等专业角度对黄三角开发进行调研，审视现有规划基础，以期进一步完善。杜鹰表示，黄三角开发定位为生态高效是恰当的，在全国也是有示范意义的，应该走出一条新式的国土开发的路子。生态问题解决得好不好关系到整个黄三角规划能不能站住脚。对此，山东省计划把黄三角划分为三类区域：核心保护区作为生态发展空间，控制开发区作为农业农村发展空间，集约开发区作为工业化城镇化发展空间。产业发展主要在集约开发区集中优化布局，初步规划面积约4400平方公里，重点建设“四点、四区、一带”，即加快东营、滨州、潍坊、莱州四个港口建设，重点规划建设四大临港产业区，推动产业聚集、城市辐射、园区带动、突出重点、率先突破，辐射带动全局，形成山东的生态产业基地、新能源基地和全国重要的大型畜牧养殖基地、循环经济示范基地，形成环渤海南岸经济带，成为区域一体化发展的重要增长极，以实现黄三角可持续、跨越式发展。杜鹰表示，黄河三角洲开发不仅是山东的事情，也是国家的事情。黄三角曾被列入国家“十五”和“十一五”规划，早已进入国家战略了，现在只是在国家层面上来推动。

上海世博效应及第五个城市副中心胎动

2010上海世博会后，以三林世博功能区为代表的浦东新区世博周边区域将迎来新的发展机遇，到2020年逐步建成一座“世博新城”，成为上海城市建设的新地标，并与陆家嘴、外滩等区域一起，形成上海中心城区城市发展的沿黄浦江增长带。在7月5日举行的“世博论坛·世博与浦东发展高层研讨会”上，刚刚出炉的“浦东新区世博周边区域后世博时期（2010－2020）发展战略研究”描绘了上述前景。

该论坛是在国务院通过加强上海“两个中心”（国际金融中心和航运中心）建设以及浦东、南汇两区合并相关规划，对浦东发展产生重大影响的大背景下召开，其首次将研究探讨的焦点投向浦东后世博时期发展战略。

7月6日的《东方早报》报道，“世博论坛·世博与浦东发展高层研讨会”透露出一则引人注目的消息：以三林世博功能区为代表的浦东新区世博周边区域，到2020年将逐步建成一座“世博新城”，三林地区将成为上海第五个城市副中心。对于浦东世博周边地区如何借力世博，规划未来十年后世博时期的发展，与会专家也进行了全面、深入的研讨，并公布了刚刚完成的“浦东新区世博周边区域后世博时期（2010－2020）发展战略研究”。该研究报告认为，地处浦东新区西南部的三林区域将在浦东新区后世博时期的发展中成为重心。2010年上海世博会结束后，作为世博会永久保留建筑，一轴三馆、世博村、世博公园等不仅是上海的新标志，更为三林区域留下后续发展的资源。此外，按照功能布局规划，在耀华地块，未来十年将崛起一个包括文化休闲区、核心商务区、滨江绿洲大道、国际居住区在内的全新国际生态型商务区，在HQ地块（原环球影城地块）将耸立起建筑面积达20万平方米的水上竞技体育中心，为2011年上海水上运动锦标赛提供服务。因此，在区域形态上，自南浦大桥往西，以世博园区浦东片建筑群为起点，经浦东后滩、卢浦大桥、龙华嘴、耀华地块、HQ地块，约12平方公里的沿浦江滨江区域，未来有望成为上海城市建设新地标。研究报告提出，随着世博效应进一步加速浦东世博周边区域的城市化进程，到2020年一个“世博新城”将逐步建成，而区域内的龙华嘴地区，完全可以发展成为与陆家嘴、外滩等并列的地标性区域，共同形成上海中心城区城市发展的沿黄浦江增长带。未来浦东世博周边区域的整体布局、系统开发、不仅应成为世博园区建筑遗产后续利用的典范，还要借力后续效应进行旧城二次开发，成为上海新一轮发展的标杆。研究报告提出，在上海“十二五”规划中要充分研究，把三林区域打造成为上海继徐家汇、真如、五角场和花木之后的第五个城市副中心。同时，还建议对三林区域后世博10年的发展，要有特殊政策叠加，可以比照外高桥保税区、洋山港保税区和天津滨海新区的有关政策。浦东新区副区长、浦东迎世博行动计划指挥部总指挥陆月星表示，中国2010年上海世界博览会园区每平方公里投资力度超过100亿元人民币，作为“近水楼台”的浦东将形成三个圈层接受世博会辐射。第一个辐射圈层是紧邻世博园区的三林世博功能区域，面积约80平方公里；第二个是约570平方公里的原浦东新区；第三个是浦东与南汇合并后的整个大浦东地区，面积约1400平方公里。“大浦东”的局面形成后，浦东必然迎来更大的发展机遇。对浦东而言，参与上海“两个中心”建设必然会对城区的基础设施、产业升级以及文明程度有更高的要求。另一方面，“大浦东”目前二元结构尚未破除，实现城乡一体化的速度必须加快。以上两种因素交织，便会对浦东产生更大的发展动力。

构建“西三角”经济圈进入决策视野

在重庆“十二五”规划看问题研究指南中，新十年重庆深入推进西部大开发思路研究，重点研究过去十年西部大开发政策效应和“十二五”时期国内区域合作发展趋势，提出新十年重庆利用西部大开发政策进一步推动发展的思路、重点领域和举措，尤其是重点研究以重庆城市群、成都城市群、关中城市群为主体，构建“西三角”经济区最值得关注。

2009年全国“两会”期间，重庆正式提出了构建“西三角”经济圈的设想，建议国家将重庆经济圈、成都经济圈和西安关中经济圈联合起来，形成“西三角”经济圈，并明确为全国第四增长极。这一区域面积约22万平方公里，人口约1.18亿，包含了47座城市；GDP总额1.5万亿元，占全国的6.3%，整个西部的33%。该建议提出后，引起社会各界的普遍关注。

构建“西三角”中国重要增长极，促进川陕渝的互利共赢，对推动国家区域发展战略具有重要意义。而以成都、重庆为核心的“成渝经济区”是“西三角”的底边繁荣经济带，是我国“西部大开发战略”的重点地区，是“长江上游发展战略”的交叉地带，具有巨大发展潜力。加快“成渝经济区”建设，对于推进区域经济协调发展，促进城乡统筹，保障国家经济安全，建设长江上游生态文明示范区，加快震后灾区恢复重建，构建“西三角”等，均意义重大。“打造‘西三角’，无论是从整个国家总体水平区域经济发展平衡来看，还是从提高老百姓生活水平来看，都具有重要意义。”7月9日举行的2009中国（重庆）民营经济发展论坛上，“西三角”成为热词，全国政协副主席、全国工商联主席黄孟复如是表示。

西部地区受自然地理条件的限制，形成了西北和西南两个区域。这两个区域的经济交流和往来历来不多，即使国家实施西部大开发战略已有10年，也基本没有改变这一状况。随着西部大开发战略的深入实施，原来那种单打独斗的自由式发展模式，已经越来越不适应当前现代科学技术和社会生产力迅猛发展的需要。联动并进、抱团发展、共建共享已经成为西部的共识。“占国土面积71%的西部地区，一直缺少一个真正意义上的增长极，不能不说是西部开发的一大缺憾。”陕西省城市经济文化研究会会长张宝通认为，“长三角”、“珠三角”、“环渤海”已成为中国经济社会发展的推进器，而对于西部地区来说，加强区域合作迫在眉睫。加快建立跨省市区的经济圈，带动整个西部经济快速崛起势在必行。重庆、成都、西安三地携手，有利于在西部地区形成一个新的经济增长极，并带动西部大开发和我国区域经济的均衡发展格局的形成。在张宝通看来，在“西三角“中，重庆、成都是大柱子，西安是个细竹竿，在拉动西部大开发上，重庆、成都都是骡子，西安是头小毛驴，要构建西三角，带动西部大开发，必须做大做强西安，尽快组建大西安，实现西安咸阳一体化，使大西安与大重庆、大成都形成三足鼎立之势，稳定的支撑起西三角经济区。

但专家也指出，“西三角”的建设并非一蹴而就。“目前中国已经形成了长三角、珠三角、京津冀三大经济区，‘西三角’要形成中国经济增长第四极，必须看到与三大经济区的差距，这样才能吸取其经验和教训，实现‘弯道超车’。”数据显示，“西三角”与其他三大经济区的差距：从经济规模来看，长三角占到全国的16.8%，京津冀占11.2%，珠三角占10.1%，而“西三角”只占6%。从2007年人均GDP来看，全国人均GDP约1.9万元，长三角、珠三角都在4万元以上，而“西三角”则低于全国平均水平。从开放程度来看，三大经济区外贸最低依存度在85%以上，且已进入工业化后期。而“西三角”只有12%，刚进入工业化中期。

关中—天水经济区的获批，使得之前陕、川、渝提出的共推“西三角”经济圈，打造中国经济增长第四极的设想更加现实。4月，重庆市发改委与陕西省发改委协商打造“西三角”经济区有关事宜，并签署了《关于共同打造“西三角”经济区的工作协议》，这标志着陕渝共同打造“西三角”经济区的工作机制正式建立。

在7月9日的论坛上，专家建议，渝川陕三地应该进一步加快交通基础设施建设，突破秦岭巴山屏障，使成渝经济圈和关中经济圈贯通，形成互动发展的新局面。这对于打通陕、渝、川、甘之间的交通瓶颈，承接东部产业转移，发挥军工科技优势，开拓市场空间，实现产业升级，消除秦巴山区的贫困，实现陕南突破发展都将发挥强大的推动作用。这还能解决物流成本高的问题，避免运输和固定资产成本高企。同时，要提升“西三角”在国家经济的战略地位，争取使“西三角”在“十二五”规划中上升到国家层面，为投资者创造更好的投资环境。此外，地处内陆地区的“西三角”，还要强化开放程度。这种开放包括对内对外开放两个层面，而对内开放，也包括对民营企业开放，并加强和东部的合作。作为经济发展的推动力，要充分发挥民营经济在“西三角”中的作用。渝川陕三地要形成合力，为民营经济发展创造公平竞争的市场环境，公开透明的法制环境，宽松稳定的政策环境和优质高效的政务环境。构建“西三角”绝对不能搞封闭，只有加强合作，才能发展。“西三角”还需要加强与东部的合作。

相关链接

山东半岛蓝色经济区规划编制有新意

2009年4月21日至23日，胡锦涛在视察山东时指出：“要大力发展海洋经济，科学开发海洋资源，培育海洋优势产业，打造山东半岛蓝色经济区。”4月28日，山东省委书记姜异康在省委召开的九届七次全体会议上指出：“胡总书记在重要讲话中明确提出了打造山东半岛蓝色经济区的要求，这是从全面和战略高度深谋远虑的重要部署，是我省一次重大的发展机遇。充分发挥我省海洋优势，深入研究相关产业规划、区域布局、政策措施等，大力实施陆海统筹，科学开发海洋资源，培植海洋优势产业，发展产业集群，加快山东半岛蓝色经济区的崛起。”

为科学谋划山东半岛蓝色经济区发展总体目标，量化各阶段具体发展任务，8月17日，山东半岛蓝色经济区规划编制正式启动。按照规划目标，以2010年为规划基期；第一阶段到2015年，基本形成具有核心竞争力的海洋（海洋博客，海洋新闻，海洋说吧）优势产业；第二阶段到2020年，建成产业发达、优势突出、人与自然和谐、在国内外有重要影响的山东半岛蓝色经济区。

按照山东省委、省政府出台的《关于打造山东半岛蓝色经济区的指导意见》，总体规划和专项规划量化了各阶段的发展任务，提出规划基期为2010年，确定2015年和2020年的发展目标，并对未来发展作出展望。总的设想是，力争到2015年，使我省海洋经济规模明显扩大，核心竞争力显著增强，海洋优势产业基本形成，为山东半岛蓝色经济区奠定良好发展基础；到2020年，规划建设成海洋经济发达，产业优势突出，人与自然和谐发展，在国内外有重要影响的山东半岛蓝色经济区。山东半岛蓝色经济区发展规划将指导蓝色经济5—10年的发展目标，编制时，必须突出坚持以科学发展观为统领，突出蓝色经济特色，突出生产、开发与保护相协调，突出陆海统筹、协调推进，突出改革开放，突出科技和人才支撑，将创新性、战略性、科学性、指导性融入其中。

在如何支持蓝色经济区加快发展上，规划编制从全局发展出发，注重理清现行扶持发展政策，提出在用足用好现行政策情况下，着重从海洋科技创新、人才支撑、投融资、财税、土地与海域使用、深化改革、对外开放措施等七个方面，研究含金量高的省级扶持政策和拟争取国家给予的优惠政策，对蓝色经济区进行扶持。在投融资政策方面，拟设立海洋开发银行，发展信托投资基金、金融租赁公司等，扩大直接融资规模，强力支持蓝色经济优势产业发展；在土地和海域使用优惠政策方面，我省将积极争取国家用地、用海指标，对重大产业、基础设施等项目优先安排用地、用海计划；在对外开发方面，拟争取设立东北亚自由贸易试验区，努力提高山东半岛蓝色经济区与东北亚经济圈的融合程度。

政府改革与软环境建设

我国的经济社会正处于深刻变革和全面转型的关键时期，行政管理体制改革面临的矛盾错综复杂，承受的压力十分巨大。改革进程既慢不得，也急不得；既要“摸着石头过河”，又要有“路线图”；既必须统一部署，又不能“一刀切”。

“十二五”是行政管理体制改革攻坚期

“十二五”行政管理体制改革的目标和重点

当前，我国正处于全面建设小康社会新的历史起点，改革开放进入关键时期。面对新形势新任务，现行行政管理体制仍然存在一些不相适应的方面。政府职能转变还不到位，对微观经济运行干预过多，社会管理和公共服务仍比较薄弱；部门职责交叉、权责脱节和效率不高的问题仍比较突出；政府机构设置不尽合理，行政运行和管理制度不够健全；对行政权力的监督制约机制还不完善，滥用职权、以权谋私、贪污腐败等现象仍然存在。这些问题直接影响政府全面正确履行职能，在一定程度上制约经济社会发展。

中共第十七届中央委员会第二次全体会议2008年2月27日通过的《关于深化行政管理体制改革的意见》中明确，深化行政管理体制改革的总体目标是，到2020年建立起比较完善的中国特色社会主义行政管理体制。通过改革，实现政府职能向创造良好发展环境、提供优质公共服务、维护社会公平正义的根本转变，实现政府组织机构及人员编制向科学化、规范化、法制化的根本转变，实现行政运行机制和政府管理方式向规范有序、公开透明、便民高效的根本转变，建设人民满意的政府。今后5年，要加快政府职能转变，深化政府机构改革，加强依法行政和制度建设，为实现深化行政管理体制改革的总体目标打下坚实基础。

也就是说，按照行政管理体制改革的长远目标要求，即经过不懈努力，建立起适应社会主义市场经济体制、社会主义民主政治和社会主义法治国家要求的比较完善的行政管理体制，从2011年—2015年的“十二五”时期，是攻坚时期，行政管理体制改革的长远目标能否实现，就取决于这一时期能否为实现深化行政管理体制改革的总体目标奠定坚实的基础。

全国政策科学研究会副秘书长姜云鹏8月4日发表的《深化行政管理体制改革问题研究》一文中指出，“十二五”期间行政管理体制改革的预期目标是，在深化行政管理体制改革过程中全面提升我国行政管理的科学化、民主化、法制化、现代化水平；建立健全事项分级基础上的重大决策专家调研论证和民主决策法定程序；完成区域政府行政体制改革任务，如形成科学权威高效的宏观调控体系，理顺市场监管体制，加强社会管理和公共服务部门建设；推进地方政府机构改革，深化乡镇机构改革，加强基层政权建设；加快建设法治政府，健全对行政权力的监督制度，加强公务员队伍建设；完成行业部门行政体制改革任务，如整合完善行业管理体制，注重发挥行业管理部门在制定和组织实施产业政策、行业规划、国家标准等方面的作用。完善能源资源和环境管理体制，促进可持续发展。推进事业单位分类改革。2010年-2015年创新建立有中国特色的社会主义民主集中相结合的行政管理体制基础；并于2016年-2020年建成比较完善的中国特色社会主义行政管理体制。

按照党的十七大提出的要求，“十二五”时期，加快行政管理体制改革的重点，仍然是转变政府职能、优化政府组织结构和强化责任监督。

转变政府职能，是深化行政管理体制改革的核心问题。为实现全面建设小康社会的奋斗目标和行政管理体制改革的长远目标，必须把转变政府职能作为行政管理体制改革的核心和重点，在全面履行政府职能的基础上，把公共服务和社会管理职能放到更加重要的位置，努力为人民群众提供方便、快捷、优质、高效的公共服务。而实现政府职能转变，必须加快推进政企分开、政资分开、政事分开、政府与市场中介组织分开。规范行政行为，减少和规范行政审批，减少政府对微观经济运行的干预，使政府的经济管理职能切实转变到主要为市场主体服务和创造良好发展环境上来。

优化结构是提高政府效能的重要的组织保障。20世纪80年代以来，我国政府机构经过多次改革，政府组织结构优化取得了积极进展，但在一些领域，仍然存在着机构重叠、职责交叉、政出多门的问题。这些问题的存在，增加了行政运行成本，降低了政府效能，也损害了政府形象。优化政府组织结构，必须按照党的十七大提出的要求，遵循精简、统一、效能的原则，加大机构整合力度，探索实行职能有机统一的大部门体制，健全部门间的协调配合机制，精简和规范各类议事协调机构及其办事机构，减少行政层次，降低行政成本。

有权必须尽责，权力与责任必须对等，是科学行政、民主行政和依法行政的基本要求。近年来，一些地方重特大安全生产事故频发，食品、药品和环保等安全隐患突出，给人民群众生命财产造成严重危害，一个重要原因，就是责任制不落实，权责脱节现象比较突出。一些政府部门权责不匹配，有权无责、有责无权，出了问题无人负责；还有一些政府部门及其工作人员责任意识淡漠，失职渎职比较严重；对行政权力的运行缺乏有效的监督和制约，导致滥用权力，甚至在一些领域滋生了比较严重的腐败现象。强化责任意识，完善责任机制，加强对行政权力的监督，是深化行政管理体制改革必须着重解决的问题。

“十二五”行政管理体制改革的基本要求

总结我国近30年行政管理体制改革的重大成就和主要经验，归结起来，就是在建立和完善中国特色行政管理体制的进程中，必须始终遵循以下基本要求：

从我国社会主义初级阶段的基本国情和实际情况出发，确立行政管理体制改革的指导思想、战略目标、基本原则和步骤方法。当前，我国的经济社会正处于深刻变革和全面转型的关键时期，行政管理体制改革面临的矛盾错综复杂，承受的压力十分巨大。改革进程既慢不得，也急不得；既要“摸着石头过河”，又要有“路线图”；既必须统一部署，又不能“一刀切”。一切从中国的实际情况出发，紧紧围绕中国特色社会主义建设事业的总体部署，准确把握我国经济社会发展阶段和任务对行政管理体制提出的客观要求，深刻分析行政管理体制自身所面临的各种矛盾和问题，在此基础上制定正确的改革战略。

坚持在党的统一领导下，紧紧抓住政府职能转变这个重点，统筹兼顾，稳步推进。行政管理体制改革要牢牢抓住政府职能转变这个“牛鼻子”。把政府全面履行经济调节、市场监管、特别是社会管理和公共服务职能作为行政管理体制改革的核心和重点，在此基础上，优化设置政府机构，科学配置政府职能，完善公共服务体系，规范政府运行机制，创新政府管理方式，健全政府管理制度，加强政府公务员队伍建设和政风建设，推进政府体制的系统化和整体化改革。我国1982年以来6次大的行政管理体制改革之所以推进顺利，成效明显，关键是坚持了党对行政管理体制改革的集中统一领导，正确处理了改革发展稳定、行政管理体制改革与其他各项改革之间的关系，周密制订方案，准确把握时机，稳妥进行操作，逐步加以推进。这是被多年的行政管理体制改革实践所证明了的一条成功经验，更是在当前和今后改革进入整体配套的攻坚阶段所必须坚持的一条基本经验。

十分重视民主在行政管理体制改革中的基础性作用，善于运用法治手段推进和保障改革。行政管理体制改革的长期性、系统性、艰巨性和复杂性，决定了在大的改革决策出台之前，必须充分发扬民主。任何忽视民主在行政管理体制改革中的作用，关门改革，把改革封闭化和神秘化的认识与做法都是不可

相关链接

30年六次改革：折射中国行政管理体制走向

改革开放30年，我国先后经历了6次较大的行政管理体制改革。梳理过去改革的得与失，中国行政管理体制改革的走向清晰可见。

6次改革一条主线：精兵简政 转变职能

1982年第一次政府机构改革前，国务院的组成部门多达100个，领导职数急剧增加。汪玉凯说："当时冶金工业部，正副部长一共有24位。"此次机构裁减，国务院撤并了39个部门。1982年的改革，其成功点不仅在于精兵简政。这次改革的深远影响主要是两方面：一是打破了领导职务终身制，二是根据邓小平提出的"四化"标准（革命化、年轻化、知识化、专业化），大批年轻知识分子走上领导岗位。

当1988年推动第二次行政管理体制改革时，我国改革的重心已由农村转向城市。尽管由于后来复杂的原因，原定于1989年开展的地方机构改革暂缓进行。但其历史性贡献是首次提出了"转变政府职能是机构改革的关键"。直到现在，仍然是改革面临的重要任务。

1993年的第三次行政管理体制改革，同样有着深刻的历史背景。如果说过去经济体制改革一直是"摸着石头过河"，那么到1992年终于"摸"到了这块"石头"，即邓小平南方谈话时强调的"建立社会主义市场经济体制"。

第四次政府改革始于1998年。这次改革精简力度很大，改革前国务院有40个组成部委，结果减少了11个。另一个突出特点是，行政管理从具体的工业经济管理中淡出。除了国防科技工业和信息产业两个管理部门外，这次改革将其他直接管理工业的10个部委都撤消了。同时，在国务院和省级政府机构，提出公务人员要减一半，国务院当时3.4万人减了1.7万人。

2003年的政府机构改革，是在加入世贸组织的大背景下进行的。改革目标很明确，即逐步形成行为规范、运转协调、公正透明、廉洁高效的行政管理体制。改革的重点是，深化国有资产管理体制改革，完善宏观调控体系，健全金融监管体制，推进流通体制改革，加强食品安全和安全生产监管体制建设。这次改革重大的历史进步，在于抓住社会经济发展阶段的突出问题，进一步转变政府职能。

新时期以来的第6次国务院机构改革2008年3月启动。这次国务院机构改革是在以往改革基础上的继续和深化，主要特点是探索实行职能有机统一的大部门体制。对一些职能相近的部门进行整合实行综合设置，整合完善重要行业管理体制，加强与整合社会管理和公共服务部门，结合职能部门的调整和整合对议事协调机构及其办事机构进行精简和规范。改革后，除国务院办公厅外，国务院组成部门设置27个。

前5次行政体制改革，通过机构精简和调整，总体上适应了推进经济体制改革的需要。但是，改革还缺乏政府职能切实转变的基础，改革对象大多集中于经济管理部门，对政府的社会管理与公共服务职能关注不够。第6次改革通过“三定”（定职责、定机构、定编制），具体落实转变职能的各项要求，理顺部门关系，强化部门责任，着力解决职责交叉、权责脱节、推诿扯皮等问题。

6次改革一种动力：经济体制改革推动行政体制改革

经济体制改革深入到一定程度以后，就要推动政治体制改革。梳理5次行政体制改革，政府机构改革的每一次任务，都是由经济体制改革深入以后提出来的，不是空穴来风。反过来，行政体制改革的实施，又进一步推动经济体制改革的深入。

1982年进行第一次政府机构改革时，我们实行的是“计划经济为主，市场条件为辅”，即经济性质仍然是计划经济。到1988年进行第二次行政管理体制改革时，我们实行的是“有计划的社会主义商品经济”，尽管加了诸多限制，但经济性质已变成商品经济了。到1993年推动第三次行政管理体制改革时，我们要建立的是“社会主义市场经济体制”。很显然，经济体制改革深入以后，人们的认识有了三次大突破。相应的，行政体制要随经济体制改革的深化，不断进行调整和改革，否则就会阻碍生产力的发展。比起经济体制改革，行政体制改革的艰难性表现为：每一次行政体制改革，表面上是机构、人员、数量的增减，实质上却是一种权力格局的重新调整。

行政体制改革很难一步到位，也不可能一步到位。1982年的机构改革，几乎是一次数量增减性的改革，没有触动高度集中的计划经济管理体制。到1988年，中央就提出转变政府职能的要求。1993年更进一步提出行政体制改革要适应市场经济体制。2003年的政府机构改革，则适应了中国加入世界贸易组织的需要，同时为深化国企改革和减轻农民负担，清除了体制障碍。很显然，每一次改革都不是过去的重复，而是一个螺旋式上升的改革链条。

6次改革一个启示：加快向服务型政府转变

我国已从生存型社会开始进入发展型社会。与30年前相比，新阶段面临日益突出的两大矛盾。一是经济快速增长同发展不平衡、资源环境约束的突出矛盾；二是公共需求的全面快速增长与公共服务不到位、基本公共产品短缺的突出矛盾。这两大矛盾对政府提出了新要求。以行政体制为中心的政府改革，最重要的是实现政府自身的转型。这个转型应是两大任务：一是由管制型政府转向服务型政府。二是由经济建设型政府转到一个公共治理型政府。

取的。各级政府本身既是改革的决策者、执行者和推动者，又是改革的对象和利害关系人，因而必须依法加强对政府改革权力的约束、改革决策的规范、改革过程的控制和改革成果的巩固，严禁部门利益、地方利益和个人利益影响改革决策，干扰改革进程，确保改革成果的规范化、制度化和法律化。

遵循行政管理的一般规律，积极借鉴世界各国公共行政改革的有益经验和通行做法。自20世纪70年代以来，世界上很多国家为了放松行政规制、缩减政府规模、提高行政效率，更好地适应经济全球化的需要，普遍开展了一场声势浩大的公共行政改革运动。要认真总结世界各国公共行政改革的成效和经验，真正把行政管理当作一门科学来看待，承认它有一些共同的规律和做法。例如，西方国家的行政管理体制大都机构设置比较简洁，职能分工比较明确；强调宽职能、大部制，决策、执行、监督机构适度分离和相互制约；管理层次和幅度适中；中央与地方的关系建立在法治化的基础之上；重视行政管理方式的改革和创新等等。要在立足中国国情，立足我国的基本政治体制、经济体制和行政体制，立足我们自己的成功经验和首创精神的前提下，有分析、有选择地学习借鉴一些发达国家公共行政的理论、制度和方法，以有益于完善中国特色的行政管理体制。

“大部制”“小特色”对“十二五”行政体制影响深远

深化政府改革成“十二五”规划研究重点

从地方“十一五”和“十二五”课题变化来看，各地区对行政体制改革的关注度提升最多。以北京、上海、广东、浙江等地区为例，通过对“十一五”和“十二五”主要招标课题的比较可以发现，“十一五”规划中只有上海涉及了行政管理体制改革的课题，而在“十二五”规划中，5省市区全部将行政管理体制改革纳入研究范围。北京市“十二五”规划前期研究公开选聘课题60个，其中体制改革方面包括“十二五”期间北京市深化体制改革的总体思路、重点领域及对策措施研究、“十二五”期间北京社会管理体制改革与社会政策研究、“十二五”期间北京市创新城市管理体制相关问题研究、“十二五”时期政府管理体制改革和优化发展环境的目标、重点及政策措施研究以及“十二五”期间北京市价格改革和调控体系研究等；上海市“十二五”规划前期重大问题规划了六个专题21个选题，其中深化上海行政管理体制改革研究重点就包括：回顾总结上海行政管理体制改革的成效和不足；按照使上海成为“全国行政效率最高、行政透明度最高、行政收费最少的地区之一”的要求，分析当前行政管理体制改革存在的主要问题和瓶颈，提出下一步深化行政管理体制改革总体思路和长远目标，以及“十二五”的具体目标、重点任务和改革措施；回顾总结上海“两级政府、三级管理”体制的特点、发挥的作用以及与当前经济社会发展要求相比存在的不足，提出与新的发展环境和要求相适应的进一步完善这一体制的总体思路、目标和措施等。

省市区大部制改革全面启动

新一轮地方政府机构改革于去年8月启动，截至2009年2月23日，已有27个省（区、市）上报了省级政府机构改革方案，其中上海、陕西等21个省（区、市）的方案已获中央批准，正在组织实施。一年间，中央大部制改革达到预定目标，政府职能转变进展明显，部门责任得到强化。“两会”前夕，中央机构编制委员会办公室副主任吴知论在接受《瞭望》新闻周刊专访时指出，此次改革达到了预定的目标。通过制定“三定”规定，全面梳理、集中解决政府管理中的突出矛盾和问题，政府转变职能取得明显进展，理顺关系取得明显突破，部门责任得到明显强化，机构编制得到有效控制。目前已完成“三定”的61个部门共取消、下放、转移职能70余项，主要是取消了一些微观管理、行政审批和评比表彰等事项，将可以由地方承担的事务交给地方政府，将一些技术性和具体事务交给事业单位或中介组织。同时，按照加强经济社会事务的宏观管理、把政府该管的事项切实管好的要求，61个部门共加强了140余项职能。主要加强了宏观调控、能源管理、环境保护以及教育、人口计生、食品安全、住房、社会保障、文化、卫生、安全生产等涉及群众切身利益、关系国计民生的社会管理和公共服务职责。此次“三定”在配置部门职能时，61个部门共明确和强化了260多项责任。比如明确商务部、工商总局、质检总局、海关总署等部门加强市场监管的责任；明确公安部负责治安、消防、道路交通安全管理等工作并承担相应责任等。这有利于增强政府部门及其工作人员的责任意识和服务意识，提高政府执行力和公信力，同时也为推行行政问责制、加强责任追究提供了必要依据。总的来说，这次机构改革力度并不小。在改革具体方案设计上，此次改革充分考虑了当前经济社会发展状况，针对突出问题，在一些重要领域和关键环节迈出了坚实步伐；又充分考虑到经济社会发展中面临的诸多困难和潜在风险，稳步实施，循序渐进，不毕其功于一役。通过此次改革，保持了国务院机构相对稳定和改革的连续性，为今后的改革奠定了坚实基础。

在新一轮地方政府机构改革中，各地在转变职能方面的改革举措主要分为两个方面。一是适应经济社会发展需要，在改革中更加注重社会管理和公共服务，更加注重民生问题的改善和解决，强化社会保障、环境保护、农业和农村工作、服务业管理等事关社会和谐稳定、事关经济社会发展全局的职能。二是进一步减少行政审批事项，强化执行和执法监管责任。

新一轮地方政府机构改革凸显“本地特色”

这一轮地方政府机构改革，中央为地方因地制宜改革预留了广阔的探索空间。对地方政府机构设置的具体形式、名称、排序等，中央不统一要求上下对口。这是历次地方政府机构改革中，给地方自主权最大的一次。

细细研究已公布的省级政府机构改革方案，每个省份都在积极探索建立符合本地特色的“大厅局模式”，包括大农业、大水务、大交通、大文化等，允许一个部门对口上级几个部门。通过大部门体制进一步理顺机构职责关系，尽量做到“一件事情一个部门负责”，成为本次改革的一大亮点。作为第一个获批的地方政府机构改革方案，上海市合理调整了一些职能相近的部门，构建具有地方特色的大部门体制。该市组建了城乡建设和交通委员会，该部门将原建设和交通委员会的职责、农业委员会的参与指导郊区城镇规划建设的职责、市政工程管理局的重大工程规划建设和资金安排等职责，整合划入。原建设和交通委员会、市政工程管理局不再保留。

在大刀阔斧推进大部门制改革的重庆，先行推进的“大农业”、“大交通”、“大文化”等改革已颇有成果。作为该市启动大部门制改革的试点，市农委于2008年8月8日挂牌成立，由原农业局、农机局、农办与农综办整合而成，形成“大农业”管理格局。这项调整，使市政府直属机构减少1个、直属局级事业机构减少1个、处级内设机构减少16个。整合前，该市涉农资金分散在这4个部门，资源配置成了“撒胡椒面”；整合后，就可以“握紧成拳”。截至2008年底，市农委整合了近40亿元涉农资金，统筹

相关链接

深圳前7次行政体制改革

改革开放以来，借助先行先试的优势，深圳先后进行了4次审批制度改革和7次行政管理体制改革，并推进了一系列人事制度改革。

次序	时间	要点
第一次	1981年底到1982年初	基本思路是精兵简政，通过改革撤并了10多个专业经济管理部门和20多个行政单位，建立了各类经济实体，为特区迅速启动、加速发展提供了良好的前提。
第二次	1984年	围绕特区发展外向型经济需要，在政府体系中建立“四委五办”，将计划委员会改为社会经济发展委员会，并设工业发展委员会领导工业引进，加快建设外向型经济的速度。
第三次	1986年	改革使特区的行政管理开始形成特色，即将一级政府普遍实行的三级管理改为二级管理，整体上减了一个行政层次。并在全国率先成立行政监察局，完善了行政监督体制，并新组建贸发局。
第四次	1988年	行政改革重点是调整经济发展和基本建设的管理机构，浓缩其管理实务，以经济发展局替代原有的贸发局、工业办和引进办，以建设局和建筑工务局替代原有的基建办、规划局和国土局，为进一步优化投资环境架构了一个比较合理的管理体系。
第五次	1992年至1993年	改革内容是在政府部门普遍开展“三定”（定职能、定内设机构、定编制），减少政府对企业的微观干预。同时进一步发展社会中介组织，把一些社会性事务从政府的职能中转移出去，交由社会中介组织承担。
第六次	2001年至2002年	参照国务院1998年进行的机构改革，深圳主要在转变政府职能，理顺各部门和市区两级关系中进行了改革微调，同时还对审批制度进行了改革，开始逐步完善了大部门体制机制。
第七次	2004年	改革的重点是整合政府机构和转变政府职能，在总编制量不变的情况下，市政府工作部门由45个减少为35个。同时市直机关4个编制以下的处室进行归并，实行“大处制”。此次改革进一步将政府职能转向公共领域，加强了政府公共服务职能。

安排，集中用于农村地区的经济和生产发展。在2008年全市执政为民考核中，市农委综合排名第六，充分显示了大部门的优势。

这一轮改革中，海南省立足本省实际，将省旅游局更名为省旅游发展委员会，并由省政府直属机构调整为组成部门，部门排序也靠前。主要承担以下几方面职能：突出节庆、文化和会展等相关职能；重视规划项目建设；加强人才培训教育；加强旅游监管职能等。

按照十七大加强社会建设的要求，北京市立足首都实际，设立了社会建设工作办公室，作为政府组成部门，负责统筹规划、综合协调全市社会建设工作和加强社区建设、社会组织管理与服务、社会工作者和志愿者队伍建设等。该办相关负责人表示，该机构的成立，表明北京市社会建设在体制机制创新上迈出了关键一步。

经济大省浙江，将省政府研究室改为单独设置，升格为省政府直属机构。无独有偶。陕西也将省政府研究室调整为省政府直属机构，挂省发展研究中心牌子。有关专家分析，这表明地方政府更加看重智库的功能，让其在决策中更好发挥参谋助手的作用。

煤炭大省山西，以原煤炭工业局为基础，整合了该局职责和省经委等有关部门涉及煤炭工业方面的职能，组建煤炭工业厅；改革前沿广东，将挂靠省政府办公厅的原省金融服务办，更名为省金融工作办，调整为省政府直属机构；滨海城市天津，组建市政府直属机构口岸服务办，加强口岸协调服务……

从目前情况来看，地方政府从实际出发，从长远考虑，因地制宜操作，使这次改革更加符合实际，更能取得实效。

深圳“行政三分”继续领跑

《深圳综合配套改革试验总体方案》于5月初获国务院正式批复。其所涉及的数项改革中，行政管理体制改革被列为首位。在2003年大张旗鼓开始却又悄无声息流产的“行政权三分”改革再次重启。所谓“行政权三分”，即将政府职能部门分为决策部门、执行部门、监督部门三大板块，各自运行。这一《方案》从今年年初深圳市正式递交至批复历时不到半年，与重庆、武汉两个综改区改革方案报批的漫长等待不可同日而语，堪称“深圳速度”。深圳7月31日公布政府机构改革方案。改革后，深圳市政府将减少15个机构，精简幅度达三分之一。

行政权三分：委、局、办并行

深圳此次机构改革力度大，精简机构多，涉及面广，旨在为全国城市行政管理体制改革探路。根据《方案》，深圳将在探索实行职能有机统一的大部门体制基础上，按照决策权、执行权、监督权既相互制约又相互协调的要求，深圳市政府将设置31个工作部门，并根据部门职能定位分别命名为“委”、“局”、“办”。

其中，主要承担制定政策、规划、标准等职能并监督执行的大部门，称为“委”；主要承担执行和监管职能的机构，称为“局”；主要协助市长办理专门事项，不具有独立行政管理职能的机构，称为“办”。同时，将一部分主要承担执行和监管职能的“局”，由承担制定政策、规划、标准等职能的“委”归口联系，将一部分“办”交由市政府办公厅归口联系。在《方案》涉及的行政管理体制改革中，延续了之前《珠三角改革发展纲要》中的表述，即“按照决策权、执行权、监督权既相互制约又相互协调的要求，在政府机构设置中率先探索实行职能有机统一的大部门体制”。这意味着深圳将在全国率先探索全新的政府架构，即将政府职能部门分为决策部门、执行部门、监督部门三大板块，各自运行。

根据公布的《深圳市人民政府机构改革方案》，深圳市政府直属机构除公安局、教育局、民政局、司法局、审计局、口岸办、台办共７个机构暂不作调整外，市政府其他工作部门、直属机构等都纳入了调整规范。机构改革调整后，市政府设置31个工作部门（个别机构暂缓调整），共减少机构15个，精简幅度约三分之一。从方案分析，这次改革调整的主要机构有：市贸易工业局、市科技和信息局、市高新办、市保税区管理局、市信息办整合组成市科技工贸和信息化委员会；市规划局、市国土资源和房产管理局整合组成市规划和国土资源委员会；市文化局、市体育局、市旅游局、市政府文化产业发展办公室整合组成市文体旅游局等。

新一轮政府机构改革取得五个突破

8月5日下午，深圳市人大常委会临时紧急召开第三十二次会议，专题对深圳新一轮政府机构改革中新设的7委12局政府组成部门“一把手”进行了职务任免，并现场颁发了任命书。除农业和渔业局局长为拟提拔任用人选、正在公示之外，其余16名委局负责人（其中两人因公出差缺席）一一到会亮相并作简短发言。他们平均年龄52岁，过半是硕士以上文化程度。依法任命市政府机构改革后的政府组成部门主要负责人，标志着深圳市政府机构改革迈出了关键一步。

深圳历史上先后对行政管理体制进行了７次大的改革。与以往的改革相比，这次机构改革体现出五大特点：

一、以转变政府职能为核心。《深圳市人民政府机构改革方案》对政府各部门都提出了职能转变的具体要求。

二、改革涉及面广。除公安、教育、民政等７个机构暂不作调整外，市政府其他工作部门、直属机构都纳入了调整范围。这次暂不作调整的部门，也要按照转变职能的新要求，重新进行定机构、定职责、定编制。

三、在较多领域探索实行大部门体制。在发展和改革、科技工贸和信息化、财政、规划和国土资

相关链接

我国拟立法规范行政机关强制行为

当前行政强制存在六大问题：

第一，设定权不明确。

从目前情况看，行政法规、地方性法规、部门规章、地方规章规定的行政强制的数量不少。而且，有些规范性文件也有规定行政强制的，无法统计。以法治国家的行政强制法律体系而言，不同层次的规范作出这样众多的规定，有些下位法的规定甚至直接与上位法冲突，这是应该引起特别关注的，这也是迫切需要制定一部统一的行政强制法的重要原因之一。

第二，行政强制的种类与方式繁多。

据统计，从1950年至1999年现行有效的10369件法律、行政法规和部门规章中，规定了3263种行政强制的种类和方式。据不完全统计，30余部法律规定的行政强制就有近百种。这些名目繁多的行政强制方式，大都没有明确界定，这就必然给实施带来许多随意性和混乱。

第三，执行难。

执行难不仅在法院执行中存在，在行政机关的执行中也存在。

第四，缺少程序规范。

属于行政机关自己强制的，基本上由各部门自行规定，有些连最基本的程序规定都没有；属于申请人民法院强制执行的，长期存在着“是实质审还是形式审”的争论，由此也影响了执行的力度和效率。

第五，裁执不分。

决定者就是执行者，尤其是金钱给付的执行，由此产生各种弊病。

第六，执行中主体混乱。

各种名目的执行队伍，既无法定行政强制权，又无法律授权，却可以实施行政强制，由此而常常激化矛盾。

8月24日，被誉为中国行政立法“三部曲”之一的行政强制法草案接受全国人大常委会第三次审议。行政强制法草案的第三次审议毫无悬念地赢得了“万众瞩目”的效果。有学者指出，如何在规范行政权力和保护公民合法权益之间寻求最佳平衡点，是这部法律反复斟酌的最主要原因。这部法律之所以4年都还没有通过，是因为行政强制权是行政权力中最严厉的一种行政手段。理论界、实务界、一线执法人员及法院，对围绕该手段产生的一系列问题在认识上有分歧，国家也希望慎用行政强制行为，以免对老百姓造成危害。行政机关实施行政强制行为必须要有执行力，才能使行政职能顺利推进。强制执行需要国家赋予的强制力对付不履行义务的公民或法人，如果使用不当对行政相对人的伤害就会很大，所以要谨慎使用，正是由于这个原因，国家要制定“行政强制法”。社会实践中，行政机关有乱用、滥用行政强制的现象，也有软弱不能的情况，制定这个法就是要解决这种“乱、滥、软”的问题。

源、交通运输、卫生和人口计生、人居环境、人力资源和社会保障、文体旅游、市场监管等10个领域，实行职能有机统一、功能定位准确、部门数量精干的大部门体制。在其他领域也按照大部门体制的要求做了一些调整。

四、探索建立决策权、执行权、监督权既相互制约又相互协调的运行机制。改革方案提出，市政府机构统称为工作部门，并根据部门职能定位做出区分。通过相关职能及其机构的整合，合理配置和运用决策权、执行权、监督权，以解决某些方面权力过于集中且缺乏有效监督以及执行不力等问题。

五、理顺部门职责关系，突出明确和强化责任。这次改革坚持把强化落实责任作为改革的重点，切实解决部门职责交叉和权责不一致的问题。坚持一件事情原则上由一个部门负责，确需多个部门管理的事项，分清主办和协办关系，明确牵头部门。

舆论对深圳“行政三分改革”期望值很高

红网8月3日题为《政府机构改革不能只“改”不“革”》的署名评论认为，相对之前地方的政府机构改革，这次深圳市政府机构改革改革力度之大，涉及部门之广都是前所未有的。政府机构改革后，只有轻装上阵才能更好地发挥其效能，更加有利于促进一方经济的高速发展。这恐怕也是中央在深圳市试推行政府机构改革的目的所在。改革能否取得突破与创新，将直接为全国城市机构改革起到示范效应，为行政管理体制改革探索路子。改革成败意义非凡。首都经贸大学公共管理系副教授张智新在6月1日的《北京青年报》撰文认为，深圳“行政三分改革”和古代分权改革的最大不同，在于封建时期的改革是在皇权专制背景之下，其分权是政治体制层面的尝试，目的既在于保证官僚机构效率，更在于强化君王专制权力；而这两个目的的内在悖论注定其最终要步入上述怪圈。深圳改革则是在现代集权体制之下，目的在于促进政府依法行政、民主行政、科学行政，政治体制的差异性和改革目的的一致性，决定了其成效并不一定就会重蹈古代覆辙。8月3日新华网题为《地方政府改革需要多大耐心》署名文章指出，目标和措施已经明确，但贯彻落实仍需要一步一个脚印地努力。正如专家所言：“对政府的改革，要有耐心。”耐心源于信心，而信心来自对中央推动行政管理体制改革坚定决心与务实举措的支持和认同。现实的渐进改革正在发生，原有利益格局壁垒正在一点点被“蚕食”，虽然没有疾风骤雨式的痛快淋漓，但却能收获“温水煮青蛙”的实际效果。5月27日的《南方日报》署名评论文章认为，行政权改革的最大难点之一，就是政府领导的权力分配问题。为什么政府的很多改革难以取得突破性进展？为什么很多理论上很成熟的改革措施到了现实生活中却难以推开？为什么改革过程中总会出现部门“打架”的现象？一个十分重要的原因，就在于政府领导左右着行政权力、左右着与权力相对应的利益关系，成为改革最难突破的“瓶颈”。因此，在行政权改革过程中，能否合理分配政府领导的行政权力，找到权力分配的“平衡点”和结合点，将直接关系到行政权改革的推进力度、推进速度、推进效率、推进效果。

“十二五”的重点是实现基本公共服务均等化

基本公共服务均等化是“十一五”规划的亮点。“十二五”时期继续推进基本公共服务均等化既是贯彻落实科学发展观的内在要求，也是推进以民生为重点的社会建设的基础性工作。国家行政学院决策咨询部研究员丁元竹2009年7月27日在中国改革论坛上提出，每次制定五年规划都遇到目标量化问题，而量化过程中遇到的基本问题是确定标准和基础数据采集，这几乎成为所有主体规划和单项规划中的瓶颈。“十二五”规划要着力解决这个技术性问题，这是贯彻落实科学发展观的内在要求。统一的标准和准确的数据也有利于迅速查找问题，提出可行的对策，确保决策的科学性。推进基本公共服务均等化，需要研究制定各类基本公共服务的建设标准、设施标准、人员配备标准、财力匹配标准；需要建立与这些标准相对应的数据采集系统；还需要建立与这些数据采集系统相关的绩效评估体系，从而使“十二五”规划达到一个新水平。建立基本公共服务均等化量化标准要注重以下几个方面：

高度重视基础性、技术性工作。一是对“十二五”时期的各类规划必须明确要求：建立与规划目标相对应的基本标准和基础数据支持系统。在明确标准和完善基础数据系统的基础上，来进一步明确规划目标。二是把规划标准和基础数据建设纳入规划预算，各级政府要在财力上大力支持各类有关规划的基础数据系统和标准体系建设。三是对缺乏基本标准和基础数据支持系统的规划不予批准。

建立货币与实物标准相统一的标准体系。一是在充分考虑各地经济社会发展差异的基础上，提出与实物标准相对应的货币标准。货币标准要确保满足实物均等化的要求。二是坚持实物标准与货币标准相统一的原则，统筹考虑中央和地方政府的财政责任，夯实转移支付体制的基础。

进一步完善数据采集系统。一是根据设定的发展目标建立指标体系，根据指标体系的要求建立数据采集系统。二是进一步完善相应的统计制度，确保数据采集的准确性和权威性。把基础数据的采集与信息化建设结合起来。指标体系要体现对象和数据可得性的结合。业务部门应当把本部门有关的基础数据建设放在业务管理的重要位置，作为基础性的管理工作来抓，加强与统计部门的合作，及时修正统计指标体系。及时把反映国民经济社会发展的指标纳入统计体系，尤其要从国家层面着手完善指标体系。三是鼓励各地在兼顾国家标准和国家指标的同时，根据实际，建立自己的指标体系，体现地方发展特色。

进一步完善全国基本公共服务的范围和标准。一是明确我国法定基本公共服务的范围、需要均等化的地区和领域。二是通过编制发展规划，确定全国性基本公共服务的种类、标准。三是至少要考虑制定全国统一的基本教育的实物标准，包括设施、设备和人员配备；全国统一的公共卫生和基本医疗的实物标准，包括设施、设备和人员配备；考虑了当地价格和消费指数的全国统一的社会福利标准和养老保障标准。四是通过规划的执行，来监督和检查基本公共服务均等化政策的执行情况和实施情况，针对存在的问题，改进和完善转移支付体制和机制。五是研究和提出基本公共服务均等化的评价指标和评价标准，为建立政府基本公共服务问责制度奠定技术基础。

相关链接

海口行政审批改革经验推向全国

海南省海口市在学习实践活动中，大力推进行政审批制度改革，创造性设立市政府服务中心，着力在理顺行政审批职能、取消和调整行政审批事项、压缩审批时限、改革审批方式、强化审批监管等方面下工夫，积极探索服务型政府新模式，收到良好效果。中央学习实践活动领导小组办公室编发简报向全国推广。中央学习实践活动领导小组办公室6月3日第495期简报，以《海南省海口市大力推进行政审批制度改革积极探索服务型政府新模式》为题，充分肯定海口市大力推进行政审批制度改革探索服务型政府新模式方面所取得的成效。

一、整合资源，集中受理审批事项。海口市在市政务服务中心基础上，成立市政府服务中心。全市共有39家行政审批职能部门进驻政府服务中心，为社会提供471项政务服务，基本实现审批部门100%进驻、审批事项100%集中受理，形成规范有序、统一高效的服务格局。今年以来，服务中心共受理办件417150件，已办结397272件，办结率达95.2%，满意率达87.5%。服务中心还新增非审批领域的“12345”政府综合服务热线，把原来种类繁多、号码各异且服务质量参差不齐的67条市政务类和公用事业类服务热线一并整合成“12345”一个号码，选聘专业公司提供标准化服务窗口，不断优化热线服务数据库，提高民生热线服务质量。今年以来，“12345”政府服务热线共受理群众投诉95508件，已办结94875件，办结率99.34%，满意率99.31%。“12345，有事找政府”的理念为社会各界普遍接受，正在不断深入人心。

二、改革审批方式，提高服务效率。市政府服务中心设立“一站式”服务大厅，提供“一条龙”行政审批服务。无论是来服务大厅办事还是通过热线电话咨询，所有服务对象都能享受到细心周到的服务。进门有导向，排队有导号，表格有导填，疑难有导办。热线电话的标准化前台答复和专业化后台处理均保证了较高办理质量和服务满意率。服务中心投入使用自主设计的综合审批系统，已有20家进驻单位实现联网审批。坚持每周二局长现场审批日制度，市政府39个职能部门“一把手”每周二轮流在服务大厅办公，现场解决审批工作中的热点、难点问题。完善重点项目联席会议制度和跟踪督办制度，为重点项目审批开辟“绿色通道”，切实做到一个部门牵头、一个窗口受理、一套数据审批、一次现场勘查、一次集中会审。从今年5月1日起，市政府实施行政审批大提速，所有进驻市政府服务中心行政审批服务事项承诺的时限平均压缩50%。所有事项总共压缩时限达4966个工作日。调整前承诺时限与法定时限比例为78%，调整后的承诺时限与法定时限比例将一次性压缩到41%。

三、强化监督，确保审批“阳光运作”。市效能办代表市监察局进驻市政府服务中心，配合市政府服务中心在市政府网站、市政府服务大厅办事触摸屏上及时公布所有进驻市政府服务中心审批服务事项调整后的承诺办结期限，接受市民和投资者监督。同时，加强电子监察力度，今年在20个网上审批试点单位同步推进电子监察系统建设，对行政审批事项实行网络全程监督。市效能办还组织人大代表、政协委员、监督专员和特邀监察员选择进驻服务中心的100个行政审批服务事项进行全程监督，及时发现和纠正行政审批大提速工作中存在的问题。

服务中心综合审批系统实现自动统计、自动预警、自动公示，并且能够提供市领导、部门负责人以及审批人员不同类型的查询和监督入口。同时，加强政府和群众的沟通，拓宽受理渠道，认真解决群众诉求。今年以来，市“96333”效能投诉电话共受理群众投诉、咨询、建议319件次，已办结313件，办结率为98.1%，群众满意率为96.4%，其中自办投诉件12宗，已全部办结，被调查的单位对5名违规人员追究责任。

四、扩大延伸覆盖，着力构建市、区、镇（街）、村（居）四级服务体系。市政府研究制订《关于建立全市政务服务体系的实施方案》和《海口市镇（街）便民服务中心建设实施方案》，指导全市各区政务服务中心建设和镇（街）、村（居）便民服务中心建设，把分散的行政资源整合起来，做到集中办公，统一受理，规范办理，公开透明，逐步形成市、区、镇（街道）、村（居）合理分工、相互衔接、规范高效的四级政务服务体系。目前，全市各区都已经成立区政府服务中心，配备了专职工作人员，各镇（街道）正在积极筹备成立镇（街）和村（居）便民服务中心。

城乡一体与社会改革

社会管理体制的改革和创新，难点在于新的运行机制的探索和创造。在经济领域成功地实行了市场化改革以后，社会管理是否可以市场化？经验证明，市场机制在社会领域的作用范围是有限的。社会生活比经济生活复杂得多，在社会生活中起作用的不仅有市场机制，还有法律的、伦理的、心理的、文化的机制，让这些机制各得其所，各展其能，而又相互补充、相互协调，就必须创造综合的机制系统。

“十一五”城乡一体化重点

改革开放30年，我国的城乡经济发展走到了又一个关键点上，加快和深化城乡一体化建设，破除影响我国经济社会进步的城乡经济二元化结构，已成为各地方政府下一步工作的当务之急。

4.27倍：云南城乡居民收入差距全国最大

在城乡收入差幅方面，到2008年底，全国平均城乡收入差距达到3.05倍，较“十五”末呈现小幅回落趋势。地域分布上呈现出由东向西城乡收入比不断增大的趋势。其中，收入差距最大前十名全部为西部省份，东部地区仅广东排名进入全国前二十。云南城乡收入比较2005年有所回落但仍然达到4.27的高位，位居全国首位，而北京、天津、上海3直辖市城乡收入差距较其他地区稍低。

“十一五”前三年各地城乡收入的大幅增长，但同时部分地区的城乡收入差距也在持续扩大。统计显示，全国31个省市区中，有15个地区的城乡收入比有所拉大，其中，甘肃省的城乡收入比在2008年底上升到了4.11，相比“十五”末期增长了0.31。在城乡收入双低的情况下，收入差距又有较大程度的拉大。而在城乡收入差距有所回落15个地区中，陕西的降幅达到0.32，排名首位。

2005年与2008年各地城乡收入比情况比较

地区	2005年		2008年	
	城乡收入比	排名	城乡收入比	排名
云南	4.54	1	4.27	1
贵州	4.34	2	4.2	2
甘肃	4.08	3	4.11	3
西藏	4.05	4	3.93	4
陕西	4.03	5	3.71	7
青海	3.72	6	3.81	5
重庆	3.65	7	3.56	8
广西	3.57	8	3.78	6
新疆	3.26	9	3.28	9
宁夏	3.23	10	3.2	10
安徽	3.21	11	3.09	12
广东	3.15	12	3.08	13
山西	3.08	13	3.2	10
内蒙古	3.06	14	3.11	11
湖南	3.05	15	3.06	15
河南	3.02	16	2.97	16

（续表）

地区	2005年		2008年	
	城乡收入比	排名	城乡收入比	排名
四川	2.99	17	3.07	14
湖北	2.84	18	2.83	18
福建	2.77	19	2.89	17
山东	2.73	20	2.53	23
海南	2.7	21	2.53	23
吉林	2.66	22	2.6	20
江西	2.64	23	2.39	25
河北	2.62	24	2.8	19
黑龙江	2.57	25	2.38	26
辽宁	2.47	26	2.58	21
浙江	2.45	27	2.45	24
江苏	2.33	28	2.54	22
北京	2.25	29	2.34	27
上海	2.24	30	2.3	28
天津	1.75	31	2	29

消费比3.86：重庆、贵州城乡消费差距全国最大

在统计各地的城乡消费水平差异方面，采用城乡消费比指标。在已有的20个地区的数据情况来看，各地平均城乡居民消费比为2.93，较“十五”末期出现小幅度下降。

到2008年底，已有8个地方的城乡消费差距超过了2.93倍，其中，重庆和贵州两地在保持了较高水平的城乡收入差距外，在城乡居民消费比方面也均达到了3.86的高点，在20个地区中并列首位；而上海、浙江的消费比分别为2.13和2.14，城乡消费差距程度最小。

从变化程度上来看，从“十五”末到2008年，将近4/5的地方在城乡消费比方面出现不同程度的下降，仅广西、上海两地出现小幅上升。其中，云南省在2005年城乡消费比曾达到3.91，接近全国最高水平，而在3年后降低到3.03，降幅最大。

投资比37：内蒙古城乡建设投入差距大

长期以来，我国农村公共品的供给主要不是靠公共财政，而是靠农民自己。在教育、医疗卫生、社会保障和公共基础设施等公共服务供给方面，财政投入的城市倾向十分明显，

由于各地此方面指标的缺乏，以城乡间的固定资产投资比来代替社会对城乡间投入差异情况。

数据显示，去年全国全年固定资产投资达到172291亿元，比上年增长25.5%。分城乡看，城镇投资148167亿元；农村投资24124亿元。各地平均城镇投资达4758亿元，农村投资达774亿元。城乡平均投资比达到6倍多。

分地区来看，到2008年，内蒙古全社会固定资产投资总额为5596.45亿元，而城镇固定资产投资达到5448.91亿元，占比达到97.3%。城乡投资比达到近37倍，是排名后一位的海南的两倍多，城乡建设投资差距之大让人汗颜。相比之下，江苏省社会城乡固定资产投资额为15061.5亿元，城乡投资比为3.08倍，投资差距是各地最小。资料显示，江苏于“十一五”初期提出“五个一体化”的城乡一体化建设规划，成为我国城乡差别全国最小的省份。

从各地城乡建设投资年度变化趋势上看，大部分地区年投资比差距总体呈现扩大趋势。其中，内蒙古城乡投资比从2005年的28.92倍扩大到了2008年的36.93倍，城乡投资比差距增幅达到全国最多。而青海省的城乡投资差距从“十五”末的16.38倍缩小到2008年的7.46倍，降幅最大。

“十五”末到2008年20地区城乡居民消费比情况

地区	2005年	2008年
重庆	4.03	3.86
贵州	3.97	3.86
广西	2.99	3.23
宁夏	3.06	3.09
四川	3.03	3.09
云南	3.91	3.03
山西	3.38	2.99
内蒙古	2.83	2.99
天津	3.18	2.92
河北	3.09	2.91
安徽	2.90	2.90
河南	3.19	2.90
吉林	2.95	2.83
甘肃	3.59	2.76
山东	2.73	2.70
湖南	2.72	2.61
江苏	2.42	2.25
黑龙江	2.43	2.24
浙江	2.26	2.14
上海	1.89	2.13

城市化率28.24：贵州落后全国近17个百分点

改革开放以来，我国的城市化水平从最初的17.92%上升到2007年的44.94，而据最新的统计数据显示，到2008年我国的城市化率从上升已经到45.70%，平均每年提高0.93个百分点。另据有关机构的研究表明，由农村向城市的大规模人口流动已成为中国城市化加速发展的主要驱动力。预计到2010年，中国的城市城镇人口将超过农村人口，城乡差距将进一步拉大。

在各地的城市化建设方面，到2007年全国已有14个省市区的城市化水平超过了全国平均水平。其中，上海、北京、天津三大直辖市城市化率领衔全国，最低水平也已达到76.31%。另外，河北城市化率为40.25%，成为东部地区城市化率最低的省份；而西部地区的内蒙古城市化率也已达到50%以上，进入全国前十。值得注意的是，虽然我国城市化水平大幅增长，但地区差异仍然明显，城市化率排名前五的地区全部为东部省、市，排名后五地区有四个为西部地区。而贵州城市化水平仅28.24%，落后全国平均水平近17个百分点，成了全国城市化率最低的省份。

"十五"末到2007年各地城市化水平一览

地区	2005年	2006年	2007年
上海	89.09	88.7	88.7
北京	83.62	84.33	84.5
天津	75.11	75.73	76.31
广东	60.68	63	63.14
辽宁	58.7	58.99	59.2
浙江	56.02	56.5	57.2
黑龙江	53.1	53.5	53.9
江苏	50.11	51.9	53.2
吉林	52.52	52.97	53.16
内蒙古	47.2	48.64	50.15
福建	47.3	48	48.7
重庆	45.2	46.7	48.34
海南	45.2	46.1	47.2
山东	45	46.1	46.75
湖北	43.2	43.8	44.3
山西	42.11	43.01	44.03
宁夏	42.28	43	44.02
陕西	37.23	39.12	40.62
湖南	37	38.71	40.45
河北	37.69	38.44	40.25
青海	39.25	39.26	40.07
江西	37	38.68	39.8
新疆	37.15	37.94	39.15
安徽	35.5	37.1	38.7
广西	33.62	34.64	36.24
四川	33	34.3	35.6
河南	30.65	32.47	34.34
云南	29.5	30.5	31.6
甘肃	30.02	31.09	31.59
西藏	26.65	28.21	28.3
贵州	26.87	27.46	28.24

"十五"末到2008年各地城乡投资比情况

地区	2005年	2008年
内蒙古	28.92	36.93
海南	12.15	17.52
天津	10.4	14.86
重庆	11.38	14.34
陕西	12.32	13.89
北京	11.2	12.1
湖北	8.26	11.47
黑龙江	10.13	11.19
江西	6.95	10.26
山西	10.41	9.8
宁夏	6.24	8.22
新疆	9.38	8.19
辽宁	6.87	7.81
广西	8.22	7.78
福建	5.46	7.72
安徽	5.34	7.51
青海	16.38	7.46
甘肃	9.32	7.4
云南	8.59	7.39
湖南	5.18	6.62
贵州	9.09	6.28
河北	3.98	5.31
吉林	9.89	5.09
河南	4.07	4.92
山东	3.58	4.31
广东	5.41	3.7
江苏	3.19	3.08

注：上海市，浙江省、四川省，西藏自治区数据暂缺。

二元对比系数0.07：山西经济结构二元性表现最明显

国民经济二元结构现象是我国在加速工业化过程中的一个显著特征。在测度地区二元经济强度的

时候，我们采用比较劳动生产率、二元对比系数（R1）和二元反差指数（R2）这3个指标来反映不同地区的二元经济强度差异。比较劳动生产率分为农业部门比较劳动生产率（B1）和非农部门比较劳动生产率（B2），一般两部门的比较劳动生产率的差别越大，经济二元性就越大。二元对比系数（R1）理论上处于0～1之间，越靠近1则经济二元性越弱。而二元反差指数（R2）也处于0~1之间，越接近1则经济二元性越强。统计显示，2007年我国的农业部门劳动生产率为0.28，非农部门劳动生产率为1.5，而二元对比系数达到了0.18。

比较劳动生产率方面，2007年全国有12个地区的农业部门该指标低于0.28的全国平均水平，其中，山西该指标数值仅为0.11，1%的劳动力在农业部门仅能创造0.11%的产值比重。海南该指标数值为0.55，每单位比重劳动力平均创造产值比重全国最大。在非农业部门方面，云南该指标达到2.34，全国最高；而北京、上海两市该指标处于较低水平，非农部门深化幅度进一步减缓。

二元对比系数方面，近一半地区该方面高于全国平均标准，其中，海南达到0.36，二元结构表现较弱；而山西该指标为0.07，农业部门和非农部门劳动生产率差距明显，经济二元性表现最为显著。

在二元反差指数方面，若按照从小到大排列，全国排名前五位除湖北外，全部为东部省市区，排名的后10位全部被中西部地区省份囊括。具体来看，北京、上海该指标均为0.05，是各地区中的最小值。说明两地已经进入二元经济结构缓解阶段。值得注意的是，在几个指标的比较过程中，海南的情况较为特殊。数据反映，2007年，海南三次产业产比重分别为31.13%、29.59%、39.28%，第一产业的大份额占比与第二产业的规模短板发展形成显著区别，也就造就了海南农业部门与非农部门的二元性差异较弱的特点。

总体来看，由于我国现阶段各地区在经济发展程度上存在较大差距，一方面部分中西部省份处在由农业经济加速向非农经济转化的过程中，经济二元性表现较为明显；另一方面也有部分经济相对发达的地区社会资源开始向农业部门回流，二元经济差异性缩小。

2007年各地区二元经济结构强度指标一览

地区	农业部门产值比重	农业部门劳动力比重	非农部门产值比重	非农部门劳动力比重	农业部门比较劳动生产率	非农部门比较劳动生产率	二元对比系数	二元反差指数
北京	1.1	5.88	98.9	94.12	0.19	1.05	0.18	0.05
天津	2.2	17.99	97.8	82.01	0.12	1.19	0.1	0.16
河北	13.2	41.73	86.8	58.27	0.32	1.49	0.21	0.29
山西	4.7	41.22	95.3	58.78	0.11	1.62	0.07	0.37
内蒙古	12.5	52.64	87.5	47.36	0.24	1.85	0.13	0.4
辽宁	10.3	33.96	89.7	66.04	0.3	1.36	0.22	0.24
吉林	14.8	46.83	85.1	53.17	0.32	1.6	0.2	0.32
黑龙江	13	46.59	87	53.41	0.28	1.63	0.17	0.34
上海	0.8	6.13	99.2	93.87	0.13	1.06	0.12	0.05
江苏	7.1	22.66	93	77.34	0.31	1.2	0.26	0.16
浙江	5.3	19.18	94.7	80.82	0.28	1.17	0.24	0.14
安徽	16.3	45.9	83.7	54.1	0.36	1.55	0.23	0.3
福建	10.8	32.43	89.2	67.57	0.33	1.32	0.25	0.22
江西	16.5	41.64	83.6	58.36	0.4	1.43	0.28	0.25
山东	9.7	37.25	90.3	62.75	0.26	1.44	0.18	0.28
河南	14.8	50.59	85.3	49.41	0.29	1.73	0.17	0.36
湖北	14.9	38.76	85.1	61.24	0.38	1.39	0.28	0.24
湖南	17.7	50.69	82.4	49.31	0.35	1.67	0.21	0.33
广东	5.5	29.22	94.6	70.78	0.19	1.34	0.14	0.24
广西	20.8	55.12	79.1	44.88	0.38	1.76	0.21	0.34
海南	29.5	53.48	70.5	46.52	0.55	1.52	0.36	0.24
重庆	11.7	39.33	88.3	60.67	0.3	1.46	0.2	0.28
四川	19.3	46.29	80.7	53.71	0.42	1.5	0.28	0.27
贵州	16.3	52.89	83.7	47.11	0.31	1.78	0.17	0.37
云南	17.7	64.78	82.4	35.22	0.27	2.34	0.12	0.47
西藏	16	57.58	84	42.42	0.28	1.98	0.14	0.42
陕西	10.8	48.53	89.1	51.47	0.22	1.73	0.13	0.38
甘肃	14.3	54.44	85.7	45.56	0.26	1.88	0.14	0.4
青海	10.6	44.36	89.3	55.64	0.24	1.6	0.15	0.34
宁夏	11	45.72	89	54.28	0.24	1.64	0.15	0.35
新疆	17.8	51.98	82.2	48.02	0.34	1.71	0.2	0.34

“十二五”是城乡一体化的关键时期

城乡一体化取得阶段成果但任务依然繁重

我国总体上已进入以工促农、以城带乡的发展阶段，着力破除城乡二元结构、形成城乡经济社会发展一体化新格局，是实现全面小康目标的必由之路。党的十七届三中全会作出加快城乡经济社会一体化发展的战略部署，从现在起至2020年基本建立城乡经济社会发展一体化体制机制。“城乡经济社会发展一体化”指经济社会的城乡相互补充、协调发展，而不是单纯的“农村城市化”。具体而言，是否实现“城乡一体化”应由三个标准来衡量，即：农村经济发展与城市经济相结合；农村公共设施建设、社会文化建设与农村生产生活相适应；国家福利实现城乡居民平等。按照规划，“十二五（2011年—2015年）”可说是推进城乡一体化改革至关重要的时期，也就是说，能否实现中央确定的宏伟目标，进而为实现全面小康铺平道路，关键就取决于“十二五”。

从2007年起，中央启动了统筹城乡综合配套改革试点。经国务院批准，设立了重庆市和成都市两个试验区。两地以建立统筹城乡发展的体制机制为目标，在促进公共财政向农村倾斜、公共设施向农村延伸、公共服务向农村覆盖、现代文明向农村传播等各个领域进行了大胆探索。与此同时，各省市区：按照科学发展观要求，在发展规划、产业布局、基础设施、公共服务、劳动就业和社会管理等各个方面，不断加大城乡统筹力度，调整财政收入分配结构，让更多发展要素向农村集中，坚持把“三农”工作作为重中之重，逐步打破城乡二元结构，变城乡对立为城乡统筹发展，城乡差距扩大的趋势减缓，取得了阶段性成果。

国家发展改革委规划司2008年11月发布的《“十二五”规划前期重大问题研究选题指南》中，有关城乡一体和社会管理体制改革的选题占有较大比重。包括：进一步促进区域协调发展思路研究、中国特色城镇化道路研究、统筹城乡发展问题研究、优化生产力布局战略研究、落实主体功能区规划的体制机制和政策研究、深化行政管理体制改革问题研究、深化社会管理体制改革研究、提高城乡居民生活水平研究等。国家发改委2009年1月提出“十二五”深化经济体制改革的“六个要求”，其中，第三个要求就是，按照统筹城乡、区域发展的要求，建立有利于改变城乡二元结构和促进区域协调发展的体制机制。第六个要求则是，按照经济、政治、文化、社会体制“四位一体”改革相协调的要求，加快推进政治、文化、社会体制改革。

“十二五”我国城镇化战略

“十二五”时期是完成工业化和城镇化的重要开头，这个五年规划纲要的一些重大决策和布局安排将直接决定着未来我国现代化的基本路径和总体格局。转变发展方式、优化产业结构和合理布局城乡区域经济等都是“十二五”期间需要认真解决的一系列重大问题。目前，按照国研中心刘勇的研究，我国城镇体系的空间框架基本拉开，初步形成了“663+20000（城市和建制镇）”的布局框架，大体上是符合“大分散、小集中”的城镇布局原则。但完善的城镇体系尚未形成，也就是说，城镇以及整体城镇的集合还没有完全成为区域经济的中心，表现在城市数量太少、城市人口比重还比较低、农业的比重还不低以及城市功能尚没有覆盖全国国土等方面。未来按照顶层设计的思路，我国城镇体系将形成如下总体格局：即城镇化率达70%以上，城镇人口达10.5亿人（按最新的中国人口高峰15亿人计算），形成一个“2000+18000（城市与建制镇）”的城镇体系。具体的城镇布局和城镇人口分布如下：以现有31个省会城市和沿海大型港口城市（也就是统计年鉴中所列的35个城市）为基础，将这些城市都建设成城市人口达500万人左右的大城市，可容纳1.7亿城市人口；以现有300多个地级市和地区行署镇为基础，将这些城市和建制镇都建设成城市人口达100万人左右的城市，可容纳3.0亿城市人口；以现有的2000多个县级市和县城为基础，将这些城市和建制镇都建设成城市人口达20万人左右的城市，可容纳4.0亿城市人口；剩下的建制镇城市人口要达到1万人左右，可以容纳1.8亿左右的城镇人口。由此形成“2000+18000（城市和建制镇）”的城镇体系，能基本满足我国高度城镇化、集约城镇化的要求。

为实现上述目标，“十二五”我国城镇化战略可以描述为：坚持大中小城市和小城镇协调发展，将城市群作为推进城镇化的主要手段和形式，以新的100–200万人口城市建设为重点，进一步加速中国特色城镇化步伐，为我国经济社会协调发展提供强大的推动力。目前，影响我国城镇体系建设和完善的一个重要原因就是，“十五”以来在实施加快城镇化发展战略的背景下，我国正常的设市程序却无故中断了长达10多年之久（期间，只允许建制镇的设置，即落实了小城镇发展战略），直到现在仍然处于冻结状态（期间，市的设置只允许松动改县级市为区）。为此，尽快重新开启设市程序，加速建制镇向城市转变步伐，就成为推动我国“2000+18000（城市和建制镇）”城镇体系的形成和越来越热的城市群的发展的关键性对策和措施。

高度重视城乡统筹和社会建设课题研究

从各省市区“十二五”前期课题研究规划看，对“十二五”时期城乡统筹和社会建设问题给予了高度重视，这方面的研究课题规划在全部课题中占有较大比重。

福建省“十二五”规划前期重大问题研究选题指南，共包括十大领域33个课题。在加快推进城乡一体化进程的对策研究方面，将分析当前推进城乡、区域一体化发展总体形势、突出问题及原因，判断“十二五”时期和到2020年城乡经济社会发展差距变动趋势；按照建立以工促农、以城带乡长效机制，形成城乡一体化新格局的要求，研究提出统筹城乡一体化发展的总体思路、重点任务和政策措施，提出如何统筹城乡规划、产业发展、基础设施建设、公共服务、劳动就业和社会管理的对策思路。

北京市“十二五”课题城乡统筹课题占到全部课题的1/3。北京市“十二五”规划前期研究确定了60

个课题。与“十一五”规划相比，促进南城和新城发展、加强市场监管体系建设、生态文明建设、促进城乡经济社会一体化发展、实施京津冀都市圈规划等新课题首次入选“十二五”规划前期课题研究。国际金融危机对北京经济社会发展的影响等热点话题也列入研究范围。60个课题中，提高社会基本公共服务水平、基础设施与重大项目布局、重大信息基础设施建设规划、生态文明建设、新城建设、加快南城和西南部地区发展、实施国家京津冀都市圈区域规划、促进房地产发展等18个课题被确定为重点课题。包括扩大消费、旅游业发展、教育事业发展、扩大就业、人口老龄化、建设和谐社区、城市交通、历史文化名城保护、地下空间资源开发利用、价格改革等42个课题被确定为一般性课题。值得注意的是，北京市“十一五”规划有关体制改革仅有一项，这次前期课题研究中，涉及体制改革内容的课题多达5项，包括体制改革总体思路、社会管理体制改革与社会政策研究、创新城市管理体制等。由此可见，北京市期望“十二五”时期在改革创新上有所突破。

推进城乡统筹重点在乡

随着“十二五”前期调研工作的展开，很多城市政府也开始通过“借脑”等方式寻求推进城乡统筹发展良策。6月6日，九三学社中央、中国农学会、中共北京市委统战部和九三学社北京市委员会联合举办“促进北京城乡一体化农村发展”高层论坛，为北京率先形成城乡经济社会发展一体化新格局出谋划策。专家建议，北京城乡一体化首先要紧紧围绕增加农民收入这个核心，加强农民就业技能培训、加大农民劳动力转移力度，让农民掌握一门谋生的手艺或技能，提高农民就业能力和就业水平；要合理布局

相关链接

成都推进城乡统筹改革的主要经验和做法

成都的城乡一体化让人振奋

从2003年开始，成都把统筹城乡发展、推进城乡一体化作为贯彻落实科学发展观的主要实践活动，全面破除城乡二元结构，大力推进城乡规划、产业发展、基础设施、公共服务、市场体制和管理体制六个一体化，初步走出了一条符合中央精神、具有成都特色的科学发展之路，开启了一条城乡共创、共享的改革历程。

四川在线8月10日报道，近年来，成都在改善城乡居民、尤其农村环境和农民生产生活条件等方面初见成效。建立了对城乡基础设施统一规划、一体推进的机制，实施了网络化城乡交通体系建设、实现了村村通水泥路、城乡居民用电同网同价、城市自来水和天然气覆盖农村、村（社区）垃圾集中处置、村村通固定电话和广播电视、移动信号覆盖率100%。成都顺应现代产业发展的规律，按照“集中集约集群”发展的思路，统筹推进“三个集中”，联动推进新型工业化、新型城镇化和农业现代化。通过建立城乡一体的产业发展机制，成都正着力构建以现代服务业和总部经济为核心、以高新技术产业为主导、以现代制造业和现代农业为基础的现代产业体系，在产业结构中，形成了城乡一体、梯度布局、三次产业协调发展的良好格局。

8月8日，成都市委召开中心组（扩大）学习专题报告会，清华大学公共管理学院教授、博士生导师，中国科学院-清华大学国情研究中心主任，中国经济五十人论坛成员胡鞍钢应邀作了题为《推动新型城市化，打造绿色美好家园》的专题报告。胡鞍钢通过走访成都市区及农村，体验城乡一体化给城市发展带来的变化，对成都的城乡一体化成就给予充分肯定和高度评价，胡鞍钢在报告中表示，成都的城乡一体化让人振奋，“我所看到的成都农村家庭，连厕所都是冲水式，这让人十分惊讶。”胡鞍钢表示，从成都农村住户的日常生活可以看到成都城乡一体化的成果。胡鞍钢认为，成都的“三个集中”与国家正在制订的国家主题功能区规划思路一致，即通过城市化让农村人口向城市聚集。成都在统筹城乡中所实行的土地改革，为解决这一难题做出了探索，也取得了一定成效。同时，成都以统筹城乡的方法进行灾后重建的创新做法，也得到了胡鞍钢的大力称赞。根据胡鞍钢的研究，成都人均GDP如今在全世界处于第67位，上升特别快，属于西部发达地区。而从HDI（人类发展指数）来看，成都已超过世界公认的高HDI指数，达到了0.89。在产业和区域定位上，胡鞍钢将成都与北京进行了各项指标的对比，发现二者发展具有很大的相似性。因此他建议，成都应向北京学习，加快服务业的发展步伐，努力构建多种要素聚集、多种功能、多种服务的特大城市群。胡鞍钢认为，绿色现代化是中国必选之路。他建议成都应努力建设成为绿色城市。“我相信，按照成都城乡一体化的发展，几年之后，会有一个让所有人惊讶的绿色产业带出现在成都平原上。”

成都城乡统筹综改将在重点领域需求突破

6月8日，重庆、成都获批城乡统筹综合改革配套试验区两周年。在当天召开的“成都统筹城乡论坛”上，国家发改委副主任彭森表示，下一步，成渝综改要在重点领域寻求突破。凡是有利于农民致富、有利于农村经济发展、有利于农村劳动力转移、有利于城乡统筹的，都可以在试验区范围内大胆的试验。重点在城乡公共服务的均等化以及城乡产业要素的市场化，要为全国开拓具有特色的城市化路线提供一线经验。而由成都市委统筹城乡工作委员会牵头的一份关于成都综改的金融投资制度与政策创新的调研报告，则为下一步的统筹城乡改革，指明了方向。

2009年6月16日的《21世纪经济报道》透露，成都将在未来3年内，在深化农村产权制度改革、加快推进灾后重建、公共资源城乡均衡配置、深化金融改革、村级公共服务和社会管理体系、完善农村基层治理机制六个方面寻求新的突破：

在农村产权制度改革上，要完善耕地保护和土地节约集约利用新机制，落实耕地保护补偿机制，健全市、区县、乡镇三级农村产权流转服务体系，促进农村生产要素流转。

在公共资源均衡化上，应加快实施教育、医疗卫生、社会保障制度改革，促进公共资源城乡均衡配置，推进职业教育体制改革，加强基层医疗卫生服务体系建设，开展公立医院改革试点，加快城乡养老保险、医疗保险等社会保障全面接轨的步伐。

在完善农村基层治理机制，推进行政管理体制改革：制定全面深化规范化服务型政府建设十年规划纲要，推行村民议事会制度，理清村支两委、村民议事会和村集体经济组织之间的相互关系及职能边界，逐步实现村公共服务和社会管理职能与村集体资产经营管理职能分离。

要充分利用统筹城乡实验区和灾后重建的机遇，大力发展债券市场，加大政府投资类公司的整合，搭建投融资平台；推进区域性产权交易市场。要建立和完善农村担保和保险体系。一是扩大农村贷款抵押物的范围，允许林权、宅基地、房屋、农房、土地经营权、农作物等都可以充当贷款抵押物，二是允许、鼓励各类商业性中介担保公司以及由财政、社会企业、农户等各方筹资设立的农业贷款担保公司逐步解决农业贷款担保难的问题。

推行“大农业险”，即将比较受欢迎的一般性商业保险与传统的农业保险相结合，再将农村建房险、农用车辆险等针对农村特殊情况设立的险种纳入，设计出多样的险种组合，实现“以险养险”。允许民间资本进入农村金融支持体系。成都应尽快争取农村资金互助社的试点权，并出台扶持农村资金互助社发展的相关政策，通过资金互助社弥补正规金融机构功能的不足，并规范和约束民间金融的发展。在农村资金互助社发展的成熟阶段，可考虑改变“不得向非社员吸收存款，发放贷款及办理其他金融业务，不得以该社资产为单位或个人提供担保”的规定，增强互助社的投融资能力。

而成都市2009年—2012改革行动纲要则特别提出，“要把一些单项的区域性的局部的改革，向综合的方向拓展”。

城乡产业，尤其对安置劳动力有利的劳动密集型产业和服务业要向郊区倾斜，让农民离土不离乡，就近上岗；要结合郊区的生态功能定位和发展农村的公共服务，在生态公益性岗位和农村社区公益性岗位方面对郊区予以倾斜；要在农民宅基地流转和农民土地等方面鼓励和大力发展租赁经济，增加农民的财产性收入。其次要用城乡一体化的理念审视都市农业，在郊区要大力发展生态产业、以休闲为主的快乐农业产业、北京的特色农业产业、有利于北京农产品市场稳定的农业产业化基地，在城区主要发展研发型农业、绿色农业、物流与会展农业，要充分利用北京农业科研教育资源高度集中的优势，打造中关村农业硅谷，把北京城区建成全国乃至世界的农业生物技术的研发中心，把北京郊区打造成为农业高技术和新技术的成果转化示范中心，形成支撑科技北京、服务全国农业的新格局。此外，专家们还就扎实推进首都城乡一体化、北京市农业产业发展模式、北京都市型现代农业、加强北京农村基本公共服务、构建城乡一体的绿地系统、发展休闲农业、大力推进绿色北京建设、加快形成城乡经济社会一体化新格局等提出诸多建议。

和谐创建是“十二五”社会管理体制改革主题

舒缓社会紧张才能促进社会和谐

如何加强社会建设和社会管理从“十一五”正式破题到现在已有一段时间了。但从全国范围来看，这些探索还没有实现从“点”到“面”的转变。有关专家表示，当前在我国社会建设和社会管理领域，亟须整体规划和制度创新，需要梳理复杂利益关系，着力解决一些影响社会建设的体制难题。这些难题包括：如何建立、健全、创新城乡一体化进程中社会管理和公共服务体制，收入分配体制改革中效率与公平的协调，混合所有制社会格局下政府的有效社会管理和调控，文化、教育、卫生、体育等社会事业，及社保、统一劳动力市场等领域的体制性障碍，以及政府部门之间的利益协调，等等。破解难题的路径，中央已经明确，就是要以满足群众切身利益需求为出发点，以提高政府效能、改善民生为指向。

社会管理体制的改革作为一项综合的庞大的创新工程，创新主要体现在：

其一，社会管理体制改革的创新，是要努力建立社会利益的协调机制，舒缓社会紧张，调整社会心态，促进社会和谐。党中央明确提出构建和谐社会的四个着力点，扩大就业、完善社会保障体系、理顺分配关系和发展社会事业，这也是推进社会管理体制改革和创新的着力点。

其二，社会管理体制改革和创新的前提条件是加大对社会发展和社会事业的投入。这是政府履行社会管理职能最实在的表现。而评价政府效能的一个重要指标就是看用于政府本身的管理成本与用于受益对象的资金的比例。在国际上，一般认为服务型政府的基本标志是60%以上的财政预算要用于社会发展，中国当前的投入是远远不够的。最近几年，中央和各级地方财政对社会发展和社会事业的投入不断加大，城乡最低生活保障制度、九年免费义务教育、农村新型合作医疗等都在大力推进之中，社会事业投入严重不足的局面开始有所转变。

其三，社会管理体制改革和创新的关键是明确政府和社会的责任分工。在目前我国社会自治能力较弱、社会组织发育不健全的情况下，应进一步发挥公众参与的作用，将公众参与的方式方法制度化、法制化，真正维护和确保公众和社会组织对社会管理的参与权。要创新政府公共服务的提供方式，努力实现社会管理的科学化，建立健全重大决策听证、质询、公示、论证以及责任追究等制度，减少公共决策的随意性，做到公平管理、透明管理。

其四，社会管理体制的改革和创新，难点在于新的运行机制的探索和创造。在经济领域成功地实行了市场化改革以后，社会管理是否可以市场化?经验证明，市场机制在社会领域的作用范围是有限的。社会生活比经济生活复杂得多，在社会生活中起作用的不仅有市场机制，还有法律的、伦理的、心理的、文化的机制，让这些机制各得其所，各展其能，而又相互补充、相互协调，就必须创造综合的机制系统。

“十二五”社会管理体制改革路线图

温家宝总理在1988年的政府工作报告中，首次明确将社会管理列入政府的目标职能。随着改革的进一步深入，社会管理被纳入更完备的框架之中。社会管理体制创新不仅是行政体制改革的重要组成部分，也成为加强社会建设的关键环节。2007年的十七大报告强调“更加注重社会建设”，并将“社会建设”的任务阐述为“优先发展教育”，“实施扩大就业的发展战略”，“深化收入分配制度改革”，“加快建立覆盖城乡居民的社会保障体系”，“建立基本医疗卫生制度”，“完善社会管理”等六大任务。专家认为，“社会建设”和“社会管理”是两个颇具中国特色的概念。从中央的报告决议来看，“社会建设”主要与“改善民生”相结合，涵盖了上述“民生六大任务”；而“社会管理”相对处于更微观层面，包括加强社会组织建设，健全社会矛盾调解机制，完善社会治安防控体系，等等。在政府职能定位中，“社会管理”则与“经济调节”、“市场监管”、“公共服务”相并列，成为政府自身建设的重要内容。从操作层面而言，社会建设应指对社会的组织结构、动员方式、制度模式、应急反应机制等方面的建设；社会管理应指国家机关对上述几个领域的干预，并且由政府出面向公众提供相关的社会服务。当前社会管理体制的改革和创新，已经成为我国现实生活中一个新的重大课题。社会管理体制就是国家为了维护社会秩序而用以规范和协调社会组织、社会事务和社会生活的一系列制度和机制，就目前我国的现实情况而言，诸如社团管理体制、社会保障体制、社会治安体制、社会应急体制、社会服务体制、社区管理体制和社会工作体制都可列入其范围。

十七大报告提出“要健全党委领导、政府负责、社会协同、公众参与的社会管理格局”，在宏观层面上为社会管理体制创新确定了原则。当前，政府的首要任务是根据群众需求将职能界定清晰，同时按职能设计管理机制。但在实践中，政府与市场、社会组织的职能定位不明确现象比较普遍，大都表现在政府“越位”。例如，城镇社区建设是社会管理体制创新的重要内容，政府在行使卫生、教育、就业、治安、社会保障等方面职能越来越离不开社区的支持和配合，但社区作为一个社会自治组织，没有充分发挥自治功能，反而呈现出严重的行政化倾向。同时，政府公共服务标准制定等方面又存在“缺位”。目前我国提出公共服务均等化，即无论地方自有财力如何，政府都必须为全体社会成员提供最低标准的公共服务，如义务教育、医疗卫生、乡村公路等。在现行体制下要实现这一目标，首先中央政府要制定基本公共服务标准。在这个标准下，才可能科学、明确地确定各地基本公共服务的现状、不均等的程度、财政转移支付的力度，等等。总体上，各级政府应改变在社会管理和公共服务领域包揽一切的制

相关链接

珠海社会管理体制改革主要做法

珠海市社会管理体制改革先行先试试点工作2009年6月9日起拉开序幕。这项以政府职能转变、培育多元社会管理主体、促进民生改善和社会和谐为主线，涉及领域十分广的综合配套改革任务，旨在以试点工作为着力点率先破除社会管理的体制机制障碍，走出一条既有珠海特色又具有示范效应的道路。

探索创建城市和农村社区自治型管理模式，建立共建共管共享的社会治理新格局。是珠海市社会管理体制改革先行先试实施计划提出的一个重要构想。今年选择香洲区翠香街道办和青竹社区居委会、金湾区三灶镇、斗门区白蕉镇和乾务镇网山村委会作为试点，从体制机制上探索社区民主自治的新形式、新途径和新方法，尤其是要从明确城市社区居委会职能定位、建立行政事务准入制和考核评价制、实行农村社区“十户联保”制度、建立农村社区“三联”机制、健全农村基层组织自我服务功能、培育基层民主自治意识和制度环境等方面进行深入的改革探索。该构想提出，在原有社区自治体系的基础上，完善社区议事协商委员会，培育社区社会组织，增设社区监督委员会，形成“议事（社区议事协商委员会）决策（社区居民大会或社区居民代表大会）执行（社区居委会）协助（社区社会组织）监督（社区监督委员会）”的社区自治体系。其中，社区协商议事委员会是社区日常事务的议事层，对社区居委会提出的社区事务进行协商议事；社区居民代表大会是社区事务的决策层，接受居民会议委托或授权，对涉及全体居民利益的重大问题进行决策，对社区居委会成员和日常工作进行民主评议；社区居民委员会是社区日常事务的执行层，对居民会议或居民代表会议负责并报告工作，执行主体是社区居委会成员或专职社区工作者；社区社会组织是社区日常事务的协助层，通过开展活动和提供服务，协助推进社区自治；而社区监督委员会则是社区日常事务的监督层，对社区居委会执行居民（代表）会议决策的情况进行监督、评价。

度安排，建设一个有限责任的政府，既要避免“责任总揽”，又要避免“责任退让”。具体来说，一方面，政府要集中人财物力去做必须由政府承办的社会管理和公共服务事务，如义务教育、公共卫生、人口与计划生育、基层文化体育、公共安全和社会风险管理等基本公共服务。另一方面，政府必须强化规则的制定和监管，通过加快健全市场体系，促进社会组织发展，鼓励公众参与社会管理。回顾改革开放三十年，中国社会转型的过程，实际上也是政府从众多大包大揽的领域逐步退出的过程。政府在特定领域的职能定位如何，往往与该领域改革的成效密切相关。“十二五”期间，社会管理体制创新，要坚持政府不与民争利，扩大公众认同。看一个政府的社会管理体制，要看它的财政结构的变化。我国社会管理体制改革的内容很多，根本性的标志之一就是要改革现行的公共财政结构，加大社会发展投入在政府整个预算中的比重。另外，社会组织建设将成为我国社会管理体制创新的亮点。由于游离在单位之外的“社会人”越来越多，应有多元化的组织来应对多元化的需求。社区、村委会等人民自治组织，以及社团、行业组织、社会中介组织、志愿团体等各类民间社会组织，将取代传统的单位和街道成为社会管理的载体。

以治理和善治为方向推进社会改革

治理和善治理论倡导国家、民间组织、社区、公民等诸多社会管理主体对社会公共生活和社会事务的合作管理、协商管理、依法管理、透明管理和参与式管理等目标是从政府统管的一元化管理模式走向党和政府主导、社会协同、公民参与的多主体协作治理的新型社会管理体制。为此，加强民间组织能力建设，实行政府购买社会服务，培养社会企业家，对于发展民间组织和慈善事业显得特别重要，需要引起党和政府的高度重视。社会管理体制改革的重点任务是推进社团管理体制、社会保障体制、社会服务体制、社会工作体制、社会治安体制、社会应急体制、社区管理体制、社会管理领导和工作机制八个方面的改革。

改革开放30年来，各地在社会管理体制改革方面作了一些有益的探讨，比如广州的“两级政府、三级管理、四级网络”城市管理体制改革；顺德的“小政府、大社会”综合改革等。同时珠三角相对于其他地方来讲，思想观念解放较早，官本位思想较少，改革的阻力较小；市场经济发育较好，经济较发达，社会多元化程度较高；现在，珠三角又手持中央赋予的“先行先试”的尚方宝剑，开始为全国社会管理体制改革探路、排雷、示范。

安全发展与应急管理

把应急管理纳入安全生产规划、总体工作计划，纳入地方、行业和企业发展规划之中，尤其是要在“十二五”规划中，把安全生产应急救援基地、队伍、装备建设作为重要内容，保障资金投入，提高应急能力，完善救援队伍体系。

“十一五”安全生产约束目标解读

2006年国务院办公厅印发了第一部从国家层面组织编制的安全生产专项规划。同时各地区也均制定了关于安全生产的“十一五”规划，提出“十一五”期间地区安全生产的具体考核指标以及各项配套工程建设。

部分地区“十一五”安全生产总体目标

地区	亿元生产总值事故死亡率		工矿商贸企业从业人员事故死亡率	
	指标（人/亿元GDP）	下降幅度（%）以2005年为基数	指标（人/10万人）	下降幅度（%）以2005年为基数
安徽	0.58	40	1.95	25
甘肃	0.73	35		25
上海	0.14	36	3.33	29
河北		35		41
江苏	0.4		1	
宁夏	1.67	35	6.16	25
山西	0.82	35	5.55	25
陕西		35		25
四川	0.72		4.4	
北京	0.24	10	2.36	5
浙江	0.39			25
福建	0.49	35		25
广西	0.8		9	
海南	0.47	35	3.9	25
河南		35		20
黑龙江		35		25
湖北	0.31	45	2.9	35
湖南		35		25
吉林	0.66	35	3.67	25
辽宁		35		25
江西	0.53	35		25
山东	0.5		1.88	
青海	1.2	25	4.91	10
新疆	0.91	35	8.26	25
西藏	0.77	45	7.7	39
贵州	1		10	

亿元GDP事故死亡率上海0.14人最低

各地区制定的“十一五”安全生产工作目标由总体目标和重点行业及领域目标两部分组成。总体目标主要制定了亿元生产总值死亡率和工矿商贸企业从业人员事故死亡率两个考核指标，重点行业和领域目标是对煤矿、非煤矿山、火灾、道路交通等11个项目分别制定量化指标。

总体目标方面，就亿元GDP事故死亡率而言，大部分地区制定的目标是每亿元生产总值安全生产事故死亡率低于1人，其中上海的规划指标最低，为0.14人/亿元GDP，其次是北京0.24人/亿元GDP。而超过1人/亿元GDP的有三个省市区，分别是宁夏、青海、贵州，规划的死亡率指标为1.67、1.2、1人/亿元GDP。就工矿商贸企业从业人员事故死亡率而言，指标约束目标最低的是江苏，每10万从业人员事故死亡率为1人。最高的仍然是西部地区省市区，贵州死亡率最高为10人/10万人，广西为9人/10万人。

重点行业和领域目标方面，以道路交通为例，各地区的死亡率考核指标均介于5~12人/万车之间，其中江苏、海南、湖北、山东最低，均为5人/万车。安徽和山西制定的下降幅度较大，在2005年的基础上下降40%。

主要行业和领域约束性目标

指标 地区	煤矿	非煤矿山	危险化学品	烟花爆竹	建筑业	特种设备	火灾	道路交通	水上交通	农业机械	铁路交通
	百万吨死亡率	死亡人数下降%	死亡人数下降%	死亡人数下降%	死亡人数下降%	万台设备每年死亡人数	10万人口死亡率%	万车死亡率%	死亡或失踪人数下降%	死亡人数下降%	死亡人数下降%
安徽	0.91	10%	10%	10%	10%	下降10%（到2010）	下降3.5%（年均）	下降40%	10%	10%	
甘肃	2.5		10（10万人年死亡率）		10%	1.5	下降10%（到2010年）	10	10人	10%	10%
上海					10%	0.6	0.35	下降9%	10%	10%	10%
河北	下降25%	10%	10%	10%	10%	0.8	0.19	6			
江苏	0.6	10%	10%	10%	10%	0.6	0.025（年度万人死亡率）	5	10%	1.8%（万台死亡率下降）	
宁夏	1.0	10%	10%	无死亡事故	10%	0.8	0.19	7	无死亡事故	无重大事故	10%
山西	0.8				10%	0.8	0.19	下降40%			10%
陕西	下降25%							下降30%			

（续表）

指标 地区	煤矿	非煤矿山	危险化学品	烟花爆竹	建筑业	特种设备	火灾	道路交通	水上交通	农业机械	铁路交通
	百万吨死亡率	死亡人数下降%	死亡人数下降%	死亡人数下降%	死亡人数下降%	万台设备每年死亡人数	10万人口死亡率%	万车死亡率%	死亡或失踪人数下降%	死亡人数下降%	死亡人数下降%
四川	3	1%（每年）						8.2	1%（每年）	1%（每年）	1%（每年）
北京	2	10%	10%	10%	10%	0.8	0.35	6			
福建	下降35%	10%	10%	10%	10%	0.8	0.26	6	10%	10%	10%
广西	4.0	20%	10%	10%	70%（百亿元产值死亡率下降）	1	下降3%（年均）	7	5%	20%	10%
海南		10%	10%	10%	10%	0.8	0.19	5	10%	10%	10%
河南	下降18%	10%	10%	10%	10%	0.8	下降4%（年均）	下降20%			10%
黑龙江	下降48%	10%	10%	10%	10%	0.96	0.19	6	10%	10%	10%
湖北	6	10%	10%	10%	10%	0.8	下降3.5%（年均）	5	10%		10%
湖南	6	10%	重大伤亡下降20%	重大伤亡下降20%	6.5（百亿元产值死亡率）	0.8	0.19	6.7	10%		0.03（千人死亡率）
吉林	3.66	10%	10%	每年3人（死亡人数）	20%（百亿元产值死亡率下降）	0.8	下降5%（万起火灾事故死亡率）	7		10%	
辽宁	2.77	10%	10%	10%	10%	0.8	0.42	10	10%	10%	10%
江西	5.75	10%	10%	10%	10%	0.8	0.176	5.8	10%	10%	10%
山东	0.3	10%	10%	10%	10%	0.8	0.19	5	5%	11%	3%
青海	4	杜绝一次死亡10人以上事故	保持相对稳定		5%	1	保持相对稳定	12		5%	
新疆	3.0	10%	10%		10%	0.8	0.19	12		零增长	10%

七大重点配套工程带动规划实施

各地区为保证考核指标得以严格控制约束，在安全生产规划中提出实施重点工程建设予以配套。计划以重点工程的实施带动规划的实施，全面完成规划任务和规划目标。各地区的重点工程建设方面虽然

各有不同，但主要集中于七个方面，分别是：应急救援体系建设，重点技术支撑中心建设，安全生产信息系统建设，重大事故隐患治理，培训和教育工程，重大危险源普查及安全监控系统建设，科技创新和技术示范。目标是到2010年，形成较为完善的安全生产法规体系、监管体系、应急救援体系，生产经营单位的安全生产基础工作普遍得到加强，从业人员的安全知识和技能明显提高。

部分地区“十一五”安全生产应急救援工程一览

地区	规划建设工程
甘肃	应急救援指挥中心：省级1个、市州级14个；专业应急救援队伍20个；区域性专业应急救援基地8个
上海	国家级综合性区域应急救援基地1个；专业区域应急基地6个；应急救援企业骨干队伍20支
河北	安全生产应急救援指挥中心省级1个，市、重点县级11个；省级专业应急救援体系9个；省级综合性区域应急救援基地4个；省级应急救援骨干队伍20支
江苏	建立110事故处置联动系统、水上搜救应急系统、城市公共安全突发事件应急救援体系
宁夏	重点建设区、市两级应急救援指挥中心、指挥平台和应急救援队伍、装备、基地
山西	重点装备5-6个区域性安全生产应急救援基地
四川	应急救援指挥中心：省级1个、专业性8个、市级21个、县级181个；综合性和专业性应急救援基地：省级1个、区域性8个；骨干救援队伍20支
浙江	到2010年，各类企业针对本企业的重点部位建立起完善、有效的企业事故应急处置预案
福建	国家级矿山应急救援骨干队伍10支、国家级危险化学品应急救援骨干队伍5支
广西	应急救援指挥中心：省市区级1个、地级14个、县级109个；省市区级应急救援大队3个、专业区域救援中队基地12个、骨干队伍12支，地级事故救援基地14个、骨干队伍42支，县级综合性救援基地109个、一专多能骨干队伍109支；在防城港市建设1个省级安全生产应急救援演练、比武、培训基地
海南	“一个中心”、“三个基地”和“一个矿山救援队”
河南	应急救援指挥中心省级1个、市级18个、县级若干；省级区域应急救援基地：综合性1个、专业性2个、骨干救援队伍41支
黑龙江	建立安全生产应急通信信息、技术支持、物资与装备储备等保障系统

（续表）

地区	规划建设工程
湖北	应急救援体系：矿山、危险化学品等十二个；矿山区域应急救援中心：黄石、宜昌、恩施、荆门、襄樊等5个；危险化学品应急救援中心：武汉、荆州、荆门、宜昌、襄樊等5个
吉林	建设省安全生产应急救援指挥中心、6个专业应急救援基地（化工1个、非煤矿山1个、煤炭4个）、5个救援医疗中心（化工1个、矿山4个），1个水上搜救应急救援系统，9个市级应急救援指挥机构，15支骨干救援队伍
辽宁	安全生产应急救援指挥中心：省级1个、市级14个；省级专业应急救援机构8个；应急救援队伍23支
江西	安全生产应急救援指挥中心：省级1个、市级11个、县级99个；专业区域应急救援基地5个，救援骨干队伍30支
山东	专业应急救援预案15个，区域性省级非煤矿山、危险化学品、渔业安全生产应急救援中心6个
新疆	应急救援指挥中心1个，应急救援培训演练中心1个，应急救援基地和自治区应急救援物资装备储备库6个，市级应急救援指挥机构15个

部分地区“十一五”安全生产技术支撑工程一览

地区	规划建设工程
甘肃	建立非矿山安全实验室和职业危害检测与鉴定实验室，主要承担技术鉴定、检测检验、实验分析等工作
上海	市级安全技术中心4个，即危险化学品安全技术中心、重大危险源监控与事故隐患评估管理中心、安全生产检验检测与技术鉴定中心、事故预防与技术鉴定分析中心；实验室5个，即非矿山安全检测与鉴定实验室、职业危害检测与鉴定实验室、有害物质防扩散实验室、危险场所防火防爆实验室、安全材料性能与安全防护设备检测鉴定实验室
河北	建立事故分析鉴定、矿山、危险化学品、烟花爆竹等检测检验机构
江苏	建设省级工矿商贸行业和各领域事故预防与技术分析鉴定中心和安全生产基础研究中心，以及各行业的应急处置、安全研究、培训教育、检测试验等相关基地
山西	省矿山实验室、非矿山实验室、作业场所职业危害监管技术实验室和安全生产基础研究中心等技术支撑中心4个，重点安全设备检测检验基地1个
浙江	到2010年，基本构建技术创新、检测检验与物证分析、技术推广与服务、法规标准、信息共享和智力资源6个支撑平台
广西	全区安全评价机构25家，安全生产咨询服务机构30家，安全生产专家库发展到300人，争取“十一五”末，全区80%以上大中型企业由注册安全工程师担任安全生产管理机构负责人
河南	安全生产检测检验、矿山安全生产技术支撑、危险化学品安全生产技术支撑、其他工业生产领域与生产公共安全技术支撑、安全生产技术基础研究等5个省级专业中心及4个相应实验室
黑龙江	建设省非煤矿山、危险化学品安全实验室、职业危害检验检测室、安全设备检测检验室、事故调查与技术鉴定分析中心，配置相关仪器和设备
吉林	省级专业中心及相应实验室3个；化工企业相对集中的吉林市、松源市分别建立危险化学品安全技术监测检验站，非煤矿山相对集中的吉林、延边、通化分别建立矿山安全监测检验站
辽宁	省级安全技术与工程重点实验室3个；全省事故分析与鉴定、安全生产检测检验等中心5个；市级安全生产技术支撑中心14个
江西	安全检验检测中心：省级综合性1个、高危行业专业性6个；农机安全检测检验基地和农机安全监理人员培训基地
新疆	4个科技支撑平台：科技研发平台，技术推广与服务平台，法规制度平台，智力资源平台

部分地区“十一五”安全生产信息化建设工程一览

地区	规划建设工程
甘肃	安全生产信息局域网：省级1个、市州级14个、县区级86个，并实现与重点企业的互联互通，完善全省安全生产监督管理数据库和应用系统
上海	建设以GIS、GPS及地面测控网高新定位技术为基础的危险化学品运输监控及电子签证联网系统；完善华东六省一市实施危险化学品运输动态管理信息系统
河北	建立省、市、县三级安全生产信息网络，随时掌握全省安全生产动态；建立电子政务和办公自动化工作网络，提高政府监管水平
宁夏	在部分行业推行安全远程视频实时监管系统，实现作业现场电子监控；完善道路交通快速报警系统，建设交通事故紧急救援信息平台
山西	安全生产应急救援信息系统、重大危险源监控信息系统等并联入安全生产信息专网；继续对一期形成的安全生产监督管理和煤矿安全监察的数据库群和应用系统升级扩容
陕西	信息中心：省级1个、市级11个、县级107个，光纤连接西安到北京，省到市，市到县，构成骨干专线网
四川	在现有省网的基础上建设21个市级、181个县级节点安全生产监督管理信息局域网并联入广域网
浙江	加强事故统计分析工作，形成各地区事故情况的网上按时上报制度
福建	开发安全生产事故统计系统、安全生产专家库系统、安全监管监察业务系统、重大危险源数据库、重特大事故档案数据库
广西	建设14个地级市和109个县安监局的局域网、安监电子政务系统、安全生产应急救援指挥系统、重大危险源监控信息系统，以及高危行业监控系统五大工程
河南	建设覆盖省及18个市、5个煤矿安全监察分局、158个县结点的安全生产监督管理信息局域网，并联入广域网
吉林	完成政务信息系统扩容，建设安全生产监督管理信息局域网：省级2个（安监1个、煤监1个）、地市级14个（安监9个、煤监5个）、县级60个
辽宁	根据国家安全生产监督管理总局信息化建设总体方案，完成省安全生产监管局政务信息系统和14个市级节点、100个县（区）级节点、1000家重点企业的局域网建设
江西	建设由11个设区市、99个县、66个安委会节点的安全生产信息普密专网；建设完善1个省级、11个设区市、99个县安全生产监管部门局域网和政府网站
新疆	建设15个地州市、98个县（市、区）的安全监督管理部门的网络建设及数据传输过程中广域网络

部分地区“十一五”培训和教育工程一览

地区	规划建设工程
上海	到2010年，实现“七个一”计划，即建成一个立足华东、服务全国的安全生产科普教育培训基地，成立市安全生产宣传教育中心；在10所高校设置专业安全教育课程；新编和改编100种以上安全教材和视听教材；培养1000名以上注册安全工程师；培训和复训1万人次安全生产监管干部；培训10万名安全生产管理人员和企业负责人；培训百万名从业人员
江苏	全省建立160个安全培训机构，承担企业主要负责人、安全生产管理人员、特种作业人员和安全监管人员的教育与培训，保证所培训人员具备与本单位所从事的工作相应的安全生产知识和管理能力
浙江	到2010年建立和完善省、市、县和大型企业安全生产培训机构网络。全省拟建立100个安全培训机构，建立安全培训机构审查制度
广西	争取到“十一五”末，全区四级安全培训机构发展到6家，安全生产三级培训机构发展到140家。提高现有四个二级安全生产培训机构和110个三级安全生产培训机构

（续表）

地区	规划建设工程
海南	力争在“十一五”末，每个市、县均有1-2家安全生产培训机构。加强对安全生产监察员的培训，全省安全生产监察员每年至少参加1次业务培训，每次培训的时间不少于40学时。企业负责人、管理人员和从业人员每年参加安全生产培训的次数不少于2次，每次不少于10学时
辽宁	建设全省现代安全实景模拟教育培训基地和14个市、100个县（区）普通安全宣传教育培训基地
新疆	到2010年，各类安全生产专业人才能满足当时安全生产的需要。全区40岁以下的安全监管执法人员应具备大专以上学历，其中本科学历以上人数达到总人数的50%左右。到2007年，高危行业企业主要负责人、安全生产管理人员，特种作业人员持证上岗率达到100%。安全生产中介机构主要负责人的培训率达100%，工矿企业从业人员的培训率达100%。

部分地区“十一五”重大事故隐患治理工程一览

地区	规划建设工程
上海	对存在重大事故隐患的场所和设施实施有效治理，重点是危险化学品生产、储存、运输，烟花爆竹和民爆器材仓储区、建筑工地、铁路道口、轨道交通站、人员密集场所、锅炉压力容器及城市道路管线、闲置厂房租赁场所等
河北	建立重大危险源监控系统，加强危险源技术研究，包括危险源体系标准化研究，危险源辨识、评估的理论研究，以及监控网络和监控设备、设施的研制开发与产品升级研究等
江苏	实施重大事故隐患登记，建立重大事故隐患数据库；搬迁城区内安全距离不达标的危险化学品生产和储存企业
山西	继续实施“公路安全保障工程”，加大投入，整治危桥、险路和事故多发路段；实施“水路安全保障工程”，对不符合安全要求的渡口进行改造
浙江	2006年完成重大危险源普查工作，2007年完成重大危险源的辨识、登记工作，到2010年全面完成省、市、县、企业四级危险源监控网络
福建	2008年完成省及福州、厦门、三明三个试点市的重大危险源监控及应急救援信息平台建设，落实建设项目安全设施“三同时”制度，加强源头控制，从规划、设计、施工等环节消除事故隐患
黑龙江	重点抓好以煤矿瓦斯为重点的“一通三防”综合治理工程，拆除大庆占压石油管道各类违章建筑物200万平方米，动迁各类房屋178万平方米，恢复地面植被300公顷
江西	共投资33.3亿元，重点组织对公路危险路段、京九线和浙赣线24处铁路道口等构成重大事故隐患的设施、场所进行治理

部分地区“十一五”安全监控系统建设工程一览

地区	规划建设工程
甘肃	建立省级重大危险源监控中心及重大危险源网络自动化监控跟踪系统，建立1个总控中心，14个市（州）分控中心
上海	在金山、奉贤、浦东、宝山等区建立4个大型危险化学品储存基地，设立8个危险化学品生产专用区域。到2010年，建成危险化学品生产、储存、运输环节的安全监管、监控网络
江苏	重点建设1个省级、若干市级及其所属的市、县级重大危险源监控预警中心
宁夏	重点建设1个自治区级、5个市级重大危险源监控预警中心，逐步构建自治区、市、县三级重大危险源动态监管及监控预警体系
山西	重点建设省级、11个市级、119个县级重大危险源监控预警中心

（续表）

地区	规划建设工程
浙江	实施安全生产风险抵押金制度，对从事矿山开采、建筑施工等高危行业的中小企业征收安全生产风险抵押金，逐步试行和推广企业安全费用提取制度
广西	建立1个区级、14个市级、109个县（区）级重大危险源监控中心，建立自治区、市、县（区）三级重大事故预警、应急反应系统，定期检验和评估应急救援计划的有效程度
河南	重点建设1个省级、18个市级和若干县级重大危险源监控预警中心以及重大危险源网络化动态监控预警系统
吉林	构建与国家形成网络的省、市、县政府四级重大危险源动态监管及监测预警系统，重点建设1个省级、9个市（州）级、60个县（市、区）级重大危险源监控预警中心以及重大危险源网络化动态监控系统，建设危及公共安全的1500个重大危险源监测监控系统
辽宁	开展重大危险源普查、登记、建档工作，建立1个省级、14个市级、100个县（区）级重大危险源监控预警中心，实施重大危险源分级管理、分级监控
江西	重点建设1个省级、11个市级、99个县级重大危险源监控预警中心；建立赣江南昌到湖口航段船舶交通管理系统，建设仙女湖、柘林湖旅游船舶GPS监控系统
新疆	建立自治区、市、县、企业四级重大危险源监控网络系统。2007年完成试点，2008年逐步推开，2010年完成整个网络系统的建设

部分地区“十一五”科技创新和技术示范工程一览

地区	规划建设工程
宁夏	加大对企业安全生产技术改造和支持力度，鼓励和支持企业进行安全生产方面的技术改造，支持15个工业园区、10家规模较大且有发展潜力的企业和20个重点安全生产技术改造项目
浙江	支持8个安全生产产业基地建设；支持5家较大规模、有发展潜力的安全生产相关产业企业；支持20个重点安全生产技术改造项目；支持其他有利于安全生产的项目
河南	组织开展矿山重大灾害机理及预防技术研究、危险化学品事故预防与控制技术研究、重大危险源监控关键技术研究、重大事故调查分析与仿真技术研究等70项安全生产关键技术研究和重大技术攻关。重点推广80项成熟、先进、适用的安全生产技术。建设6个安全生产科技示范工程
黑龙江	重点推广GYG型安全环保燃油桶和阻燃改性聚乙烯电线防护管等18项成熟、先进、适用的安全生产新技术和新产品
湖北	实施以矿山灾害综合防治为重点安全生产科技示范工程；每年推广10-15项成熟、先进、适用的安全生产技术
吉林	开展矿山重大灾害预防技术研究、化工及危险化学品事故预防与控制技术研究、重大危险源监控关键技术研究、重大事故调查分析与仿真技术研究等
辽宁	以高等院校为依托，建设3家具有国内先进水平的安全科学技术研究机构；重点推广10项重大安全生产科研成果；建设2个安全科技示范工程
江西	组织开展针对本省的高危行业安全生产投入与经济效益比、重大危险源监控关键技术、防治技术研究；建设六个包括非煤矿山、危险化学品等安全生产科技示范工程

天津成唯一事故死亡人数增加地区

根据安监局发布的2005~2008年的全国安全生产控制指标实施情况，全国各地区的各类事故死亡人数在4年中呈现稳定下降趋势，实际死亡人数占考核目标的比例也在不断下降。

从各类事故死亡人数来看，广东减少的人数最多，2008年各类事故死亡人数比2005年减少了3234人，其次是江苏和河南，分别减少2604、2264人。天津是唯一一个死亡人数增加的地区，2008年比2005年增加了205人。

从实际死亡人数占考核目标的比例来看，2005年仅有4个省份指标实际值占考核目标的比例小于90%，2006年增长到10个，而2008年则达到16个，指标落实情况明显好于预期。北京的约束性指标完成全年考核目标的比例下降速度较快，2005年全年实际完成值占考核指标的92.3%，2008年迅速降至80%。

2005~2008年31个省市区各类事故死亡人数

地区	2005年		2006年		2007年上半年		2008年	
	全年实际	占全年控制考核指标%	全年实际	占全年控制考核指标%	实际指标	占全年控制考核指标%	全年实际	占全年控制考核指标%
全国	127089	92.9	112822	91.5	45952	41.3	91172	91.1
北京	1916	92.3	1735	91.5	680	39.1	1179	80
天津	1165	96.1	1054	90.5	402	38.7	1370	137.4
河北	5159	90.9	4265	84.4	1537	36	3429	86.8
山西	4705	92.2	4186	93.7	1637	39.5	3744	102.5
内蒙古	2662	94.4	2325	92	1012	43	2074	91.8
辽宁	4334	91.2	3614	86	1425	39.1	3001	86.5
吉林	3197	97	2690	91.6	983	36.8	2022	88
黑龙江	3143	93.8	2894	96.9	1067	35.8	2156	89.3
上海	1898	91.7	1703	93	722	42.6	1526	96.8
江苏	8422	92.4	7576	96.7	3071	40.9	5818	89.7
浙江	7952	87.9	7623	97.1	3130	42	6947	98.9
安徽	5145	90.4	4604	90.9	2057	44.8	3609	85.2
福建	4718	94.7	4428	98.6	1962	45.1	3527	88.9
江西	3289	87.9	2888	87.9	1116	38.3	2147	86
山东	7826	89.8	6988	89.2	2511	36.1	5588	89.2
河南	5718	83.9	4965	86.7	2005	39.8	3454	82.3
湖北	3551	94.7	3355	96.4	1328	40.5	2781	95.3
湖南	5804	98.1	5205	94.6	2241	43.5	3717	84.5
广东	11298	93.7	9730	88.1	4489	46.3	8064	90.9
广西	4361	93.9	3766	88.7	1895	50.4	3356	95.2
海南	598	95.7	496	81.2	311	58.2	566	93.7
四川	6156	92.9	5751	94.7	2395	42.3	4518	89.4

（续表）

地区	2005年		2006年		2007年上半年		2008年	
	全年实际	占全年控制考核指标%	全年实际	占全年控制考核指标%	实际指标	占全年控制考核指标%	全年实际	占全年控制考核指标%
贵州	3239	100.9	2748	88.1	1175	42.9	2409	93.8
云南	3876	91	3578	92.9	1508	42.6	2745	89.2
西藏	592	90.2	570	92.6	215	36.9	411	77
重庆	2571	95.9	2214	90.5	916	41.8	1800	88.8
陕西	3458	93.5	3379	102.3	1270	38.7	2531	93.3
甘肃	2218	90.7	2099	94.8	788	38	1855	98.7
青海	853	97	781	95.7	330	42.6	728	98.5
宁夏	954	94.4	805	85.3	334	41.8	655	94.5
新疆	3673	109.8	3051	92.1	1073	35.1	2755	97.4

注：2007年全年数据缺，以上半年数据代替。

安全生产应急管理规划纳入“十二五”规划

重特大事故尚未得到有效控制安全发展任务依然艰巨

安全发展是建设全面小康社会与和谐社会的起点、基点和落脚点。安全发展的要义，一是要把安全作为发展的基础，二是要通过发展来解决安全过程的各种深层次矛盾和问题。而安全发展的一项非常重要的工作，就是应急管理。应急管理是指在事件发生以后如何第一手进行应急处置、紧急救援，在国外多称为“危机管理”。危机管理最主要的内容是一旦危机爆发，如何用最小的成本、以最快的速度把

相关链接

贵阳开通全国首家省会城市应急管理专业网站

今年6月26日，贵阳市正式开通全国首家省会城市应急管理专业网站。该系统也是全国首个应急管理业务系统。贵阳市应急管理网由贵阳市人民政府突发公共事件应急管理办公室主办，主要包括应急政务、信息发布、互动服务、应急科普、实用小贴士等内容，并通过动画制作等形式形象展示了一些基本生活常识和应对突发事件的处理办法，市民不出家门便可以了解到这些应急知识。此外，网站还开通了应急短信服务平台，市民需要进行应急报警或提出意见建议，可以通过短信方式与工作人员联系。

它的损失减少到最小。中国的应急管理体系在从2003年到2008年的五年间有了突破性进展。一是应急预案从无到有，预案体系逐步完善，应急演练普遍开展；二是安全生产应急管理体制机制逐步建立健全，全国已有27个省（区、市）、151个市（地）成立了安全生产应急管理机构；三是安全生产应急能力建设取得了新进展，以各专业应急救援队伍体系为基础的整体应急救援队伍体系已基本形成，人数已达34万人；四是应急投入普遍加大，仅矿山、危化企业"十一五"以来在应急救援体系建设方面投入资金超过30亿元，应急救援队伍自身素质、装备和科技水平得到提升，战斗力明显增强；五是《突发事件应对法》颁布以来，安全生产应急管理相关法规、规章、标准的制定工作加快进行，行政执法工作不断加强；六是各级各类安全生产应急管理宣传教育、培训工作普遍展开，安全生产应急管理正逐步向乡（镇）、村屯、社区进行延伸；七是安全生产应急救援队伍的作用越来越大。近两年，各类安全生产应急救援队伍投入事故救援43.2万起，抢救和疏散遇险人员41.6万人。统计显示，目前我国安全生产领域中的重特大事故尚未得到有效控制，非法违法生产导致的重特大事故仍占事故总量的80%。实现安全生产状况的持续好转，面临的任务依然艰巨。

提高综合应急能力促进安全发展

国务院副总理张德江在今年6月1日召开全国安全生产电视电话会议上要求，当前和今后一个时期，各地区、各部门要全面贯彻落实中央关于"质量和安全年"的工作部署，认真查找工作差距和薄弱环

相关链接

国家级应急管理培训基地挂牌

2009年8月底，首个国家级应急培训基地将在国家行政学院挂牌，将采用案例教学对高中级官员进行轮训。据透露，应急管理专业课程设置分为两个模块，一是公共卫生安全模块，二是灾难安全模块，课程覆盖管理学、新闻学、社会学、信息管理等多学科内容。培训对象主要是高中级官员，比如此前有市长班，还有厅局级干部班，按照行政级别选拔来进行短期培训，会给他们讲案例。与此同时，已经正式挂牌成立的暨南大学应急管理学院将迎来100位本科学生，他们四年后的最直接的就业目标是各级政府的应急办。自去年以来，国家行政学院已先后举办了首期厅局级公务员应急管理专题研讨班、省部级干部"突发事件应急管理"专题研讨班，"中欧预警及应急管理研讨会"。还选派应急管理骨干师资培训班学员赴德国学习考察先进的应急管理经验。全国首个应急管理学院——暨南大学应急管理学院同样是在这个背景下成立的。在今年4月的成立仪式上，广东省委副书记、省长、省应急委主任黄华华发来贺信。学院的名誉院长则由广东省应急委副主任李容根担任。暨南大学将与广东省政府应急办密切合作，综合全校教学与科研资源，加强应急管理理论研究，为政府提供急需的决策支持。

节，进一步加大安全生产“三项行动”、“三项建设”等重点工作力度，促进全国安全生产形势持续稳定好转，为促进全国经济平稳较快发展、为新中国成立60周年创造良好的安全生产环境。在今年7月1日至3日举办的主题为“加强应急管理，提高应急能力，促进安全发展”的第二届中国国际安全生产应急技术与装备展览会上，张德江强调，要全面落实“安全生产年”的各项工作部署，深入开展“三项行动”，依靠科技进步，扎实推进安全生产基础建设，有效防范和遏制重特大事故的发生。要大力推进安全生产科技创新，加强科学管理，加大科技研发投入，积极开展重大基础理论和公益性、关键性技术的研发，推广安全可靠、先进适用的新技术、新工艺，努力改善安全生产条件，全面提升安全生产水平，促进安全发展。要不断完善安全生产应急救援体系，健全安全生产应急管理体制机制和法制，完善事故防范处置应急预案和响应机制，加强应急救援基地和骨干专业救援队伍建设，不断提高综合应急能力。

安全生产应急管理要进“十二五”

国家安全生产监督管理总局局长骆琳在公开场合表示，安全生产应急管理工作仍有很大差距，亟须加强和完善。下一步，各地区、各有关部门和单位要按照党中央、国务院的部署和要求，坚持一手抓事故预防，一手抓安全生产应急管理。把安全生产应急管理纳入安全生产规划、总体工作计划，纳入地方、行业和企业发展规划之中，尤其是要在“十二五”规划中，把安全生产应急救援基地、队伍、装备建设作为重要内容，保障资金投入，提高应急能力，完善救援队伍体系。同时，努力推进安全生产应急管理法制体制机制建设，进一步完善应急管理法律法规和规章标准，使应急管理各方面工作有法可依、有章可循；进一步加快省、市两级安全生产应急救援指挥中心建设，加快矿山、危化等救援队伍和基地建设，提高应急救援队伍、装备、科技保障能力；进一步完善应急管理机制，在各级政府安委会框架内建立相关部门之间的应急协调机制，提高应对处置重特大事故的能力。切实加强对安全生产应急管理工作的督促检查和监管执法，推动各地依法加强安全生产应急管理工作。广泛开展安全生产应急管理宣传教育和培训，增强公民应急意识，提高预防、避险、自救、互救能力。加强同各国的交流与合作，借鉴国外先进经验，提高安全生产应急管理水平，增强防范和应对事故灾难的能力，促进安全生产状况的持续稳定好转。

“十二五”前期安全生产课题研究全面展开

当前，面对复杂多变的国内外形势，和安全生产工作面临的新形势、新任务和新挑战，围绕提高安全生产和安全发展的综合能力，中央各有关部局委办已提前展开“十二五”安全生产规划的战略研究。

安监总局“十二五”课题研究紧锣密鼓

国家安全监管总局正在谋划“十二五”规划的总体目标、主要任务、重点工程和保障措施。4月14日至15日，2009年全国安全生产规划科技工作会议在京召开，就《安全评价机构管理规定》（原国家安全监管局国家煤矿安监局第13号令修订征求意见稿）、《关于进一步加强安全生产保障能力建设实施方案》（征求意见稿）、《矿用产品安全标志申办程序》（征求意见稿）提出修改意见。国家安全生产监督管理总局副局长杨元元在会上要求，做好“十二五”规划前瞻性研究，谋划安全生产长远发展战略；加快安全生产科学技术支撑体系建设，提高安全保障能力；认真组织实施国家科技计划和科技推广，提升重点行业领域安全科技水平；进一步加强中介机构监管，建立中介机构规范发展的长效机制；切实加强队伍建设，努力造就一支廉洁高效、务实进取的规划科技队伍。会上，煤科总院、南京工业大学、国家发展改革委有关部门负责人分别做了“煤矿瓦斯治理技术集成与创新”、“化工安全生产科技保驾护航”和“十二五规划前期工作”专题讲座。6月6日，以“关爱生命，安全发展”为主题的第四届“安全发展”高层论坛在京举行。国家安全生产监督管理总局副局长杨元元在发言中指出，坚持安全发展的科学理念和指导原则，就必须坚决打击非法违法行为，建立规范的安全生产法治秩序，坚决遏制重特大生产安全事故。安全生产是实现安全发展的重要保障，必须贯彻依法治安的方略，建立完备的法律体系，形成规范完善的法治秩序；必须坚持以人为本，实现社会经济又好又快发展。

国家能源局圈定"十二五"小煤矿退出机制

国家能源局已经着手"十二五"煤炭规划的前期调研，而大型煤炭企业资源接续和小煤矿发展定位成为两大关键问题，在继续鼓励发展大型煤炭企业同时，进一步明晰小煤矿定位。国家能源局自8月中旬开始拉开调研序幕。此次调研目的既是总结"十一五"煤炭工业发展状况，提出"十二五"煤炭工业发展设想。调研范围涉及华北、东北、华东、中南、西南、西北6个煤炭主要产需地区。具体包括北京、河北、山西、内蒙古、黑龙江、吉林、辽宁、江苏、安徽、福建、江西、山东、河南、湖南、湖北、广西、重庆、四川、贵州、云南、陕西、甘肃、宁夏、青海、新疆25个省市区。值得关注的是，如何为需要整合的小煤矿设计好退出机制，成为此次调研的关键课题之一。煤炭运销协会一位权威人士分析指出，"十二五"煤炭规划编制，必定延续"建大关小"这一思路。目前小煤矿退出有三种模式：其一是几家小煤矿合并做大；其二是由中央或地方国企直接收购兼并整合；其三是通过股份制吸纳小煤矿投资，将其融合于大型煤企。根据山西本省计划，到2011年其省内大集团煤炭产量占到全省的75%以上；到2015年，大集团煤炭产量达到全省的80%以上，这意味着小煤矿占比将越发收缩，占比不会超过20%。国家发改委、能源局相关负责人同时表示，国家鼓励煤电企业签订长期合同，鼓励煤电互相交流、利益共享、风险共担。同时，国家将进一步完善煤炭价格机制，研究建立全国性煤炭市场，实现正常交易。

"十二五"安全生产规划编制是个系统工程

各省市区在"十二五"前期研究课题中，围绕本地区"十二五"安全生产工作需求，对规划目标、工作重点、主要行动与政策措施的研究高度重视。如江西省要求，做好"十二五"规划前期准备工作，将"亿元GDP事故死亡率"和"工矿商贸十万就业人员事故死亡率"两项指标列为《全省"十二五"国民经济和社会发展规划》的约束性指标，将《全省安全生产"十二五"规划》列入专项规划编制计划。湖北省6月24日发出关于加快制定化工行业安全发展规划的通知要求，加快编制化工行业安全发展规划。规划期为六年，即2010年至2015年。以保证化工行业安全发展规划的科学性、合理性。湖南省明确，"十二五"加强公共灾害防御体系建设，课题选题着重研究公共灾害的主要类型和特点，提出"十二五"期间完善灾害应急体系，提升应急能力的基本思路和保障措施，重点对建立灾害预测预警信息平台，健全应急指挥救援和城乡应急储备机制等进行研究。从目前"十二五"前期研究展开的情况看，北京市工作尤其突出。

今年3月30日，北京市安监局邀请市发改委发展规划处有关负责人，就编制北京市"十二五"时期安全生产规划的前期调研工作进行了座谈。大家认为，"十二五"安全生产规划编制规划是一项综合性系统工程，应当吸取"十一五"安全生产规划编制、实施过程中的经验，对规划的整体进行课题分层，

抓住规划编制过程中的几个关键程序，集中力量进行攻关。要协调好各有关部门，充分调动安委会各成员单位、各区县安监局的积极性，群策群力、集思广益，使规划编制工作顺利开展。北京市安监局负责人要求，“十二五”安全生产规划编制工作，要尽快制订“十二五”安全生产规划编制工作的具体方案，同时起草“十二五”安全生产规划大纲；要对规划编制所涉及的安全生产法律法规等文件进行汇编，作为“十二五”规划编制工作的参考资料；要在本次规划编制工作的前期调研中做到横向到边，纵向到底。横向到边，与安委会有关成员单位深入座谈，掌握“十二五”安全生产规划编制应当包括的范围；纵向到底，就是要到各业务处室、各区县安监局、乡镇街道等部门深入调研，掌握丰富的基础数据和一手材料，并通过调研过程中发现的问题来引导规划的编制工作；要建立规划编制工作周会、月会制度。每周要利用半天时间召开规划科技分析会，归纳整理各部门意见，每月要召开一次研讨会，针对本月调研、编制工作中的问题，进行研究解决；要制订培训计划和方案，对参与编制规划的有关人员进行培训。力争用两年时间，编制出高质量、高水平的安全生产规划；要把安全生产基础设施投资建设问题纳入到规划调研的范畴内。

值得强调的是，“十二五”期间，除了着力推进安全生产及其应急的各项行动外，非生产、非传统安全也应全面纳入规划目标体系之中。尤其是要借鉴奥运安保、汶川抗震等的宝贵经验，构建以抗洪抢险、地震灾害紧急救援、核生化应急救援、交通应急抢险以及突发性群体事件的应急维稳，是“十二五”应该统筹考虑的重大课题。

相关链接

上海应急管理体制机制建设经验做法

改革开放30年，上海市围绕“确保城市安全运行”这一主线，全面加强应急管理工作，2003年以来经历了抗击“非典”、防控禽流感、抵御“麦莎”台风、处置地铁4号线工程事故、应对雨雪冰冻灾害、开展汶川大地震救灾援助等突发事件，应急管理工作经受考验，应急管理体制机制不断健全和完善，应对突发事件能力大幅提高，应急响应总体有力、有序、有效。增强城市危机管理能力，保障城市公共安全，是上海落实科学发展观，认真做好应急管理工作的出发点和落脚点。近年来从提高应急管理工作效能出发，围绕“测、报、防、抗、救、援”六个环节，着力推进以“一案三制”（应急预案、应急管理体制、机制和法制）建设为主要内容的应急管理工作。

建立“条、块、点”相结合、全覆盖的应急管理网络——条上，市民政、安监、卫生、公安局分别牵头负责推进自然灾害、事故灾难、公共卫生和社会安全等四大类突发事件应急管理工作，市民政局、教委、安监局等单位负责推进应急管理进社区、进学校、进企业。块上，区县层面落实突发事件风险隐患排查、治理等预防与应急准备工作，做好突发事件应急处置过程中人员疏散、安置及事发现场治安维护、交通疏导等保障，开展应急管理知识科普宣教、社会动员等工作。点上，虹桥和浦东国际机场、洋山深水港、上海化工区、世博会园区、铁路上海站和上海南站、轨道交通站点、宝钢、上海石化及地下空间等9个市级基层应急管理单元，纳入全市应急管理框架体系，形成应急管理工作合力。

确立分级分类的应急处置机制——市应急联动中心负责指挥调度卫生、水务、燃气、电力等27个应急联动单位对较大和一般突发事件实施联动处置；对特大或重大突发事件实施先期处置。必要时，由市委、市政府统一领导，根据突发事件性质，启动相应预案，成立市应急处置指挥部，统筹、整合、调用全市各类资源，实施应急处置。据统计，市应急联动中心成立以来已接警3900余万次、日均近3万次，其中调度联动单位处置66.5余万次，日均处置490余次。

构建较为完备的应急预案体系——确立以1个市总体预案为龙头，19个区县预案、51个专项和部门预案、部分基层应急管理单元预案和重大活动应急预案为主体，适应特大城市应急管理工作特点的应急预案体系框架。2007年，市应急办印发《应急预案框架指南》，指导社区、学校和企业编制应急预案，深入推进应急预案进基层。

形成应急管理的法制基础——上世纪90年代以来，按照国家相关法律规章并结合上海实际，制定《上海市防汛条例》、《上海市消防条例》、《上海市民防条例》等一批地方法规；市政府制定《上海市实施〈突发公共卫生事件应急条例〉细则》、《上海市燃气管理设施保护办法》等政府规章；有关部门制定相关规范性文件，进一步细化规范工作流程、工作制度。同时还参与国家应急管理有关立法工作研究，如2007年受国务院应急办委托，作为四个课题承担单位之一，参与完成《国家应急预案管理办法》和《应急演练指南》两项课题研究。

加强综合应急救援队伍建设——组建和完善以消防为骨干、专业救援为支撑、社会力量为补充的应急救援队伍体系。2006年底以市消防局特勤支队为主体，结合医救、地震等专业人员及救援专家等组建“上海市地震灾害紧急救援队”，汶川大地震中累计搜救约250人，得到当地政府和群众高度称赞。

组织针对性应急演练——各级各类应急管理机构每年广泛组织建设工程、安全生产、食品卫生、信息安全等多层面、多层次应急演练。如2007年6月20日成功举行全市性电力突发事件应急演练，政府机关、新闻、电力、医院、通讯、金融、化工、交通、公用事业等28个单位和部门参与，积累经验。

开展应急管理科普宣教——应急管理知识纳入各级培训和宣传教育计划，努力提高市民应急管理知识和应急自救、互救能力。如市委组织部和市人事局将突发公共事件应急管理知识培训分别纳入《2006—2010年上海市干部教育培训规划》和《上海“十一五”公务员培训实施计划》；市应急办会同市民防办等部门和单位开展贯彻实施突发事件应对法宣传教育活动。

探索应急管理社会化的道路——在杨浦等区积极探索以“大社会”保障“大安全”机制，通过设立举报受理中心和举报热线，24小时接受市民举报，落实专项资金，实行“一案一奖”，在社会上形成一批“公共安全隐患的啄木鸟”，取得较为显著成效。

生态文明与节能减排

一些环境法规规定的行政处罚种类单一，主要以罚款为主，而且数额又过低。企业宁愿缴纳排污费，取得合法的排污权，也不愿意投资建处理设施。目前，我国还没有开征专门以环保为目的的税种，没有建立健全生态恢复补偿机制，已开征的资源税还很不完善；对高硫煤、水资源、生物资源等还没有征税的机制。地方保护主义助长环境污染，纵容了部分企业对环保问题存在的投机、违法行为。

党的十七大报告在阐述实现全面建设小康社会奋斗目标的新要求时，第一次明确提出建设生态文明。生态文明就其内涵而言，主要包括生态意识文明、生态制度文明和生态行为文明三个方面。建设生态文明，不同于传统意义上的污染控制和生态恢复，而是克服工业文明弊端，探索资源节约型、环境友好型发展道路。而通过推动文明转型，修正工业文明弊端，探索资源节约型、环境友好型的发展道路的过程，也就是实现环境保护历史性转变的进程。建设生态文明作为全面建设小康社会的新的更高要求，体现可科学发展的本质，把推进历史性转变提到了更高层次、更大范围、更宽视野。

“十一五”节能减排目标实现情况

万元GDP能耗吉林降幅最大 主要污染物排放4省市区零增长

“十一五”期间，国家对单位国内生产总值能源消耗降低指标和主要污染物排放总量指标实行计划管理，对多个省份的“十一五”目标任务进行了修正。以修正后的数据对31省份的单位GDP能耗和主要污染物排放量指标进行说明。

万元GDP能耗方面，就具体能耗值而言，31个省份中宁夏、青海等4个地区的能耗超过2万吨，其中宁夏的单位GDP能耗目标设定最高，达到3.31万吨。内蒙古、甘肃、新疆等17个地区的能耗介于1~2万吨之间，另外10个地区能耗小于1万吨，北京万元GDP能耗最低，为0.64万吨。就万元GDP能耗下降幅度而言，北京、天津、上海、河北等20个省市区的能耗降低幅度均为20%，吉林、山西、内蒙古、山东降幅高于20%，广东、海南及西部一些省市区降幅低于20%。31省市区中，吉林最高达到30%，西藏略低为12%。

主要污染物排放总量主要包括污水中化学需氧量排放量和废气中二氧化硫排放量。化学需氧量方面，对工业发达地区的排放量要求下降幅度更大，河北、江苏、浙江3省份均要求下降15.1%，下降幅度最大，其次是广东、山东，分别下降15%、14.9%。北京紧随其后在2005年11.6万吨的基础上再下降14.7%，达到9.9万吨。虽然北京的排放量在全国已经是较低水平，但下降幅度仍然较大。此外，海南、青海、西藏、新疆4省市区由于近年来工业发展相对缓慢，污染物排放量小，为保证其工业发展，对这4省市区化学需氧量排放量的要求是零增长，保持2005年的水平。二氧化硫排放量方面，2005年，排放量最多的是山东、山西和河北，分别达到200.3、151.6、149.6万吨，“十一五”期间3省分别要求下降20%、14%、15%，到2010年二氧化硫排放量下降到160.2、130.4、127.1万吨。上海和北京2005年的实际排放量为51.3、19.1万吨，排放总量并不大，但下降幅度却是最大的，分别要求下降25.9%、20.4%。海南、西藏、青海、新疆等仍然是保持零增长。

地区万元GDP能耗及下降幅度

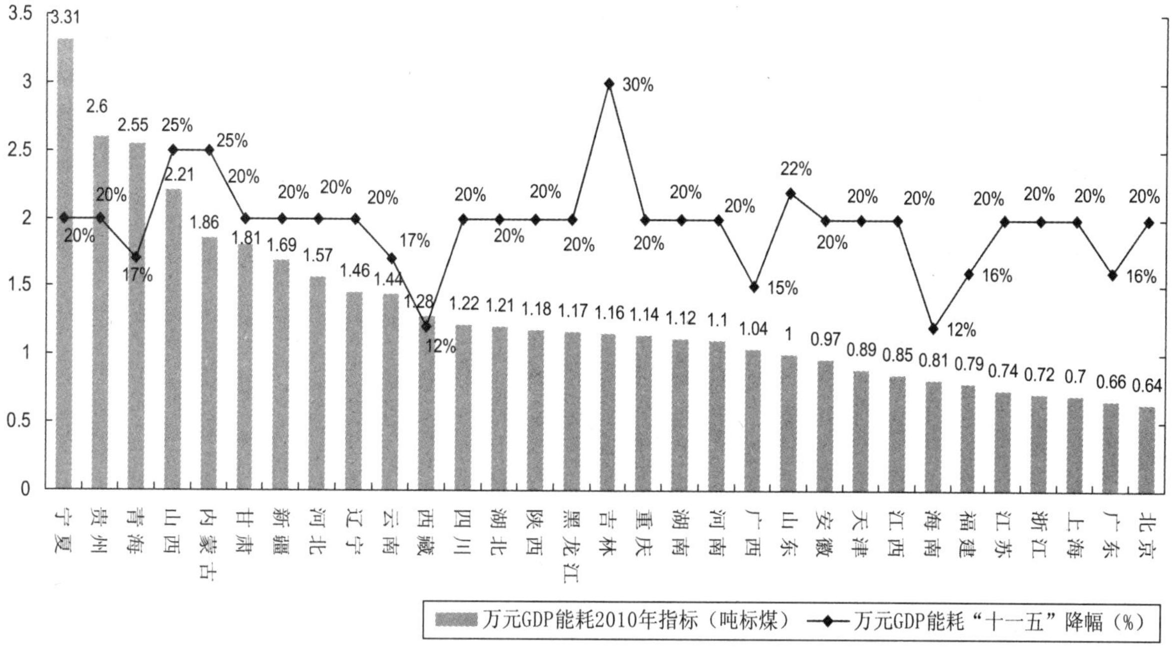

各地区“十一五”主要污染物排放总量规划目标比较

地区	化学需氧量排放总量		二氧化硫排放总量	
	2010年控制量	2010年比2005年（%）	2010年控制量	2010年比2005年（%）
北京	9.9	-14.7	15.2	-20.4
天津	13.2	-9.6	24	-9.4
河北	56.1	-15.1	127.1	-15
山西	33.6	-13.2	130.4	-14
内蒙古	27.7	-6.7	140	-3.8
辽宁	56.1	-12.9	105.3	-12
吉林	36.5	-10.3	36.4	-4.7
黑龙江	45.2	-10.3	49.8	-2
上海	25.9	-14.8	38	-25.9
江苏	82	-15.1	112.6	-18
浙江	50.5	-15.1	73.1	-15
安徽	41.5	-6.5	54.8	-4
福建	37.5	-4.8	42.4	-8
江西	43.4	-5	57	-7
山东	65.5	-14.9	160.2	-20
河南	64.3	-10.8	139.7	-14
湖北	58.5	-5	66.1	-7.8

（续表）

地区	化学需氧量排放总量		二氧化硫排放总量	
	2010年控制量	2010年比2005年（%）	2010年控制量	2010年比2005年（%）
湖南	80.5	-10.1	83.6	-9
广东	89.9	-15	110	-15
广西	94	-12.1	92.2	-9.9
海南	9.5	0	2.2	0
重庆	23.9	-11.2	73.7	-11.9
四川	74.4	-5	114.4	-11.9
贵州	21	-7.1	115.4	-15
云南	27.1	-4.9	50.1	-4
西藏	1.4	0	0.2	0
陕西	31.5	-10	81.1	-12
甘肃	16.8	-7.7	56.3	0
青海	7.2	0	12.4	0
宁夏	12.2	-14.7	31.1	-9.3
新疆	27.1	0	51.9	0

主要污染物排放量任务进度首次赶上时间进度

“十一五”以来，节能减排成效在不断递增。节能方面，以单位GDP能耗为例，2006年下降1.79%，2007年下降4.04%，2008年下降4.59%，2009年上半年下降3.35%，三年来实现单位GDP能耗下降超10%。减排方面，2007年，全国化学需氧量排放量下降3.14%，二氧化硫排放量下降4.66%，主要污染物排放量实现双下降，首次出现了“拐点”；2008年化学需氧量和二氧化硫排放量分别同比下降4.42%和5.95%，首次实现了任务完成进度赶上时间进度，三年来化学需氧量、二氧化硫排放量分别减少6.61%和8.95%。按照这种趋势，二氧化硫“十一五”减排10%的目标有望提前一年实现，化学需氧量减排目标可以如期实现。

节能：北京连续3年超额完成单位GDP能耗目标

就各个省份年度完成情况来看，单位GDP能耗降低方面，2006~2008年完成目标任务的省份日益增多，2006年全国30个省市区（不含西藏）中，除北京外其余29个省份均未实现单位GDP能耗降低率目标。2007年广东、云南等9个省份未能达标，达标省份占到七成。2008年共有25个省份超出目标任务，节能情况进一步好转。此外，“十一五”以来，北京是唯一一个连续3年超额完成年度单位GDP能耗目标任务的地区，同时下降幅度连续3年领跑全国。

单位工业增加值能耗方面，2006年只有北京的能耗降幅超过8%，2007年，天津、内蒙古、辽宁等

7个地区超过8%，2008年，单位工业增加值能耗降幅超过8%的省份猛增到22个。同时，通过对各个省份单位工业增加值能耗和单位GDP能耗的比较可以发现，各省的单位工业增加值能耗的降幅均高于单位GDP能耗，显示各省强力控制工业能耗、限制并关停高耗能企业仍是各地节能降耗的主要手段。

值得注意的是，各地区的单位GDP电耗并没有出现稳定下降趋势，而是有降有升。虽然2008年只有两个地区电耗呈现上升态势，较之2006年、2007年均有17省份上升的情况已有明显好转，但是这3年来，单位GDP电耗很少有地区能保持稳定下降趋势，升降的波动性很大。其中，内蒙古2007年的单位GDP电耗较2006年竟增长了10.13%，2008年较2007年又下降了10.2%。单位GDP电耗不稳定的主要原因在于这些省份的一次能源在整个能源结构中的比重有所减少，而电力作为二次能源在能源结构中提升较快，地区结构转型不稳定。

2006～2008年全国各省市区单位GDP能耗比较

地区	2006年		2007年		2008年	
	指标值（吨标煤/万元）	上升或下降（±%）	指标值（吨标煤/万元）	上升或下降（±%）	指标值（吨标煤/万元）	上升或下降（±%）
北京	0.76	-5.25	0.714	-6.04	0.662	-7.36
天津	1.069	-3.98	1.016	-4.9	0.947	-6.85
河北	1.895	-3.09	1.843	-4.02	1.727	-6.29
山西	2.888	-1.97	2.757	-4.52	2.554	-7.39
内蒙古	2.413	-2.5	2.305	-4.5	2.159	-6.34
辽宁	1.775	-3.2	1.704	-4.01	1.617	-5.11
吉林	1.591	-3.32	1.52	-4.41	1.444	-5.02
黑龙江	1.412	-3.04	1.354	-4.09	1.29	-4.75
上海	0.873	-3.71	0.833	-4.66	0.801	-3.78
江苏	0.891	-3.5	0.853	-4.28	0.803	-5.85
浙江	0.864	-3.52	0.828	-4.18	0.782	-5.49
安徽	1.171	-3.44	1.126	-4.11	1.075	-4.52
福建	0.907	-3.2	0.875	-3.51	0.843	-3.7
江西	1.023	-3.18	0.982	-4.01	0.928	-5.53
山东	1.231	-3.46	1.175	-4.54	1.1	-6.47
河南	1.34	-2.98	1.285	-4.11	1.219	-5.1
湖北	1.462	-3.21	1.403	-4.06	1.314	-6.29
湖南	1.352	-3.39	1.313	-4.43	1.225	-6.72
广东	0.771	-2.93	0.747	-3.15	0.715	-4.32
广西	1.191	-2.5	1.152	-3.31	1.106	-3.97
海南	0.905	-1.17	0.898	-0.8	0.875	-2.55

（续表）

地区	2006年		2007年		2008年	
	指标值（吨标煤/万元）	上升或下降（±%）	指标值（吨标煤/万元）	上升或下降（±%）	指标值（吨标煤/万元）	上升或下降（±%）
重庆	1.371	–3.41	1.333	–4.46	1.267	–4.97
四川	1.498	–2.1	1.432	–4.44	1.381	–3.55
贵州	3.188	–1.85	3.062	–3.97	2.875	–6.11
云南	1.708	–1.52	1.641	–3.98	1.562	–4.79
陕西	1.426	–3.39	1.361	–4.54	1.281	–5.92
甘肃	2.199	–2.61	2.109	–4.09	2.013	–4.53
青海	3.121	1.51	3.063	–2.2	2.935	–4.18
宁夏	4.099	–1.01	3.954	–3.52	3.686	–6.79
新疆	2.092	–1.06	2.027	–3.08	1.963	–3.15

注：西藏数据暂缺

相关链接

区域大气污染防治将成“十二五”重点

为谋划我国“十二五”大气污染防治的总体思路，宏观把握大气环境质量管理和污染防治工作机制，2009年6月16日，环保部环境规划院协助环境保护部污染防治司在北京市组织召开了“十二五”大气污染防治工作思路座谈会。会议重点讨论了“十二五”大气污染防治规划、多污染物综合控制和区域大气环境质量管理思路。与会专家认为，“十二五”我国大气污染防治的总体思路可以概括为四个字“巩固”与“发展”。“巩固”是要继续做好二氧化硫与尘的污染防治工作，巩固“十一五”期间所取得的成果；“发展”是指“十二五”不能拘泥于传统老三项空气质量考核指标，要将大气污染防治的因子逐渐扩展，涵盖NOX、O3、PM2.5、VOCS、有毒有害物质，实现多污染物协同控制，保障人民群众的身体健康，切实改善空气质量，与民众直接感观相符。

关于“十二五”大气二氧化硫控制的思路可归纳为三点：一是保障已建电厂脱硫设施的稳定高效运行；二是推进工业锅炉的升级改造；三是重点抓钢铁、有色冶金等其他高排放行业。“十二五”NOX控制的重点应集中在机动车和电厂两个方面，要系统调研已建200套脱硝机组的运行状况，在积累经验的基础上，综合考虑经济、环保、安全等各方面因素提出最佳控制途径；对机动车排放，要适度提高排放标准。关于区域大气污染防治，应成为我国“十二五”大气工作的重点内容之一，要强化区域联防联控机制，形成行政法规、协商管理、公众媒体参与三种手段共同作用的合力机制。

2006～2008年全国各省市区单位工业增加值能耗比较

地区	2006年		2007年		2008年	
	指标值（吨标煤/万元）	上升或下降（±%）	指标值（吨标煤/万元）	上升或下降（±%）	指标值（吨标煤/万元）	上升或下降（±%）
北京	1.33	-10.06	1.188	-10.81	1.037	-12.68
天津	1.33	-7.99	1.222	-8.33	1.053	-13.85
河北	4.19	-5.59	3.87	-7.1	3.315	-14.33
山西	5.89	-3.36	5.42	-7.69	4.885	-9.33
内蒙古	5.37	-5.2	4.879	-9.22	4.19	-14.12
辽宁	2.92	-6.1	2.649	-9.28	2.426	-8.42
吉林	2.8	-4.41	2.37	-6.13	1.979	-6.96
黑龙江	2.23	-5.91	2.093	-5.9	1.895	-6.63
上海	1.2	-6	1.006	-8.49	0.958	-5.05
江苏	1.57	-7.32	1.408	-7.65	1.265	-10.35
浙江	1.43	-1.9	1.302	-5.36	1.182	-9.19
安徽	2.86	-6.96	2.632	-8.61	2.338	-9.92
福建	1.37	-5.3	1.32	-3.83	1.18	-10.05
江西	2.72	-5.84	2.301	-6.64	1.941	-14.12
山东	2.02	-5.7	1.89	-6.48	1.698	-10.24
河南	3.78	-5.93	3.453	-7.08	3.079	-10.83
湖北	3.33	-4.99	3.02	-9.17	2.679	-12.72
湖南	2.74	-4.38	2.51	-7.99	1.983	-11.84
广东	1.04	-2.96	0.98	-5.28	0.869	-11.32
广西	2.88	-7.36	2.612	-7.82	2.335	-10.35
海南	3.15	-5.56	2.714	-2.63	2.609	-1.91
重庆	2.63	-6.34	2.41	-7.19	2.106	-10.41
四川	2.82	-3.98	2.62	-7.1	2.477	-5.46
贵州	5.21	-3.15	4.89	-4.61	4.323	-11.59
云南	3.4	-4.31	3.156	-7.11	2.847	-9.78
陕西	2.46	-7.09	2.27	-7.81	2.009	-11.48
甘肃	4.59	-3.03	4.293	-6.53	4.05	-5.66
青海	3.64	5.96	3.47	-4.76	3.243	-6.53
宁夏	8.68	-3.19	8.124	-6.4	7.13	-12.23
新疆	2.91	-2.13	2.779	-5.18	2.999	-4.26

注：西藏数据暂缺

2006～2008年全国各省市区单位GDP电耗比较

地区	2006年		2007年		2008年	
	指标值（千瓦时/万元）	上升或下降（±%）	指标值（千瓦时/万元）	上升或下降（±%）	指标值（千瓦时/万元）	上升或下降（±%）
北京	787	-5.01	758.25	-3.66	719.61	-5.1
天津	1024.1	-1.61	1017.15	-0.67	910.42	-10.49
河北	1515.9	1.9	1579.76	2.86	1492.81	-5.5
山西	2348.4	3.72	2543.87	7.46	2288.87	-10.03
内蒙古	1913.1	11.61	2101.68	10.13	1887.32	-10.2
辽宁	1372.6	-1.01	1332.69	-2.91	1223.81	-8.17
吉林	990.9	-5.15	957.23	-3.4	885.93	-7.45
黑龙江	965.9	-4.22	908.52	-5.95	865.9	-4.69
上海	964.3	-4.15	914.19	-5.2	884.13	-3.28
江苏	1221.2	1.92	1221.44	0.02	1149.44	-5.89
浙江	1247.4	2.06	1246.97	-0.03	1202.08	-3.6
安徽	1092.6	0.89	1116.4	1.9	1106.81	-0.86
福建	1149.8	-0.17	1156.2	0.56	1098.56	-4.98
江西	979.4	1.36	993.12	1.4	942.16	-5.13
山东	1069	3.55	1068.37	-0.06	1001.08	-6.3
河南	1257.5	-1.58	1302.24	3.55	1266.23	-2.77
湖北	1187.5	-1.86	1169.82	-1.49	1103.9	-5.63
湖南	1051.9	1.55	1082.92	1.21	975.49	-9.92
广东	1172.1	-1.95	1156.85	-1.3	1085.49	-6.17
广西	1252	0.02	1278.73	2.14	1254.15	-1.92
海南	970.3	6.36	1000.5	3.11	979.24	-2.12
重庆	1177	3.95	1148	-4.1	1090.19	-5.04
四川	1265.7	-0.83	1232.1	-2.65	1156.37	-6.15
贵州	2633.8	7.04	2662.14	1.07	2452.21	-7.89
云南	1660.8	3.5	1704.7	2.64	1654.94	-2.92
陕西	1364.6	-2.87	1340.24	-1.79	1256.02	-6.28
甘肃	2487	-1.74	2537.33	2.02	2539	0.09
青海	4007.9	5.42	4173.16	4.12	4061.64	-2.67
宁夏	5528.2	10.61	5706.63	3.23	5084.09	-10.91
新疆	1232.3	3.47	1273.9	3.38	1331.24	4.49

注：西藏数据暂缺

相关链接

各省市区生态文明大排名

国家社科基金项目——“新区域协调发展与政策研究”课题组《中国生态文明地区差异研究》日前正式发布，首次披露了各省市区生态文明的发展现状。这是党的十七大第一次提出“建设生态文明”以来，中国第一份各省市区生态文明水平的排名。通过测算，除西藏自治区外，全国各省市区的生态文明水平排序如下：北京、上海、广东、浙江、福建、江苏、天津、广西、山东、重庆、四川、江西、河南、湖南、（以下为全国平均水平线下）湖北、海南、安徽、陕西、黑龙江、吉林、青海、河北、辽宁、新疆、云南、甘肃、内蒙古、贵州、宁夏、山西。

根据测算结果，将所有的省市区分为两级六组，即：生态文明水平较全国高的等级，包括以下最高水平组、高水平组和中高水平组的14个省市区；生态文明水平较全国低的等级，包括分布于以下中低水平组、低水平组、最低水平组的16个省市区：

（1）最高水平组：北京

在所有省市区中，北京的EEI值最高，且领先程度大。北京的人均GDP仅次于上海，居全国第二位，而生态足迹的水平却排在全国第10位，并不高。所以综合起来看，北京的生态文明水平最高，经济发展是最为资源节约和环境友好的。

（2）高水平组：上海、广东、浙江、福建、江苏、天津

这些省市区在排序中属于第二梯队，它们全部是东部沿海省份，经济发达，GDP水平高，但同时相应的生态足迹的水平也排在全国的较高的水平。这些省市区相对落后于北京，但却远高于全国平均水平。

（3）中高水平组：广西、山东、重庆、四川、江西、河南、湖南

从绝对值上来说，这些省市区EEI值亦高于全国平均水平。除山东为沿海地区外，其他均为中西部地区。

（4）中低水平组：湖北、海南、安徽、陕西、黑龙江、吉林

这些省份所处的梯队虽然属于中游，但已经落后于全国平均水平了。

（5）低水平组：青海、河北、辽宁、新疆、云南、甘肃

这一梯队已经属于绝对地落后了，在全国属于低水平。这里既有西部经济落后的省份，又有东部的河北和辽宁两省。

（6）最低水平组：内蒙古、贵州、宁夏、山西

单纯从EEI的数值看，这四个省市区是最落后的。但落后的原因却很不一样。山西的落后最主要的是因为其生态足迹太大。而宁夏和贵州排名靠后主要是因为其经济发展本身太落后。总之，这些省市区在生态文明经济发展的道路上远远落后于其他省市区。

减排：6省“十一五”二氧化硫减排目标已完成

关于污染减排，根据国家环保部发布的“2006~2008年全国各省市区主要污染物排放量考核结果”，本文通过公布的化学需氧量排放量和二氧化硫排放量两个指标对各地区进行比较。

化学需氧量排放量方面，全国31个省市区中，2006年12个地区实现了排放量下降，河南和山西稳定在2005年的排放水平，但仅有北京、天津、江苏等6个省份完成下降2%的年均目标；2007年只有海南、青海等4个省份仍然呈现上升趋势，其他27省份均有所下降，其中23省排放量下降幅度超过2%；2008年除西藏外其他30个地区排放量下降，26省市区降幅超过2%。河北、上海两省市区降幅接近10%，是2008年降幅最大的地区。而在“十一五”前三年已有北京、上海、江苏、山东和重庆5个地区的排放总量超过10%。

二氧化硫排放量方面，2006年12个地区实现下降，其中8个地区实现降幅超过2%。2007年减排局面迅速转好，26个省份排放量达标，且多数省份超额完成。2008年25省份超额完成任务，比起2007年，二氧化硫排放量下降幅度更大，北京、上海等4省份降幅甚至超过了10%。“十一五”前3年共有北京、天津、山西、江苏、四川、甘肃6个省份完成了本省设定的“十一五”总体目标，前三年降幅分别为40.46%、9.68%、14.35%、18.81%、12.03%、11.35%，分别超出总体目标的20.06、0.28、0.35、0.81、0.13、11.35个百分点。

2006～2008年全国各省市区化学需氧量排放量比较

地区	2006年		2007年		2008年	
	排放量（万吨）	与上年同比（%）	排放量（万吨）	与上年同比（%）	排放量（万吨）	与上年同比（%）
北京	11	-5.2	10.65	-3.2	10.13	-4.92%
天津	14.3	-2.1	13.73	-4	13.31	-3.05%
河北	68.8	4.1	66.74	-3	60.48	-9.37%
山西	38.7	0	37.42	-3.3	35.88	-4.11%
内蒙古	29.8	0.3	28.77	-3.5	28.01	-2.63%
辽宁	64.1	-0.5	62.77	-2.1	58.39	-6.97%
吉林	41.7	2.5	40	-4.1	37.43	-6.43%
黑龙江	49.8	-1.2	48.8	-2	47.62	-2.42%
上海	30.2	-0.7	29.44	-2.5	26.67	-9.39%
江苏	93.7	-3	89.14	-4.9	85.15	-4.47%
浙江	59.3	-0.3	56.4	-4.9	53.86	-4.50%
安徽	45.6	2.7	45.1	-1.1	43.29	-4.02%
福建	39.5	0.3	38.32	-3	37.82	-1.31%
江西	47.4	3.7	46.88	-1.1	44.53	-5.02%

（续表）

地区	2006年		2007年		2008年	
	排放量（万吨）	与上年同比（%）	排放量（万吨）	与上年同比（%）	排放量（万吨）	与上年同比（%）
山东	75.8	−1.6	71.99	−5	67.86	−5.73%
河南	72.1	0	69.39	−3.7	65.09	−6.21%
湖北	62.6	1.6	60.14	−3.9	58.57	−2.62%
湖南	92.3	3.1	90.36	−2.1	88.47	−2.11%
广东	104.9	−0.9	101.73	−3	96.36	−5.28%
广西	111.9	4.6	106.31	−5	101.28	−4.74%
海南	9.9	4.2	10.14	2.4	10.07	−0.73%
重庆	26.4	−1.9	25.13	−4.8	24.17	−3.82%
四川	80.6	2.9	77.1	−4.3	74.91	−2.85%
贵州	22.9	1.3	22.7	−0.9	22.18	−2.29%
云南	29.4	3.2	29	−1.4	28.05	−3.27%
西藏	1.5	7.1	1.54	2.7	1.54	0.14%
陕西	35.9	2.6	34.48	−4	33.21	−3.68%
甘肃	17.8	−2.2	17.41	−2.2	17.05	−2.07%
青海	7.5	4.2	7.58	1.1	7.46	−1.62%
宁夏	14	−2.1	13.71	−2.1	13.18	−3.86%
新疆	28.8	6.3	27.33	0.4	27.1	−0.82%

2006～2008年全国各省市区二氧化硫排放量比较

省份	2006年		2007年		2008年	
	排放量（万吨）	与上年同比（%）	排放量（万吨）	与上年同比（%）	排放量（万吨）	与上年同比（%）
北京	17.6	−7.9	15.17	−13.8	12.32	−18.76%
天津	25.5	−3.8	24.47	−4	24.01	−1.88%
河北	154.5	3.3	149.25	−3.4	134.5	−9.87%
山西	147.8	−2.5	138.67	−6.2	130.84	−5.65%
内蒙古	155.7	6.9	145.58	−6.5	143.1	−1.70%
辽宁	125.9	5.2	123.38	−2	113.07	−8.36%
吉林	40.9	7.1	39.9	−2.4	37.75	−5.38%
黑龙江	51.8	2	51.54	−0.5	50.63	−1.75%
上海	50.8	−1	49.78	−2	44.61	−10.39%
江苏	132.3	−3.6	121.8	−8	113.03	−7.21%

（续表）

省份	2006年		2007年		2008年	
	排放量（万吨）	与上年同比（%）	排放量（万吨）	与上年同比（%）	排放量（万吨）	与上年同比（%）
浙江	85.9	−0.1	79.7	−7.2	74.06	−7.08%
安徽	58.4	2.3	57.17	−2.1	55.57	−2.80%
福建	46.9	1.7	44.57	−5	42.89	−3.76%
江西	63.4	3.4	62.1	−2.1	58.31	−6.10%
山东	196.2	−2	182.23	−7.1	169.2	−7.15%
河南	162.4	−0.1	156.42	−3.7	145.2	−7.16%
湖北	76	6	70.76	−6.9	66.98	−5.34%
湖南	93.4	1.6	90.43	−3.1	84.05	−7.10%
广东	126.7	−2.1	120.3	−5.1	113.59	−5.58%
广西	99.4	−2.8	97.39	−2	92.46	−5.06%
海南	2.4	9.1	2.56	6.7	2.17	−15.06%
重庆	86	2.7	82.62	−3.9	78.24	−5.30%
四川	128.1	−1.4	117.87	−8	114.78	−2.63%
贵州	146.5	7.9	137.51	−6.1	123.57	−10.14%
云南	55.1	5.6	53.37	−3.1	50.17	−5.99%
西藏	0.2	0	0.19	0	0.2	5.76%
陕西	98.2	6.5	92.72	−5.6	88.94	−4.08%
甘肃	54.6	−3	52.33	−4.2	50.15	−4.15%
青海	13	4.8	13.39	3	13.48	0.66%
宁夏	38.3	11.7	36.98	−3.4	34.83	−5.80%
新疆	54.9	5.8	55.9	5.5	56.46	0.95%

“十二五”生态文明建设的抓手

建设生态文明仍面临着巨大的资源环境压力

党的十七大把“经济增长的资源环境代价过大”作为我国经济发展存在的首要问题。当前，建设生态文明仍面临着巨大的资源环境压力和各种障碍，具体表现为：

资源支撑不住。改革开放30年来，中国经济社会面貌发生了广泛而深刻的变化。经济的高速发展是靠能源资源的大量消费来支撑的，而我国单位资源产出水平仅相当于美国的1/10、日本的1/20，单位GDP二氧化硫和氮氧化物排放量是发达国家的8~9倍。作为一个拥有13亿人口的发展大国，随着人均生产力和消费能力的不断增加，传统的粗放型发展和消费模式将使我国资源支撑不住，甚至引起更大、更深层次的社会问题。

环境容纳不下。目前，我国主要污染物排放量超过环境承载能力。水、大气、土壤等污染日益严重。这些长期积累的环境问题尚未解决，新的环境问题又在不断产生，发达国家上百年工业化过程中分阶段出现的环境问题，在我国已经集中出现。生态破坏和环境污染，造成了巨大的经济损失，给人民生活和健康带来严重威胁，必须引起我们高度警醒。

社会承受不起。一是我国环境事故进入高发期；二是人与自然的矛盾日趋尖锐。如果环境保护继续被动适应经济增长，那么这种状况将难以遏制，甚至有愈演愈烈之势。这样，社会将承受不起，甚至影

相关链接

生态文明建设高层论坛倡导绿色生活方式

国家林业局、教育部和共青团中央8月1日至2日在黑龙江省漠河县举办中国生态文明建设高层论坛。本届论坛上，多位国家部委和省市区领导、生态文明建设领域专家学者以及相关科研院所、高等院校代表走上讲台，围绕“生态文明与和谐社会”的主题，广泛探讨了建设生态文明与构建和谐社会的理论创新成果，深入交流了倡导绿色生活、共建生态文明的实践经验。

参加第二届中国生态文明建设高层论坛的社会各界代表8月2日通过一项宣言，倡议每个公民实践绿色生活方式，树立自然环保的消费观念，促进人与自然和谐，推进我国的生态文明建设。宣言称，生态文明是世界关注的焦点，是人类共同的愿望。建设生态文明，是科学发展、和谐发展的升华，是弘扬人与自然和谐相处的重要价值观。宣言呼吁，全社会要牢固树立保护生态环境的理念，形成尊重自然、热爱自然、善待自然的良好社会氛围。要从人与自然和谐的角度出发，精心培育人类保护生态环境的思想意识、思维方式。科学发展生态旅游，全面实现生态建设综合效益的最大化。实践绿色生活方式，建立全方位的生态教育体系，树立全民绿色健康、自然环保的消费观念。宣言发出倡议，每个公民都要争做生态文明建设的倡导者和实践者，以建设山川秀丽的生态美、蓝天碧水的环境美、人与自然发展的和谐美为己任，把每个人的力量联合起来，建设人与自然互惠共生的生态文明，共同呵护人类赖以生存的美好家园。

在8月1日至2日在黑龙江省漠河县举办中国生态文明建设高层论坛开幕式上，湖南省森林植物园、山东滕州滨湖国家湿地公园、河南省野生动物救护中心、东北林业大学、新疆维吾尔自治区野马繁殖研究中心、江西省共青城、黑龙江省北极村国家森林公园、陕西省定边县石光银英雄庄园、贵州省贵阳市黔灵山公园、江西鄱阳湖国家级自然保护区等10单位被国家林业局、教育部、共青团中央授予“国家生态文明教育基地”称号。

响安定团结的政治局面和发展环境。

经济发展难以为继。经济社会的快速发展使得环境问题接踵而至，经济发展“短板效应”日益凸显。《全国环境统计公报（2006年）》显示，2006年全国环境污染治理投资为2402.8亿元，占2006年GDP的1.15%，达到历史最高。2006年全国环境污染与破坏事故造成的直接经济损失超过1亿元。另外，随着全球气候变化，自然灾害发生频率和所造成的损失明显上升。自20世纪90年代以来，我国年均受灾人口达3.7亿人，农作物受灾面积7.4亿亩，直接经济损失超过1000亿元，比上世纪80年代高出40%。经济发展显然是不可持续的。

国际压力越来越大。随着经济的持续高速增长，我国在国际社会造成的影响越来越大。然而，近两年来沙尘暴、电子废物、热带雨林、转基因食品、冰川退缩，以及一些重大污染事件也引起国际社会对中国的广泛关注。

减排工作还存在多重障碍和阻力

自从国务院发布《节能减排综合性工作方案》以来，各省市区不断加大工作力度，形成了节能减排全民行动的社会氛围，“十一五”期间首次出现两个指标同比双下降，减排指标的导向性作用开始显现。但是，这种努力的成效还比较有限，环境质量仍未得到根本改善。突出表现在：

部分地区领导对减排的认识不足。一些地方领导并没有认识到减排工作的必要性和减排形势的严峻性，只关心数据核算结果，对环保工作存在“等、靠、要”的思想，没有积极地采取行动，而是被动地执行减排任务。

基础工作薄弱制约减排。目前减排工作中的一个突出问题就是一些环保基础工作薄弱，比如在环境统计方面基础差，遗留问题多，数据不准、信息不灵敏，缺乏分析和综合运用等问题困扰数据质量的提高，环境统计工作面临着十分严峻的挑战。另外，三大体系建设滞后，环境监管和监测能力弱；在技术上缺乏支撑，急需经济、高效的可推广型污泥处理和脱硫技术。

守法成本高、违法成本低。一些环境法规规定的行政处罚种类单一，主要以罚款为主，而且数额又过低。企业宁愿缴纳排污费，取得合法的排污权，也不愿意投资建处理设施。目前，我国还没有开征专门以环保为目的的税种，没有建立健全生态恢复补偿机制，已开征的资源税还很不完善；对高硫煤、水资源、生物资源等还没有征税的机制。地方保护主义助长环境污染，纵容了部分企业对环保问题存在的投机、违法行为。

污染减排经济政策不完善。约束污染减排的经济政策没有到位。例如，排污收费和污水处理收费等制度仍然存在征收面窄、收费项目不全、收费标准偏低、征收力度小、资金使用效率不高等问题。减排存在政策缺失，没有形成统筹互补的局面。没有将农业纳入减排的对象和视野。农村生活污水、农田退水、农药与化肥形成的COD新增量没有计算。

经济发展不平衡加大了减排难度。欠发达地区寻求经济发展的欲望仍然很强，劲头仍然很足，势头仍然很猛，这无疑增加了这些地区污染物总量减排的难度。

环境标准满足不了总量减排的需求。我国污染物排放标准体系存在明显的制度缺陷，没有总量控制标准。单纯依靠严格排放标准、提高稳定达标率实现污染减排的难度大。另外，地方性排放标准不健全，全国性的排放标准难以满足各地的特殊要求。

中国特色环境保护新道路具有五大鲜明特征

环境保护部部长周生贤在今年“六·五”世界环境日特别论坛上提出，以建设生态文明为指导积极探索中国特色环境保护新道路。总结30年来的探索实践，展望未来的发展趋势，环保新道路具有以下鲜明特征：

从探索历程看，新道路具有继承性和创新性。探索新道路是一个不断“扬弃”的过程，继承是基础，创新是动力。每个阶段的探索都是实践的检验和积累，每一次创新都是实践的总结和升华。从1973年第一次全国环保会议提出“全面规划、合理布局、综合利用、化害为利、依靠群众、大家动手、保护环境、造福人民”的32字方针，到1983年第二次全国环保会议把环境保护明确为一项基本国策，1989年第三次全国环保会议提出“八项环境管理制度”，再到2006年第六次全国环保大会提出“三个历史性转变”，都是在探索中继承和创新的结果。

从探索重点看，新道路具有多重性和阶段性。一切事物都是动态发展的过程，环境问题也是如此。经济社会发展的不同阶段，环境问题有其不同表现。我国正处在推进工业化和城镇化阶段，环保新道路既要为新型工业化服务，又要用生态文明来跨越和修正传统工业文明的弊端。我们在探索新道路过程中必须坚持远近结合，把探索新道路的实践放在“三步走”、“两个100年”、“重要战略机遇期”和“全面建设小康社会”进程中来看，放眼长远，同时又要根据工业化和城镇化的进程，抓住特定阶段的主要矛盾和最突出问题，及时调整探索重点。

从探索内涵看，新道路具有包容性和开放性。环境问题是“世界问题复杂体”，涉及自然、政治、经济、文化、社会和技术等多种因素，随着实践的不断深入，其内涵还会进一步扩大，外延也会进一步扩展，包容性会越来越强。环境保护是一项关系人民群众根本利益、经济社会长远发展和中华民族复兴的伟大事业，这就决定新道路的探索必然是一个海纳百川、高度开放的系统工程，需要全社会共同关心、共同参与、共同建设、共同促进。

从探索任务看，新道路具有长期性和艰巨性。实践永无止境，探索永无止境。环境问题随着经济社会的发展不断变化，需要我们一代接一代人的坚持不懈的探索。发达国家上百年出现的污染问题，在我国快速发展的过程中集中出现，呈现出压缩型、结构型、复合型的特点，使环境问题变得更加复杂，探索环保新道路的任务更加艰巨，这就要求我们不为任何困难所惑，不为任何风险所惧，始终保持清醒头脑，努力在实践中探索，在探索中实践。

从探索途径看，新道路具有实践性和针对性。环保新道路的探索源于环保实践，根本目的在于指导环保实践，具有很强的针对性和实践性。我们必须坚持理论和实践的统一，目标和手段的统一，面对错综复杂的局面，善于抓住和解决主要矛盾，有的放矢地去探索。

循环经济产业欲拔“十二五”发展头筹

2009年8月13日的《经济参考报》援引我国知名循环经济专家、北京工业大学循环经济研究院常务副院长程会强分析，无论是近年来国家发改委先后进行的两批循环经济试点，还是今年1月1日起实施的《中华人民共和国循环经济促进法》，以及近日科技部正在进行的国家“十二五”循环经济科技规划战略研究，一系列举措都说明我国循环经济产业体系的建立已经被推到了国家战略的层面上。中国有必要、有条件、有希望发展壮大循环经济产业，形成有中国特色的循环经济产业体系和有国际竞争力的产业制高点。首先，中国有非常广大的市场需求，这是培育形成新兴产业的基本前提；其次，国家对发展循环经济高度重视，已将其作为国家发展战略，并通过立法和完善配套政策、标准、规范为壮大循环经济产业提供法制和政策保障；第三，现政府各部门规划均把培育循环经济产业作为“十二五”期间的战略目标，这些战略规划为发展该产业提供了指引；第四，通过循环经济试点，实施国家科技支撑计划和国家973、863计划等重大项目，为循环经济产业发展壮大提供了重要技术支撑，奠定了产学研合作的基础；第五，循环经济的发展既要有硬实力又要有软实力。它既是先进生产力，也是先进文化和生态文明的体现。因此，通过宣传教育，提高国民意识，使循环经济理念深入人心，也为发展循环经济产业提供了广泛的社会基础。

经过两批国家循环经济试点，钢铁、有色、化工、建材、煤炭等重点行业已经初步形成了具有行业特色的循环经济发展模式，这些来自于传统意义上高能耗高污染行业的企业，不仅通过发展循环经济摘掉了“两高”帽子，还为企业增加了利润，初步形成了具有一定规模的循环经济产业。如济钢、莱钢、鞍钢、宝钢、太钢等钢铁企业除了铁素循环链外，还形成了非金属固体废弃物循环链、二次能源循环链及水资源循环链等。它们利用高炉渣、焦化副产品、粉煤灰、石灰石尾矿等废弃资源建立建材生产线和焦化副产品深加工项目；对冶金过程中产生的焦炉煤气、高炉煤气、转炉煤气以及余热余压资源进行回收发电；在全工序中推广分质供水、串级用水、闭路循环、反渗透膜处理等节水工艺技术，吨钢耗水量不断下降。通过发展循环经济产业，企业降低了生产成本，拓展了利润来源。这些企业通过产业流程生态设计升级改造形成了其行业发展循环经济的特色，为形成有中国特色的不同类型的循环经济典型发展模式提供了很好的素材。通过以点带面的作用，在我国一些省份中，循环经济产业甚至成为近年来发展最快的产业之一。按照《国家中长期科学技术发展规划纲要（2006-2020）》部署及循环经济发展的科技需求，科技部已经制定了《国家“十二五”循环经济科技发展战略研究报告》，已为“十二五”国家科技发展规划做准备。目前国内已经有一批循环经济典型关键技术日趋成熟并得到运用，现在提出的发展要求是循环经济的规模化、产业化，一些新技术的转化应用有待在“十二五”期间进一步加强。

地方“十二五”推进生态文明建设新动向新举措

从目前各地“十二五”前期重大问题研究看，普遍对推进“十二五”生态文明建设给予高度重视，如北京市，和“十一五”规划前期课题相比，“十二五”规划前期60个课题中新课题占1/3以上，环保生态建设将成为该市“十二五”研究的一个重点。江西省重大建设项目安排，“十一五”后期和“十二五”初期项目要提前。其中，围绕保护鄱阳湖生态环境，大力推进节能减排和生态建设。此外，以下几个省市区推进生态文明建设的做法值得关注。

海南生态立省十年生态模式被全国“复制”

1999年海南在全国拉开了生态省建设的序幕，成为全国第一个生态试点省份。经过十年的稳步推进，取得了阶段性成果，全省环境质量在继续保持全国领先水平的同时，经济也开始步入了快车道，以新兴工业、高效农业、生态旅游为亮点的经济发展取得了长足进步，走出了一条经济、社会与环境效益的“三赢”之路，在保持生态环境质量全国领先。海南省经济速度、排放强度，环境质量等数据表明，生态省建设已取得明显成效，从根本上解决了发展与保护的矛盾，初步实现了保护与发展的双赢，进入了以环境优化经济增长的发展阶段。

建设生态省十年来，海南经济得到了持续发展。海南省GDP从1998年的438.92亿元增长到2008年的1459亿元，增长了2.3倍，年均增长12.8%。2008年，海南省经济保持较快增长，人均生产总值突破2000美元大关。在经济快速稳定增长的同时，海南省生态环境质量仍然保持良好状况，环境质量在全国处于领先地位，空气、水体等环境质量处于全国一流的水平。

在海南生态建省的带动之下，目前全国已有13个省市区开展了生态省（区、市）建设。“海南生态模式”得以在全国“复制”。海南的星星之火，正在全国形成燎原之势，海南在全国带了好头。生态省战略为中国在省域范围实施可持续发展提供了一条有效的途径。

2009年是海南生态省建设10周年，也是生态省建设进入攻坚阶段的一年。省政府办公厅日前印发了2009年度海南生态省建设工作意见，确定了生态保护、节能减排和生态文明等8个方面的23项重点工作。力争完成万元GDP能耗在原有基础上下降1%的节能目标，全省化学需氧量和二氧化硫排放量分别控制在10.1万吨和2.1万吨以下。

将加大南渡江、万泉河、昌化江、陵水河、宁远河五大流域水环境污染整治检查力度，年内要完成危险废物处置项目主体工程，启动建设海口、三亚医疗废物处置项目建设。建立危险废物数据库和动态管理机制，规范危险废物管理，扩大医疗废物焚烧收集网，力争集中焚烧处理率达到70%。明确划定中部山区生态补偿的核心区范围，推动民生性补偿的落实和生态功能保护区建设与管理，加强生物多样性保护。

云南争当“全国生态文明建设排头兵”

今年2月25日，云南省委召开省委常委会，审议通过了《中共云南省委云南省人民政府关于加强生

相关链接

贵阳被列为全国生态文明建设试点市

今年8月22日，由全国政协人口资源环境委员会、北京大学和中共贵阳市委、贵阳市人民政府联合主办的2009生态文明贵阳会议在贵阳召开。中共中央政治局常委、全国政协主席贾庆林致信表示祝贺。会议以“发展绿色经济——我们共同的责任”为主题，致力于通过对环境和生态问题及其对策的沟通和探讨，进一步形成积极应对气候变化、生态危机和协力发展绿色经济的共识。会议发表《贵阳共识》。党的十七大以后，贵阳市努力把贵阳建设成为生态环境良好、生态产业发达、文化特色鲜明、生态观念浓厚、市民和谐幸福、政府廉洁高效的生态文明城市，取得了一系列理论成果和实践成果，今年6月被环保部批准为全国生态文明建设试点城市。

贵阳市把建设生态文明城市作为贯彻落实科学发展观的切入点，紧紧围绕建设生态文明城市的目标，把全市的思想认识和工作重心引导到生态文明城市上来，先后出台一系列实实在在的举措，引起了各方面的广泛关注。贵阳市委、市政府精心指导生态文明城市总体规划的编制工作，按照生态文明理念编制《贵阳城市总体规划纲要（2007年——2020年）》，彰显“城中有山、山中有城，城在林中、林在城中”的特色，得到住房和城乡建设部规划司及有关专家的好评；编制了《贵阳市生态功能区划》，将国土空间划分为优化开发区、重点开发区、限制开发区和禁止开发区，进一步优化生产力布局；成立了贵阳市城乡规划建设委员会，坚持依规办事、尊重科学、维护公权，提高了规划的权威性和严肃性。建立了生态文明城市指标体系及监测方法，制定了《关于建立生态补偿机制的意见》、《贵阳市禁止生产销售使用含磷洗涤剂规定》、《贵阳市阿哈水库水资源环境保护条例》、《贵阳市生态公益林补偿办法》、《贵阳市大气污染防治办法》、《贵阳市绿化条例》等一系列法规，将环境保护纳入法制化轨道；正在制定的《贵阳促进生态文明城市建设条例》，将是国内首部促进生态文明建设的地方性法规。制定了《建设生态文明城市目标绩效考核办法》、《县级党政班子和领导干部落实科学发展观建设生态文明城市绩效考核办法》和《建设生态文明城市责任分解表》，初步形成了符合生态文明城市建设要求的目标管理体系。

态文明建设的决定》。云南省委提出，加强生态文明建设是云南贯彻落实科学发展观的重大举措，是建设富裕民主文明开放和谐云南的必然要求，是实现可持续发展的迫切需要。要坚持生态立省、环境优先，经济建设与生态建设一起推进，物质文明与生态文明一起发展，树立云南生态环境最好、云南生态环境保护得最好、云南经济社会与生态环境协调发展得最好的形象，努力争当全国生态文明建设排头兵。《决定》提出了加强生态文明建设的指导思想、基本原则和目标任务。坚持发展云南、服务全国、面向世界，突出云南特色，以资源环境承载力为基础，以自然规律为准则，以可持续发展为目标，以“七彩云南保护行动”为载体，努力构建生态文明产业支撑体系、生态文明环境安全体系、生态文明道德文化体系、生态文明保障体系，力争在“十一五”末，圆满完成“十一五”期间“七彩云南保护行动”既定的各项目标任务，形成争当全国生态文明建设排头兵的良好氛围；“十二五”末，“七彩云南保护行动”深入实施，为争当全国生态文明建设排头兵奠定良好基础；到2020年，实现争当全国生态文明建设排头兵的目标，让彩云之南天更蓝、地更绿、水更清，人与自然更加和谐，各族人民共享生态文明建设成果。《决定》提出，要从加强环境分类管理，推进循环经济、低碳经济发展，大力发展生态产业，加快发展生态林产业，严格执行环境准入等6个方面构建生态文明产业支撑体系；从加强自然生态环境保护与建设，加大高原湖泊和重点流域水污染防治，强化污染防治与节能减排，加强城乡环境保护与治理，严格资源开发环境监管5个方面构建生态文明环境安全体系；从牢固树立生态文明观念，建立生态文明道德规范，推广可持续消费模式3个方面构建生态文明道德文化体系；从加强生态文明建设的科技支撑，建立健全生态文明建设的综合评价体系，完善生态文明建设的法规政策体系等5个方面构建生态文明保障体系。

广西“十二五”开建生态文明示范区

8月3日下午，广西壮族自治区党委书记郭声琨到自治区环保局调研并出席建设生态文明示范区专题调研座谈会时要求，努力把广西建设成为全国生态文明示范区。郭声琨强调，当前是建设生态文明示范区最好的时期，也是最重要和最关键的时期，全区上下一定要把思想和行动统一到自治区党委、政府的决策部署上来，齐心协力、扎实工作，力争经过较长时期努力，造就既有较发达生产力，又保持山清水秀、碧海蓝天、空气清新的生态省市区，使广西成为全国生态文明示范区，促进科学发展、和谐发展、跨越发展。郭声琨指出，加快广西生态文明示范区建设，总的要求，就是要全面贯彻落实科学发展观，以人与自然和谐发展为目标，以提高人民生活水平和生活质量为根本出发点，以生态广西和林业强区建设为载体，以提高资源环境承载力为抓手，以生态文化体系为保障，以体制机制创新和科技创新为动力，推进经济结构调整和增长方式转变，发展生态循环经济产业，加大生态保护和建设力度，力争经过较长时期努力，造就既有较发达生产力，又保持山清水秀、碧海蓝天、空气清新的生态省市区，使广西成为全国生态文明示范区，促进科学发展、和谐发展、跨越发展。

郭声琨关于生态文明示范区建设目标的初步设想是，到“十一五”末，生态文明示范区建设基本框架和体制机制初步确立，圆满完成科学发展三年计划生态环境保护的各项目标任务。到“十二五”末，经济发展方式进一步转变，生态建设和环境保护全面推进，生态文明理念显著增强，可持续发展能力进一步增强。到2020年，基本形成节约能源资源和环境友好型的产业结构、增长方式，生态经济形成规模并产生较好效益；自然生态系统及重要物种得到有效保护，主要污染物排放得到有效控制，森林覆盖率和生态环境质量处于全国前列；生态文明道德文化体系基本建立；生态文明观念在全社会牢固树立，经济、社会、环境和谐发展，实现建成生态文明示范区的目标。郭声琨强调，推进广西生态文明示范区建设，当前和今后要重点抓好6项工作，其中首要的就是要着力制定高水平规划。建设生态文明示范区必须坚持规划先行。在规划中，要把生态意识文明、生态行为文明、生态制度文明、生态环境文明和生态人居文明等很好地体现进去，不仅有具体的指标，还要建立与规划实施相配套的组织机构和运行机制，制定详细的规划实施方案。今年6月，中共中央政治局委员、中央书记处书记、中央组织部部长李源潮在广西考察工作时，明确提出要努力把广西建设成为生态文明示范区。

河北出台国内首部推进污染减排地方性法规

一部推进污染减排的地方性法规——《河北省减少污染物排放条例》于7月1日起开始施行。这在全国尚属首创。河北省环保厅表示，河北环绕京津，由于长期以来产业结构偏重，增长方式粗放，尽管进入“十一五”以来采取了结构减排、工程减排和管理减排等措施，但污染减排仍然“任重而道远”。在抓污染减排的实际工作中，河北各地环保部门普遍感到，尚缺少一部比较系统、全面、具有较强针对性的法规。这在一定程度上影响了污染减排工作的深入开展。制定一部地方性法规，把各地一些行之有效的管理措施上升到法规的高度，可以更好地推进污染减排工作。这部共五章四十条，规定了污染总量控制制度、考核奖惩制度、环境保护重点监管区制度、建设项目限批制度等制度的条例“凝聚”了诸多亮点。特别是对于法律有所规定、但并不很具体的制度予以了细化，使其更具可操作性。

金融生态和区域金融体系

“十二五”规划时期，金融战略需要上升到中国战略之核心位置。许多重大问题，譬如上海国际金融中心建设、香港金融中心的定位、港币的前途、国内金融体制的进一步改革、我国金融业的国际化、金融企业走出去、外资金融机构进入中国市场之限度、人民币汇率政策、人民币的区域化和国际化、资本账户之开放等等，乃至如何创造一个刺激内需的长效机制，如何推动自主创新和科学发展，都必须依靠本国金融业之全面发展和创新，都需要放到总体金融战略上来加以考虑。

金融生态是指各种金融组织为了生存和发展，与其生存环境之间及内部金融组织相互之间在长期的密切联系和相互作用过程中，通过分工、合作所形成的具有一定结构特征，执行一定功能作用的动态平衡系统。在国际金融危机仍在深化，金融体系改革呼声四起的历史时刻，作为城市发展的根基，金融生态建设愈来愈成为城市管理、建设和发展的主流取向，成为提升区域核心竞争力的关键因素、区域经济发展的核心动力，也逐渐成为检验地方政府执政能力和水平的新标准。“十二五”时期，扎实推动金融生态环境建设早已成为金融专家与城市领导者的共识。

“十一五”金融业发展现状

“十一五”以来我国金融业取得了十分显著的成就，各项业绩和发展发生深刻的变化。但长远来看，国内金融业发展还存在不少困难和问题。特别是各区域金融发展不协调，部分地区金融安全及监管程度不够。因此，优化金融业的结构和运行机制，处理好金融与经济的关系仍是各地的下一阶段的重要任务。

占比14%：北京金融业占GDP比重全国最高

“十一五”以来，我国的金融业发展取得了较大的成绩。从现有的数据情况来看，到2007年底，我

“十五”末期到2007年各地金融业增加值占GDP比重情况

地区	2007年	2006年	2005年
北京	13.75%	12.38%	12.38%
上海	9.92%	7.96%	7.96%
浙江	5.98%	5.38%	5.38%
广东	5.78%	3.56%	3.56%
天津	5.71%	4.29%	4.29%
宁夏	5.38%	5.06%	5.06%
江苏	4.67%	3.34%	3.34%
新疆	4.24%	3.26%	3.26%
贵州	4.00%	3.65%	3.65%
福建	3.94%	3.02%	3.02%
湖北	3.65%	2.31%	2.31%
云南	3.57%	3.59%	3.59%
四川	3.42%	3.47%	3.47%
青海	3.31%	3.53%	3.53%
山东	3.24%	2.61%	2.61%
陕西	3.21%	2.53%	2.53%
重庆	2.97%	3.05%	3.05%
山西	2.80%	2.91%	2.91%
辽宁	2.71%	2.70%	2.70%
河北	2.58%	2.40%	2.40%
广西	2.52%	2.28%	2.28%
吉林	2.38%	2.36%	2.36%
湖南	2.30%	2.44%	2.44%
甘肃	2.28%	2.22%	2.22%
内蒙古	2.26%	1.83%	1.83%
安徽	2.10%	2.12%	2.12%
河南	2.01%	1.76%	1.76%
黑龙江	1.92%	1.09%	1.09%
海南	1.83%	1.31%	1.31%
西藏	1.81%	1.48%	1.48%
江西	1.56%	1.63%	1.63%

注：表中各年度数据均未剔除价格因素影响。

国金融业共实现增加值11057亿元，占GDP比重达到4.4%。与“十五”末相比，全行业实现增加值额翻了一倍多，占同期GDP比重份额增长了1个百分点。

从各地方的情况来看，30个地区（西藏自治区未纳入计算）中仅有7个省、市的年度行业增加值实现高于381.2亿元的各地平均水平且地区差距明显。其中，广东省实现增加值1798.22亿元，位居全国首位；而排名最后海南仅为22.44亿元，两地绝对差距达到了80倍。

在金融业增加值占地区GDP比重方面，北京市到2007年实现增加值占比近13.8个百分点，占比情况在各地中排名首位。而据最新数据显示，到2008年底，北京市金融业占地区生产总值中的比重已达到14%以上，继续领先全国并已接近国际金融中心城市水平，成为首都经济的支柱产业和第一大产业。

在行业发展速度方面，“十一五”前两年，全国金融业行业实现增加值数额年增速保持在40%以上，增幅明显；然而其占GDP比重年增速较慢，仅为0.5%左右。各地区数据反映，北京市年均增速达15%，继续位居全国第一，而吉林、江西、四川三地则出现不同程度的下降。在比重增速方面，广东以年均1.1个百分点的增速，领跑全国。另外有7个地区的占比幅度较“十五”末期出现最大为0.11%的小幅回落。

从3.96%到4.4%：宁夏金融业“十一五”实现大发展

在金融行业从业人员数量上来看，到2007年底，我国城镇金融从业人员数为389.7万人，较

“十五”末期到2007年各地金融从业人员占总就业人数比重情况

地区	2007年	2006年	2005年
上海	5.26%	5.15%	4.75%
宁夏	4.40%	4.31%	3.96%
辽宁	3.96%	3.75%	3.67%
河北	3.94%	3.80%	3.66%
北京	3.83%	3.59%	3.13%
西藏	3.69%	3.40%	3.35%
重庆	3.50%	3.12%	3.32%
安徽	3.50%	3.42%	3.35%
吉林	3.48%	3.36%	3.54%
内蒙古	3.47%	3.44%	3.32%
湖南	3.44%	3.36%	3.37%
山西	3.41%	3.31%	3.35%
浙江	3.36%	3.32%	3.60%
青海	3.36%	3.36%	3.29%
江苏	3.35%	3.37%	3.53%
广东	3.23%	3.19%	3.31%
甘肃	3.23%	3.00%	3.03%
湖北	3.17%	2.50%	2.56%
四川	3.12%	3.14%	3.35%
河南	3.10%	2.91%	2.99%
江西	2.98%	3.12%	3.15%
广西	2.97%	2.79%	2.79%
陕西	2.95%	2.98%	2.98%
山东	2.92%	2.77%	2.76%
天津	2.77%	2.64%	2.64%
云南	2.52%	2.78%	2.86%
海南	2.46%	2.28%	2.43%
贵州	2.45%	2.37%	2.31%
新疆	2.44%	2.44%	2.36%
黑龙江	2.31%	2.32%	2.34%
福建	2.22%	2.33%	2.47%

“十一五”以来各地金融相关比率情况一览

地区	2008年	2007年	2006年
北京	639%	615%	660%
上海	436%	427%	435%
浙江	303%	287%	291%
重庆	284%	288%	287%
宁夏	282%	279%	300%
甘肃	278%	230%	240%
天津	278%	293%	274%
辽宁	272%	232%	246%
山西	270%	273%	285%
西藏	267%	253%	256%
云南	263%	271%	273%
海南	255%	253%	255%
广东	252%	256%	264%
青海	252%	254%	255%
贵州	248%	254%	263%
陕西	246%	249%	263%
四川	238%	220%	227%
江苏	210%	204%	205%
福建	204%	204%	211%
湖北	197%	201%	211%
新疆	196%	207%	212%
安徽	194%	196%	199%
江西	181%	180%	186%
吉林	176%	185%	210%
河南	170%	147%	161%
广西	170%	169%	178%
河北	168%	166%	171%
黑龙江	163%	167%	176%
湖南	160%	166%	172%
山东	151%	152%	160%
内蒙古	143%	143%	151%

注；由于部分数据缺乏，全部金融相关比率（TFIR）采用窄口径计算，即全部金融相关比率（TFIR）=全部金融机构存款余额（S+C）/地区GDP。

“十五”末期增加了30.4万人，占各行业总从业人员比重达到3.24%，较“十五”末增长了近1个百分点。

从各地方的情况来看，到2007年底，全国有15个地区金融从业人员比重达到或超过了全国平均水平。其中，上海的从业人员比重达到了5.26%，全国最高，而福建的从业人员比重仅为2.22%，为各地最低而且较2005年的情况出现了一定的下降。

在就业人员比重的年度变化方面，宁夏从“十五”末的从业比重3.96%基础上上升到2007年的4.4%，全国排名仅次于金融中心上海和北京。有关资料显示，2005年前后的银广夏等事件，导致宁夏金融环境的极度恶化，宁夏全区191个乡镇中有45个乡镇属金融“空白区”，97个乡镇只有一家金融机构。“十一五”期间，通过对当地金融机构的重新组建和发展小额贷款公司，组建村镇银行等一系列措施，宁夏实现了金融业的新生。创造了金融监管的“宁夏模式”。

不足200%：中部5省处于低金融发展区域

今年6月份发布的银监会2008年年报显示，去年我国银行业金融机构资产总额首次突破60万亿元，达62.4万亿元。这一数字相当于我国同期GDP的两倍有余。若采用简化后的（全部金融机构存贷款余额总和/GDP）全金融相关比率（TFIR）这一指标来计算，2008年我国金融相关比率达到了265%，而同期衡量经济货币化程度指标——M2（广义货币）与GDP之比也高达158%。上述几项数据不仅高于大多数发展中国家的同期水平，而且也高于大部分发达国家。

2008年，我国有10地方的全金融相关比率高于265%的全国平均水平，各地方之间差距明显。北京

该指标高达639%，上海该指标高达436%。全国排名最后的内蒙古只有143%。部分地区金融相关比率的高涨说明了该区域内金融发展程度近几年取得了很大的进步，但出现金融业服务过剩的苗头。

从地区分布上来看，全国有11地方处于高金融发展区域，8地方处于中等金融发展区域，12地方处于低金融发展区域内。中部地区除山西外，其余省均处于低金融发展区域。

值得注意的是，西部地区12个地区中有9个进入中等以上金融发展区域，而东部的山东、河北两省则处于低金融发展区域。

2008年我国各地区金融发展度分布表

区域	指标分布区间		
	TFIR>260%	200%<TFIR<260%	TFIR<200%
东部	北京639% 上海436% 浙江303% 天津278%	海南255% 广东252% 江苏210% 福建204%	山东151% 河北168%
西部	重庆284% 宁夏282% 甘肃278% 西藏267% 云南263%	青海252% 贵州248% 陕西246% 四川238%	内蒙古143% 广西170% 新疆196%
东北	辽宁272%		吉林176% 黑龙江163%
中部	山西270%		湖北197% 安徽194% 江西181% 河南170% 湖南160%

注：以上对金融相关比率指标区间划分以中国人民大学农业与农村发展学院周立教授在《中国各地区金融发展与经济增长（1978-2000）》中提出的划分标准为依据。

仅47.1%：山西存贷比距全国最低仅一步

近日，中国国家统计局发布《2008年中国国民经济和社会发展统计公报》显示，2008年年末，我国全部金融机构本外币各项存款余额47.8万亿元，增长19.3%；全部金融机构本外币各项贷款余额32万亿元，增长17.9%。全国平均存贷款比率为67%，低于法定的75%存贷比最高限额。

从各地方的情况来看，去年全国有8个省市区的年度存贷比超过了75%的法定存贷比最高限额。宁夏、浙江、福建三地的存贷比已达到了80%以上。数据显示，截至2008年末，宁夏全区金融机构本外币

“十一五”以来各地金融机构存贷比情况一览

地区	2008年	2007年	2006年
宁夏	88.49%	92.89%	87.16%
浙江	83.59%	85.91%	83.01%
福建	82.20%	82.17%	73.26%
重庆	78.80%	78.01%	79.53%
云南	78.33%	79.09%	78.34%
天津	77.25%	79.40%	51.30%
吉林	76.03%	80.78%	77.32%
贵州	75.35%	81.76%	81.70%
山东	74.47%	79.49%	80.01%
青海	74.40%	79.82%	80.76%
广西	72.23%	74.57%	72.31%
内蒙古	71.41%	76.06%	79.40%
江苏	70.67%	72.55%	71.48%
河南	67.96%	75.90%	74.55%
上海	67.90%	71.61%	70.32%
安徽	67.44%	71.88%	72.28%
辽宁	64.72%	68.82%	67.05%
湖北	64.47%	67.58%	67.19%
湖南	64.15%	67.26%	67.10%
江西	63.06%	68.25%	66.38%
广东	60.29%	62.54%	59.95%
四川	59.82%	65.95%	66.37%
海南	58.85%	65.57%	72.00%
甘肃	58.34%	65.03%	63.79%
陕西	56.13%	60.24%	59.89%
河北	53.38%	58.50%	59.05%
新疆	52.35%	58.18%	59.71%
北京	52.32%	52.68%	53.65%
黑龙江	50.40%	56.30%	57.37%
山西	47.10%	54.53%	56.36%
西藏	26.46%	34.79%	37.41%

各项存款余额达到1598.17亿元，贷款余额达到1414.30亿元，全年存贷比率高达88.5%，严重超出了全国比重和法定标准，与此同时，数据结果显示，从2006年起，宁夏银行存贷款比率已突破75%红线，存贷比位居各地最高。而如果此种巨量放贷现象不加以遏制而任其发展的化，那么当地银行业将可能面对较严重的风险冲击。

从“十一五”前三年的变化趋势上看，超过一半以上的地区存贷比在2007年国内经济过热的时期出现高峰，部分地方的银行存贷比出现几年来的最高值。其中，天津市2007年该比率达到79.4%，比上一年的上升了28.1个百分点，增幅居各地首位。值得注意的是，中部地区的山西省自1996年由“贷差”变为“存差”后，全省存贷比逐年走低，从1996年的97.2%下降到2005年末的60.5%，到了2008年末只有47.1%。这个数字不仅在中部六省居于末位，而且大大低于全国平均水平。该省有关部门称，银行资金的大量闲置与大批中小型企业贷不到款的状况并存已严重影响了山西经济平稳较快发展，亟待引起高度重视。

26城市欲建区域金融中心

“十一五”前三年，各大城市纷纷推出了金融中心建设规划，继北京、上海、深圳之后，全国共计26个以上城市都推出了此计划。从重点城市的建设情况来看，到2008年末，主要城市金融也发展状况距离“十一五”目标尚有一定差距。

银行业指标方面，上海市去年共实现金融机构本外币存款余额35589.07亿元，贷款余额24166.12亿元，距2010年目标的4.5万亿元和3.2万亿元差距较大，如期实现目标难度不小。

证券、保险业方面，大连市实现情况较好，到去年底，合计实现新上市公司14家，融资金额达179.8亿元，距“十一五”目标的新增上市公司15家，实现融资200亿元的目标差距较小。保险业方面，2008年为大连近6年来保险市场增长最快的一年，全年实现保费收入达107.4亿元，提前完成保费收入达到106亿元的规划目标。

部分区域性金融中心“十一五”规划及实现情况一览

地区	十一五规划（到2010年）	实现情况（到2008年）
上海	金融市场交易总额达到80万亿元左右；金融机构存款余额4.5万亿元；金融机构贷款余额3.2万亿元；保险深度5%	实现增加值1442.6亿元；金融机构本外币存款余额35589.07亿元，贷款余额24166.12亿元；全年资本市场筹资3294.91亿元；全年保费收入600.06亿元
深圳	产业增加值达到1350亿元，占GDP比重达到15%以上；资产规模达到1.8万亿元；本外币存贷款规模分别达到1.5万亿元和1.3万亿元	金融机构人民币各项存款余额13011.24亿元，贷款余额9058.46亿元；深圳证券交易所上市公司740家；保费收入240.82亿元
北京	银行业资本充足率达到8%以上，核心资本充足率达到4%以上；不良贷款拨备覆盖率达到100%；不良贷款率保持在4%以下	金融机构（含外资）本外币存款余额43980.7亿元，贷款余额23010.7亿元；证券市场各类证券成交额62773.6亿元；保费收入585.9亿元
重庆	金融机构人民币存款和贷款余额年均增长12%以上	金融机构人民币存款余额8021.95亿元，贷款余额6320.81亿元；境内上市公司31家；保费收入200.56亿元
大连	银行业存贷款达到6300亿元和4700亿元；保险业保费达到106亿元；新增上市公司15家，实现融资200亿元	银行机构本外币存款余额5535.2亿元，贷款余额4062.7亿元；保费收入107.4亿元；共有上市公司31家；全年资本市场直接融资83亿元
青岛	银行业存贷款余额达到5500亿元和4500亿元；年增加上市公司1-2家； 保费收入达到120亿元以上	金融机构本外币存款余额4896.29亿元，贷款余额4067.6亿元；保费收入达到102.73亿元

金融战略进入国家发展战略核心位置

对未来国际金融和货币大势的基本判断

国际货币体系将进入“战国竞争时代”，美元仍将是全球主要储备货币。“十二五”规划时期乃至未来20-30年，美元本位制所主导的国际货币体系必将迎来深刻变革。国际货币体系将逐渐演变为一个寡头竞争、类似“货币战国时代”的货币体系。美元地位将相对下降，欧元、人民币、日元、俄罗斯卢布、印度卢比等其他主要货币之地位将相对上升。金融危机刺激世界许多国家尤其是大国深入思考本国的货币战略和国际金融战略。前不久俄罗斯高调举行圣彼得堡论坛，中心议题是俄罗斯卢布之前途，俄罗斯希望构造一个卢布货币区。刚刚结束的“金砖四国”峰会重点讨论国际货币体系改革。人心思变，世界思变，潮流势不可挡，我们需要抓住机遇，因势利导。

国际金融中心之竞争将愈演愈烈，世界金融中心格局将逐渐向亚洲（尤其是中国）转移。

我国政府决定全力推进上海国际金融中心建设，世界高度关注（或警惕）。国际金融中心对国际金融和货币秩序、对国际经济秩序具有深远影响。一国拥有国际金融中心，乃是其综合国力强大之象征。纵观历史，世界大国无不高度重视金融中心之竞争。最近十多年，伦敦和纽约之“暗中较劲儿”，世人皆知。布朗为提升伦敦金融中心地位建莫大功勋而荣升首相宝座。1980年代以来，日本为推进东京金融中心不遗余力。近年来，美国高调支持印度孟买成为亚洲金融中心。4月2日之伦敦G20峰会，法国总统萨科奇突然发难，要将香港和澳门列为避税天堂，接受国际监管。醉翁之意不在酒，他的真正意图乃是制约香港金融中心之发展空间。完全可以肯定，未来15—20年，国际金融中心之竞争将愈演愈烈，各国将不断出台各种措施，改革自身金融监管体系，构造良好金融基础设施，以吸引全球投资者。奥巴马政府上台以来，推出全方位金融监管改革之方案，旨在重整华尔街和美国金融帝国之雄风。毫无疑问，纽约、伦敦还会是全球主要的金融中心。然而，我们必须清醒地看到，如果中国采取正确的战略和策略，上海和香港非常有可能迅速崛起，成为仅次于纽约、伦敦的第三大和第四大国际金融中心，甚至位居更重要地位。一个非常有趣而且异常重要的现象是：香港和上海居于“大中华地区”之中心。无论从经济规模，还是从劳力、资金、贸易整合角度观察，“大中华区”最有条件构成一个庞大的货币区。香港、上海建设国际金融中心，与人民币的区域化和国际化直接相关，与“大中华货币区”之形成密切相关。中国是否能够走出一个不同于英美金融发展模式的“新金融发展模式”，是未来全球金融中心竞争的核心力量和核心问题。相当时期内，英美金融模式仍然还会是一个全球主导的模式，华尔街很有可能在未来两三年卷土重来。

未来数年，发达国家经济体将陷入低速增长，出现“滞涨”的可能性不容低估。最近数年，甚至直到我国“十二五”规划时期，欧、美、日等发达经济体将长期处于低速增长，欧洲和日本尤其如此。然而，由于主要大国（尤其是美国）毫无节制的货币扩张和财政赤字，加上美国的巨额外债和国际收支逆差，发达经济体出现“滞涨”之可能性绝对不容低估。更令人忧虑的是，发达经济体之扩张性货币政策和财政赤字所创造的天文数字货币量和信用量，将经由汇率动荡和热钱泛滥而冲击到发展中国家（包括中国），恶性通货膨胀有可能率先在某些发展中国家爆发。今年以来，美国长期国债利率大幅度飙升（今年以来，美国30年期国债收益率飙升达80%，10年期和3年期国债之收益率皆大幅度上升），大宗商品价格震荡上升，股市和外汇市场异常活跃，所有这些都是通胀之明显迹象。美国今年一季度的GNP平减指数上涨2.9%，亦是肯定的通胀信号。全球多国民意测验表明（包括中国），居民的通胀预期正在大幅逆转（从担心通缩转为担心通胀）。综合分析各种数据，全球货币和信用扩张所创造的资金，已经有相当部分重新流入虚拟经济（股市、房地产、衍生金融产品、期货、外汇、债市），国际热钱开始加速流动。近期全球股市和大宗商品市场价格攀升，并非是实体经济复苏之反映，而是信用资金流入虚拟经济之结果。全球已经重新出现虚拟经济和实体经济之严重背离，中国亦是如此，这是很严重的问题，必须认真研究，采取正确措施加以解决。对于“十二五”规划期间的中国来说，假若全球经济尤其是发达经济体一直缓慢增长，甚至出现“滞涨”，将是非常不利的。一方面出口将长期萎缩，另一方面通胀造成的大宗商品价格暴涨将大幅度提升中国经济之资源进口成本，造成中国严重的通胀压力。出口持续萎缩和进口通胀压力，将是未来国际经济环境最困难的两个方面。中国必须未雨绸缪。

金融危机触发全球产业大规模的分化、整合和转移。金融危机将导致全球许多产业产生大规模、大范围的分化、整合和转移，包括金融业和制造业等很多产业。汽车行业的全球分化和整合仅仅是个开始。新一波全球产业分化和整合浪潮已经“波涛汹涌”。我们必须认识到：新一波的全球产业分化、整合和转移，最大的受益者可能是日本。日本企业经历16年痛苦的“资产负债表修复”过程，目前似乎已经恢复元气，当然，日本产业之海外扩张和布局从来没有停止过，目前日本产业方面的整合力量甚至要超过欧洲和美国。此外，发达国家很多产业还是会继续向发展中国家转移。中国面临的最大问题是：“十二五”规划时期，能否将全球产业的分化、整合和转移，与中国的产业政策、自主创新和科学发展有机结合起来。最近中铝集团入股力拓失败，民营企业收购悍马公司引发激烈争论，从一个侧面反映了中国产业未来发展的基本困境。奥巴马政府的基本国策是：在未来的5到10年之内，重点推动三大类产业发展，来启动美国经济新一波的高速增长。一是清洁能源或新能源，一是生命科学或生物科技，一是以航天和航空科技为代表的军事科技。三大领域的主要竞争者是日本和欧洲。三大产业取得成功，又将深刻影响世界产业布局。中国亦必须提前制定相应战略和策略。

金融战略应成为“十二五”规划核心战略之一

思考和制定未来发展战略，必须将国际金融和货币体系之演变作为关键变量，加以全面考虑。中国战略拐点的核心，是中国需要制定一个面向未来的总体金融战略，包括金融对内放开和对外开放。应该说，过去30年，我们并没有一个全面的金融对内放开和对外开放战略。“十二五”规划时期，金融战略需要上升到中国战略之核心位置。许多重大问题，譬如上海国际金融中心建设、香港金融中心的定位、港币的前途、国内金融体制的进一步改革、我国金融业的国际化、金融企业走出去、外资金融机构进入中国市场之限度、人民币汇率政策、人民币的区域化和国际化、资本账户之开放等等，乃至如何创造一个刺激内需的长效机制，如何推动自主创新和科学发展，都必须依靠本国金融业之全面发展和创新，都需要放到总体金融战略上来加以考虑。

战略拐点的含义之一是：中国过去30年高速增长赖以实现的许多关键战略和策略，已经不可持续，需要根本变革。其一是对出口的过渡依赖；其二是“以市场换技术”之策略失败；其三是“重税收、轻

相关链接

沈阳建设东北金融中心的战略构想

中共沈阳市委副书记、沈阳市市长李英杰

我们坚持金融为经济服务的原则，以沈阳金融商贸开发区和沈阳金融街为载体，加快聚集各类金融机构，着力发展现代金融业，全面提升金融服务水平，努力把沈阳建设成为立足辽宁、服务东北、辐射东北亚的区域金融中心。

构建具有产业金融特色的区域金融体系。当前，沈阳正处于工业化、现代化的关键阶段，产业金融通过更为密切的产融结合，克服信息不对称造成的融资障碍，可有效地提高金融体系支持产业发展的能力。沈阳要建设世界级先进装备制造业基地，产业金融需要发挥三个方面的功能：一是为成熟产业的稳定发展提供各类融资和服务；二是为传统产业的调整、改造和重组提供融资和服务；三是为新兴产业成长提供各类融资和服务。这不仅要推动传统金融业的稳健发展，增强服务成熟产业发展的能力；更要积极开拓包括各种直接金融在内的新金融，促进新兴产业的成长和传统产业调整、改造和重组，进而加快实现经济结构调整。中央实施振兴东北老工业基地战略，为构建产业金融体系提供了政策支持；沈阳经济发展的综合实力，为构建产业金融体系奠定了坚实基础。

构建具有产业金融特色的区域金融体系。就是要形成支持科技创业和中小企业成长、保障成熟产业发展、促进传统产业重组转型的完整金融服务链，以充分满足产业、企业和投资者的一系列金融服务需求。一是建立多种类型的产业金融机构，形成适合于产业金融的经营体制、业务模式。深度切入产业链，开发和经营产业金融产品，便利产业融资、风险管理和相应的金融服务。如设立产业投资基金、风险投资基金、金融租赁公司、信托投资公司、中小企业信用担保公司等；充分利用资本市场，开辟企业股权融资和债券融资等直接融资渠道，发行资产抵押债券，推动资产证券化。二是培育和发展多类型、多层次金融市场，尤其是地方产权市场、资本市场。继续扩大沈阳产权交易市场交易品种、交易范围，不断拓展功能，探索开展OTC交易，建立与天津OTC市场相连接的多层次的场外交易市场；采用政府设立股权投资引导基金的方式，引导国内外各类机构投资者，在沈阳设立股权投资机构，促进股权投资基金产业的发育成长。三是建立专门金融机构，加快传统产业调整和改造，促进新兴产业快速成长。可模仿法国政府组建“支持矿区再工业化金融公司”作为国家支持老工业基地转型渠道的做法，建立相应的专门金融机构，推动企业并购重组；设立中小企业信贷银行和科技开发银行，健全和完善中小企业尤其是科技型中小企业长期资本融通机制；设立创业金融服务机构，为创业者开展投融资服务。四是建立重要商品的现货远期市场和期货市场。围绕企业原材料商品价格风险管理和掌握原材料商品定价权的需要，支持在沈阳设立大宗原材料商品如石油、钢铁、铁矿石和粮食等的现货远期市场。五是构建清晰、透明、公开和与创新相容的地方金融治理体系。根据产业金融的特点，设立金融控股公司，实施区域金融治理；制定和保持一套清晰、透明、公开的金融创新监管规则和程序，鼓励和激励金融创新，给予金融创新主体一个清晰的创新预期和稳定的创新环境。

大力推动沈阳经济区金融一体化进程。构建具有产业金融特色的金融体系，实现东北中心城市辐射功能的需要。建设东北金融中心，首要的是建设沈阳经济区金融中心。沈阳经济区8城市科技实力雄厚，产业优势互补，人口、经济规模均占辽宁省的一半以上，积极推进沈阳经济区区域金融合作一体化具有良好基础。要建立与周边城市金融合作机制，搭建共同的产业金融服务平台；鼓励支持地方金融机构在经济区各城市设立分支机构，共建区域性产权交易市场，充分发挥沈阳建设超级计算中心的优势，建立金融后台服务基地；整合和重新配置区域金融资源，增进经济区内金融资源和服务的共享度，形成区域产业金融中心，带动和促进经济区内经济一体化。

全力打造最佳金融发展环境。一流的金融硬件设施，优良的金融生态环境，完善的金融政策环境，构成了最佳金融发展环境的内涵。最为重要的是，建设优良的金融生态环境，要建立金融企业的法律诉讼案件协调制度，推进政府职能转变，建立健全个人和企业征信体系，支持金融企业健全完善内控机制。将开展公民金融知识教育作为优化金融生态环境的重要内容。设立金融知识教育展示馆，开展多种形式的公民金融知识教育活动，树立公民理性的金融观念，增强对非法和非理性金融活动的辨别能力，以此来促进区域现代金融文化的形成和发展。

金融”之传统没有根本改变；其四是区域经济过度偏重沿海，中西部经济发展依然严重滞后；其五是人口政策面临根本调整。“十二五”规划和未来长期战略必须围绕上述五个重大问题展开。

战略拐点和战略转折之“两翼”是：对外以推进人民币国际化为核心，对内以构建刺激内需之长效机制为核心，二者之结合就是金融对内放开和对外开放战略，金融对内放开要优先对外开放。为此，必须尽快改变“重税收、轻金融”之思维，加速金融对内放开之步伐刻不容缓。所谓依靠市场发挥配置资源的主要功能，核心是依靠金融市场。中国的经济传统历来是“重税收、轻金融”，与英美“重金融、轻税收”之传统正好相反。新中国成立之后的计划经济时期，完全没有金融。改革开放以后，金融业逐步发展起来，商业银行金融体系建立起来了，股票市场得到快速发展，也有了初步的债券市场、期货市场，等等。但是我国整个金融产业的竞争力还很弱，金融没有走出去，更谈不上国际化。全球金融危机似乎让我们突然发现，西方凭借金融的力量可以非常有效地让全球资源为之服务，他们通过金融工具占有全球的资源。金融危机教育我们，不掌握一般购买力的创造，就不能参与和分享国际一般购买力，终究要吃大亏。

我国的对外金融战略，最重要和最迫切的就是要积极参与国际金融和货币秩序之重建。胡锦涛主席在去年11月的华盛顿G20峰会、今年4月的伦敦G20峰会和刚刚结束的“金砖四国峰会”上，始终倡导建立多元化国际货币体系，始终强调未来的国际货币体系必须是公正、公平、包容、有序的体系，必须是稳定、可预期、多元化的体系，这是高瞻远瞩的正确判断。核心战略就是将人民币的国际化。人民币的国际化是多元化国际货币体系最重大的步骤。上海国际金融中心之建设、香港金融中心之定位、未来港币之前途，必须与人民币国际化之现实步伐通盘考虑。人民币国际化战略应该成为“十二五”规划最重要内容之一。

“十二五”金融生态与区域金融体系建设的重点

中国金融网今年4月上旬起刊发一组系列文章——来自中国城市金融生态建设的前沿报告，对中国当前乃至“十二五”金融生态与区域金融体系建设作了精彩评述和深入剖析，对指导各地做好“十二五”金融领域规划研究不无裨益。

金融生态：地区产业经济发展的新活力之本

随着金融危机的不断延续，关于重建世界金融新秩序和变革世界金融格局的革命性思潮，正在成为当今最为热门的关键性话题。在国内，“金融中心热”一浪高过一浪，据不完全统计，中国提出要建立国际、国内、区域性金融中心的城市有28个，除上海、北京、深圳、天津外，武汉、广州、大连、郑州、沈阳、成都、重庆、西安等都成为已经公开或对内定位于发展金融中心的城市。一个地区的经济发展，高度依赖金融的积累和支持。当地的金融总量、市场的广度和深度往往决定了一个地方的经济发展速度、规模和水平。事实上，这正是当前国内各地争建金融中心的根本原因之一。纵观中国率先崛起的珠三角、长三角的经验之后，以及参考国际案例，金融业的发达正成为当前中国各地政府官员心中的一个撬动经济发展的支点，而这又正切合了中国新一轮的区域经济发展大计。也与中国推进的金融业纵深改革和全球金融一体化大势息息相关，与中国正在谋求在国际经济体系中的重新定位紧密勾连。

中国现有的比较成熟的金融中心有上海浦东陆家嘴金融中心、北京金融街、天津滨海新区金融街。成都这个中国最早纸币“交子”的诞生地，也将打造成西部的金融中心。专家给成都市建立西部金融洼地开出的建言是：培育西部金融机构，积极引进外资金融机构，形成区域金融机构聚集金融街的格局，打造区域金融市场中心；利用成都教育资源与国际一流金融机构商学院合作打造中国金融培训中心；围绕金融服务后台的战略定位，培训金融人才；鼓励金融机构合作创新，打造西部的PE中心，探索西部企业股权交易平台模式的建立；探寻与香港等国际金融中心的合作模式。在现代金融中心由“点状向带状”发展趋势的转移背景下，西部急需建设一个区域金融中心。而成都致力于成为西部金融中心这一目标，也遭遇着多个西部城市的挑战，而重庆和西安无疑是最有力的挑战者。成渝双方“暗战”西部华尔街的巧合，实则表现出了两个特大城市都不约而同地瞄准了金融领域的大市场。在制造业、服务业之后，金融业成为拉动市域经济发展的核心推动力。谁先占领金融高地，就意味着谁先拥有了“发球权”。在未来西部金融中心的地位界定上，优势的一方则更有可能“先发制人”。日前《国务院关于推进重庆市统筹城乡改革和发展的若干意见》赋予了重庆新的历史使命。文件明确提出将在金融创新和金融改革方面，给予重庆支持。其中包括支持在重庆设立全国性电子票据交易中心、在重庆设立全国场外交易市场（OTC市场）、支持期货交易所在重庆设立当地优势品种的商品期货交割仓库，支持在重庆设立以生猪等畜产品为主要交易品种的远期交易市场等金融措施。金融要素市场建设的突破，将大大加快重庆建设长江上游地区金融中心的进程。很显然，重庆弱化了西部华尔街的概念，正式定位为长江上游地区金融中心。另外，武昌要建江南金融中心；山西筹建煤炭金融中心；杭州要打造长三角南翼金融中心；长沙欲借助长株潭城市群一体化梦想，建设中部金融中心；乌鲁木齐将构建中亚区域金融中心；沈阳东北金融中心建设志在必得……

在这些城市中，金融生态建设已经成为当地政府的百年大计。为将沈阳金融街建设成东北金融调控中心、金融产业中心、金融创新中心、金融人才基地、金融服务外包基地，以及面向东北亚的资本市场，沈阳一项长期的首要工作就被确定为，加强规划实施，建设东北最优金融生态区。其中最根本的要点就是推进金融服务外包基地建设，打造金融相关产业发展制高点；提高项目建设起点，拓展金融产业发展空间；力争用5-8年时间推动金融街总部和产业聚集，通过整体开发，组团建设，在核心区及其周边金融聚集区形成产业集群；把金融街建设成为金融产业集聚、金融市场发达、金融信息顺畅、金融设施齐全、金融服务高效、金融人才云集的东北乃至全国性的“金融街”，与沈阳金融商贸开发区合力进入“国家级金融示范区”。

从去年开始，广州市就将视野扩大到如何服务整个珠三角从而提出构建以现代服务业为主导的现代产业体系。拟以深化穗港澳合作为突破口，建立穗港澳金融合作区、会展合作试验区及物流、服务外包合作园区等。而惠州市则加强与珠三角其他地区的金融合作，为惠州金融业进一步对外开放提供了一定的基础，同时也显示出地处珠三角的惠州金融业发展的空间和潜力。根据《惠州金融业2007—2011发展纲要》，惠州市未来5年金融业发展的总体思路是：以深化金融改革、推动金融创新为动力，以扩大金融开放、加大金融招商引资为重点，以金融安全区建设为保障，建立健全与经济快速发展和社会主义市场经济体制相适应的高效、健康、安全的金融体系，全面推进我市金融业跨越式发展，全力支持惠州现代化建设，使金融业成为惠州市现代服务业中的先导性支柱产业，增强金融对经济的辐射和带动作用，不断提升惠州在珠三角经济圈中的地位和作用，建设粤东区域性金融中心。

一个城市只有服务和带动周边区域的经济它才成为一个真正意义上的“中心”。在市场经济条件下，经济的持续、快速、健康发展离不开资金的有效投入，区域间资金流动性、效益性、安全性更多地取决于金融生态环境。金融生态好，商业评级就高，在资金调度、信贷规模或授权授信时，就会产生倾斜使更多资金向这个地方流动，从而促进经济更快发展；反之，则会大大降低区域资金和资源配置的效率，影响该地区经济竞争力，最终损坏区域经济的可持续发展。因此，金融中心的成败除是否具备号召力外，关键在于是否具备金融发展的优良环境；中心化引擎能否点燃金融产业的快速发展，则完全取决于金融生态环境建设的优劣。

众多城市的决策者已经认识到金融生态建设的重要性，多家城市率先参与金融生态建设的现象毋庸置疑地表明：金融生态就是竞争力。

"金融立市"已成为许多城市的发展战略

自2004年中国人民银行行长周小川提出"金融生态"概念之后，中国社会科学院金融研究所在李扬的带领下，用了近一年的时间，推出了一份42万字的题为《中国城市金融生态环境评价》的总报告。长达42万字的《中国城市金融生态环境评价》显示：总体而言，中国东部城市金融生态环境较好，中西部城市较差。原因主要是，中西部地区经济市场化不高，地方政府职能冗杂，对经济干预多，法制建设也相对落后。

国际经济学和资本市场发展的经验告诉我们，资本一般都是向金融生态环境好的地区去集中，而远离金融生态环境较差的地区。为此，改善金融生态环境不仅是改善中西部地区投资环境、吸引资金流入的重要渠道，而且是实现经济金融协调发展的关键所在。可喜的是，已经有许多城市认识到了自身的不足，试图打造金融生态的"碧水蓝天"。

白银是坐落在我国西北内陆的资源枯竭型城市。2008年初，甘肃省白银市被国务院列入首批资源枯竭转型城市。摆在白银市面前的课题是要为这个资源枯竭的城市寻找新的经济增长点。白银市白银区抓住转型的契机寻找了一条便捷之路，加强金融生态建设，助力城市良好转型。实际上，资源枯竭型城市的转型是一个世界性难题，不仅在发展中国家，在发达国家也同样存在这个问题，需要采取不同的处理模式。

白银区的做法是：强化政银企联动，积极开展银企项目对接活动，促进信贷政策与产业政策协调配合。2008年，白银区周密安排部署城市转型工作，认真对接国务院38号文件，总体谋划、深度提炼，采取打包、捆绑的方式，精心凝练出37个项目，含77个子项目，计划总投资142.84亿元。其中：申请国家资金77.74亿元，自筹54.12亿元，地方配套10.98亿元。目前，20个项目已列入白银市转型项目库，涵盖了农业、教育、卫生、城市基础设施、棚户区改造等38个子项目。在凝练的转型项目中，已有46%的项目完成了可研编制，37个子项目开工建设，累计完成投资4.3亿元。根据国家、省、市扩大内需、拉动经济增长的总体部署，区直各部门积极与省直部门对口衔接，已争取到中央及省预算内转型项目资金7297万元，到位6451万元。

此外，白银区推动金融机构创新信贷服务，加大对重点项目和工业企业的信贷投入力度，增加对重

相关链接

金融生态与城市竞争力典型样本

金融生态环境建设走在前列的县域中心城市创新发展了颇具示范作用的“样板模式”，其中，“寿光模式”、“双流模式”等堪称县域经济金融发展典型样本。县域经济金融发展典型样本的实践表明，地方政府要驱动金融这一经济崛起的关键动力，就要主导金融在经济发展中的杠杆效应，搭建顺畅的投融资渠道，助进经济社会又好又快发展。而主导长效的政银企合作模式，是地方政府金融工作的重中之重。

典型样本之“寿光模式”

“寿光模式”的特别之处：每年由政府牵线搭台，组织各种活动，为降低银行的风险，设立了中小企业担保公司，作为符合条件的中小企业提供担保，同时成立担保机构，对达到一定规模的给予一次性的补助，每年根据担保数额进行担保，全市逐步形成了政策性、商业性、互助性等一些担保机制，对创新企业的模式实行银行征集资金和上市融资和渠道，推进融资企业的发展。目前寿光市共有5家上市公司，其中融资有25万。“寿光模式”的主要经验一是选定优良的中小企业集群客户，二是实施优惠的信贷政策，三是提供雄厚的财力保障。

“寿光模式”降低了农村信用抵押的门槛，实现了农村经营体制改革新的突破，创新发展了金融生态环境建设，有力地支撑了“蔬菜之城”的持续繁荣。2008年寿光市金融机构的存款达到27个亿，贷款198亿，实现经济效益12.3亿，不良贷款率1.27%。“寿光模式”非常适用于经济比较发达，财政收入较高，县域经济比较活跃，中小企业发展较好的地区。2008年底，山东省中小企业办公室、山东省财政厅、农行山东省分行共同主办了山东省“银政企”合作支持中小企业发展“寿光模式”推介会，向全省38个经济强县（市区）推介寿光市“银政企”合作支持中小企业发展模式。“样板效应”辐射能量，起到良好的领头作用，大力推动各地县域经济发展。

典型样本之“双流模式”

作为四川省政府确定的“全省金融生态环境建设试点县”，双流县十分重视金融生态的建设。“双流模式”着重“三大信用工程”，即实施农村的信用工程，实施企业的信用工程，实施社区的信用工程。“双流模式”下，新型银、政、企关系得以重新构建，实现良性互动。一是借助于金融生态环境建设工作平台，银、政、企关系得以重新构建，各金融机构和经济职能部门间实现了经济、金融信息共享交流。二是金融机构之间的良性竞争格局逐步形成，金融服务的理念和方式逐步深化。一些域外信贷资源积极拓展业务，发展活跃，预计信贷总额30亿元左右，已初步形成良好的竞争态势。同时，2008年末，全县金融机构各项本外币存款余额434.9亿元，比年初增加85.4亿元，增长24.4%，各项本外币贷款余额223.6亿元，比年初增加82.2亿元，增长58.1%。三是银政合作、市场运作的融资新模式已初步形成。四是金融机构风险管理意识明显增强，经营行为逐步规范，内控机制日趋健全。12月末，金融机构不良贷款比率较年初下降2个多百分点，实现利润总额6.6亿元，同比增长78%。

此外，穆棱市、沛县等成为各自区域的不同改革创新试点县之一，金融创新与金融生态发展有着各种的特色和经验，也是政银企合作不可多得的典范。

典型样本之“穆棱模式”

作为中国人民银行确定黑龙江省四个金融产品创新试点县市之一，穆棱市在金融生态建设方面，变无所作为到大有作为，搭建三个平台，完善两个体系，推进一个创新。穆棱市较早设立了小额贷款公司和村镇银行，采取银行担保农户相加的模式，发放生产基地农户配套贷款，为农户配套贷款，为农户和龙头企业提供信贷支持和配套的服务。同时，把这类服务向中小企业延伸，创新和推进舱单质押、股权质押、收费权质押、协会担保、五企联保等抵押和担保的方式，不断的丰富和活跃金融的要素，加快金融成果的转换。近年来沛县以诚信为核心，以共建为关键，以发展为目的，以金融生态创建、四建三比两创55项活动为载体，加快信用体系建设，优化金融发展途径，强化部门协作，密切政银企关系，防范化解金融风险，全力构建政府主导、三地联动、银企合作、合理推进的金融创新体系，形成政银企和谐共赢的生动局面，走出了一套富有地方特色被列为江苏省学习实践科学发展观苏北地区唯一试点县。

点行业、重点企业的流动资金和技术改造贷款；完善中小企业贷款信用担保机构和风险补偿机制，提高对中小企业的贷款比重；扩大住房等消费信贷市场。推进农村金融机构建设，开展村镇银行和小额贷款公司试点；探索发展农村多种形式担保的信贷产品，设立市县贷款担保基金，鼓励农户互保，建立政府扶持、多方参与、市场运作的信贷担保机制，引导更多信贷资金和社会资金投向农村。发展资本市场，力争国家批准发行白银资源型城市转型债券和中小企业集合债券。支持股份制银行和外资银行设立分支机构。金融生态建设推进城市转型不断发展。2008年，白银区实现了重点项目进展顺利、招商引资成效显著、城市经济稳定增长。

“金融立市”已成为许多城市的发展战略。目前，国内已经有越来越多的城市开始意识到金融业的重要性，并大都制定了相应的政策来吸引金融机构和金融人才的进入，以促进当地金融业发展并以此推动地方经济快速增长。除具备厚重金融产业发展优势的上海、北京、天津、深圳外，目前借助地缘和资源优势进行转型、实现“金融立市”理念的城市，已成为一道耀眼的风景。

金融生态：经济可持续协调发展的新途径

开发区参与金融生态建设，是去年以来“震动朝野”的一道靓丽风景。2008年4月，沈阳金融商贸开发区因良好的金融生态环境，荣登国内首个“中国金融生态开发区”；2008年底，中央政策研究室经济局专赴沈阳进行调研；2009年初，一份长达9万多字的调研报告——《从国家战略高度加快建设东北区域国际金融中心》应运而生。报告明确提出应从国家战略高度加快建设东北区域金融中心，将沈阳金融开发区晋升为国家级，并进一步指出，从辽宁的区位条件、经济基础和金融业发展状况来看，以沈阳为核心建设东北区域金融中心乃至东北亚区域性国际金融中心的时机和条件基本具备。今年“两会”期间，参加十一届全国人大二次会议的沈阳市13名全国人大代表向大会联名建议将沈阳金融开发区晋升为国家级金融创新综合试验区。代表们表示，将沈阳金融开发区晋升为国家级金融创新综合试验区，能够为建设东北区域国际金融中心提供坚实的载体平台，有利于促进东北区域金融一体化建设，从而形成“珠三角”、“长三角”、“环渤海”和东北四大金融战略布局，促进和完善我国金融业的区域协调发展。

与此同时，陕西杨凌农业高新技术产业示范区部署了“农业科技创新与农村金融改革结合，共同打造农科城金融生态区”的战略。作为我国唯一的国家农业高新技术产业示范区，近几年来，杨凌示范区着力构建多层次金融市场体系，下工夫解决企业融资难问题，积极创建全国中小企业融资和农村金融改革创新试验、示范区，不断加快示范区经济又好又快的发展步伐。具备品牌优势、体制优势、政策优势、人才优势、区位优势和基础优势的杨凌示范区，如今又多了一大优势——金融生态优势。杨凌示范区的做法是：借助加强社会信用体系建设，争创金融生态环境模范区的节点，提高全社会的金融诚信意识，打造诚信杨凌品牌。为此，对分散在金融、工商、税务、建设、经贸、质监、药监、民政、劳动保障、公安、法院等部门的公共基础信息资源进行整合，建立和完善企业和个人征信体系，形成覆盖政府、企业和个人的社会联合征信机制。并率先成立金融工作办公室和开发性金融合作办、设立了金融发展专项资金，主要用于企业上市（含股权代办转让交易系统）扶持奖励、支持区内创业投资、金融机构考核奖励、鼓励金融机构在杨凌设立分支机构等。这些举措，加强了地方政府对金融机构的管理和协调力度，有力推动了地方金融业的发展，促进了金融机构加大信贷投放力度。2008年杨凌示范区存款余额同比增长14.5%，贷款余额同比增长33.7%。

中国金融研究院院长何世红对杨凌示范区的生态建设有着高度评价。他认为，建立部门联动机制，化解金融风险是杨凌示范区最具特色的金融生态建设构成要素。这种做法完全可以算得上是金融生态的“杨凌模式”。这种模式就是：针对示范区现有不良资产和非法集资情况，示范区由金融办牵头，组织工商、公安、招商等多个部门，共同对金融机构不良资产及停产、濒临破产的企业进行梳理评估，建立政府、企业、银行之间的联动机制，对不良资产进行包装、推介，有效提高了区内金融机构的资产质量，降低了金融风险。对于个别企业存在非法集资的实际情况，示范区通过建立打击非法集资联席会议制度，定期通报情况，集中排查研究处理。目前，这个“分类指导，标本兼治”的打非工作模式，已被陕西省各地市交流推广。除此之外，点面结合重点突破，科学考核区内金融机构，引导鼓励金融机构加大信贷投放；大力发展资本市场，扩大直接融资规模；优化金融发展环境，保护金融机构合法权益也成为“杨凌模式”的重要构成部分。面对国家加快农村金融体系建设，加大“三农”扶持力度的政策机遇，杨凌有着更为远大的目标：加强农村金融服务体系建设，支持三农建设发展；做强地方农村金融机构，积极开展金融创新，争取列入全国“农村金融产品和服务方式创新试点”区域；争取省创业投资引导基金的支持，组建规模1亿元的示范区创业投资公司；在科技部支持下，加快组建“杨凌农业高科技产业投资基金”。何世红认为，无论是沈阳金融商贸开发区的金融中心远大梦想，还是杨凌示范区“杨凌模式”的创建，无疑都为金融生态建设的领域拓展注入了新鲜血液。在开发区发展普遍江河日下的今天，以金融生态建设为目标的发展模式拓展，也许是实现可持续发展的有效途径。

金融生态就是竞争力

每个城市发展到一定阶段，就会需要新的经济增长点，需要一种长效的资源——资本资源，而资本的有效流通需要培育好的金融环境。金融环境其实就是金融生态。世界经济学和资本市场发展的经验告诉我们，资本一般都是向金融生态环境好的地区去集中，而金融生态环境较差的地区，资本往往会远离这些地区。中国金融研究院院长何世红认为，从一定意义上讲，金融生态就是竞争力，提升城市竞争力，必须先搞好金融生态问题，这已经成为一个城市能否可持续发展的关键问题。

金融生态环境对于一个城市经济发展有着怎样的重要性，深圳的发展便是最好的诠释。多年来，深圳市政府高度重视金融生态的培育。深圳市市长许宗衡表示：全力支持金融业的发展是深圳经济工作的重中之重。深圳将举全市之力，竭尽所能，在政策、资源、服务上进行重点倾斜，实现深圳金融业发展条件的“三个最优”，即最优惠的政策、最优质的服务、最优良的环境，把深圳打造成为最适宜金融业发展的城市。为此，深圳市人大审议通过了《深圳市经济特区金融发展促进条例》，这是全国第一部支持金融业发展的地方性法规。显然，金融生态已经成为关系金融业和地方经济快速发展的核心价值工程。2007年是深圳金融业效益最好的一年，金融业发展速度超过GDP增速，占GDP比例大幅提高至10.6%。按照有关规划，深圳金融业占GDP比重有望在未来几年内提高到15%。创新是深圳的根，更是深圳金融业活力之源。从国内第一台ATM机、第一只银行股票、第一家证券交易所，到黄金备份交易中心和票据影像处理系统，深圳金融业创造了众多的全国第一，成为我国金融业改革创新的排头兵。如今，位于罗湖区的蔡屋围金融中心、福田区的福田金融中心区、南山区的深圳市金融服务技术创新基地、龙岗区的平湖金融基地四大项目作为该战略的重要构成以创新姿态应运而生。与深圳庞大的经济总量相对应，深圳的金融产业强盛而活跃，深圳的金融在国内排名前三，有着雄厚的基础和巨大的发展潜力。作为改革开放的窗口和试验田，利用毗邻港澳的优势，深圳的金融行业发展领先于全国，金融服务和金融产品创新也引领风潮。

2007年6月，广东省政府提出了该省金融业发展分“三步走”的计划和目标，明确了广州、深圳两大区域金融中心的功能定位。根据“三步走”计划，到“十三五”时期，保持金融产业稳定发展，具有广东特色的地方金融市场体系比较健全，与香港紧密联系的、辐射泛珠三角地区的广州、深圳区域性金融中心地位和作用得以确立。而去年国务院审议并原则通过的《珠江三角洲地区改革发展规划纲要》，更是明确了这一点。

金融生态建设与经济发展具有很强的相关性。深圳完善金融生态过程中，不仅重视金融生态各组成系统之间的合理结构、均衡布局和有机配置，而且把深圳的金融生态建设与珠三角地区乃至全国金融生态建设紧密结合起来，通过金融生态和金融基建的相互联系和促进，推动了深圳金融不断提高集聚能力和辐射能力。

而在未来新的发展中，伴随我国金融改革的不断深化、金融市场进一步与世界接轨以及金融全球化对区域经济影响的不断加深，金融作为现代市场经济的核心要素，将会发挥更加突出的作用。

何世红认为，这对城市发展提出了新的思路。能否打造出一个区域金融优势，将是未来城市依托既有资源和产业优势，抢占战略新高地，实现发展新突破的关键所在。

“十二五”区域金融体系建设基本思路

区域金融中心的生命力在于体制创新

在2008年9月26日于成都举办的名为构建区域性金融中心的发展论坛上，“区域性金融中心”再度成为热议的名词。以区域性为定义半径，扩充局部金融体系，整合各方区域金融资源，抱团取暖，弥补现有区域间金融缺陷，成为此次论坛普遍达成的共识。

著名经济学家、国务院发展研究中心金融研究所副主任巴曙松认为，西部在面临目前诸多复杂的金融问题时，应该在金融体制的突破上有所进步，建设金融街形式的区域金融聚集模式，扩充金融体系，将有利于克服区域经济在诸多受限条件下的不足状况。巴曙松建议，中国应在扩充金融体系的同时，政府应适当放松金融上游的管制，以减轻下游产业的发展压力。打破上游垄断，使其提高效率，西部的小额贷款公司，村镇银行等金融创新是值得提倡的。巴曙松在接受《21世纪》专访时表示，西部在遭遇巨灾之后，其抗风险能力以及社会保障体系都亟待提高和完善，而中国整个产业的发展也面临转型升级的问题，内在需求更迫切扩大，但银行信贷仍旧紧缩的现状下，现有的金融体系已经无法满足经济发展的需求，因此构建金融街模式的金融形态将有助于解决局部区域的发展问题。西部应该在金融体制创新上有所突破。中国经济正在经历深刻的转型，转型的结果就是内需作用的上升，中西部地位的上升。以前的格局是，西部把廉价的资源和劳动力输入到东部沿海，沿海再加工出口。成渝新经济特区，作为继上海浦东新区，天津滨海新区后，国家再度指向的重点经济开发区，金融体系构建无疑首当其冲。然而，在一年有余的发展过程中，西部金融面对过度依赖银行信贷问题，地震突发后的巨灾风险问题，以及暴露出来的社会保障体系缺失问题，却仍然棘手。由此，构建西部金融中心，营造金融街模式的聚集效应，也正值当时。成都建立西部金融中心，主要应该发挥自己的特色优势，不要硬和北京上海比。中国最早的纸币就出现在成都东大街，这说明北宋时候开始，成都的实体经济就是很发达的。成都要抓住中国经济和世界金融市场转型的机遇，在金融创新和体制上寻求突破。他指出，我国持有大量的储蓄，美国则是负债过多，而因为储蓄过多，国内的金融系统却无法完全消化，由此大量不能得到有效利用的资金才会对外投资，这无疑将面临很多外在风险。扩充金融体系无疑将减少很多风险，小额贷款公司等金融创新对解决中小企业的发展就有很好的效果。

建设“草根”金融体系服务中小企业

建设中国“草根”金融体系，促进小企业和农村经济发展，是“十二五”的一项重要任务。目前关于中小企业融资问题有两种不同的声音，金融管理部门和银行系统认为中小企业融资难问题已经得到一定缓解，但是来自工信部的看法是中小企业融资问题没有得到根本解决。但全国工商联对当前中小企业融资难的实际状况调查分析表明，发现中小企业融资难，难在小企业。笼统地提中小企业融资问题，在实质上混淆和掩盖了小企业融资难问题。按照《统计上大中小型企业划分办法（暂行）》和《中小企业标准暂行规定》，我国企业数量结构特点是大型企业极少，中型企业不多，小型企业占绝大多数。总体来看，全国各类大型企业不到1万家，占全国企业的不足0.1%；中型企业不到10万家，占近1%；其余99%均为小型企业。根据工商银行2008年年报，到2008年底，全国资产信贷规模最大、客户覆盖面最广、营业网点达15676个的工商银行才有36267户小企业贷款客户，平均一个网点有贷款的小企业才2.31个，累计发放小企业贷款才227.5万元。除农业银行外，其他国有商业银行的小企业客户更少。总的看，中型企业融资难已经基本得到解决，小企业融资难基本没有得到解决。

“草根金融体系”的建设应当适应“草根”经济客户多、较分散、单笔额度小、期限短、缺乏抵质押物的特点。为此，“十二五”建设“草根金融体系”要注意抓好以下几个环节：

建立强有力的领导推进机制；建立完善“草根经济”金融统计制度。统一各部门的统计办法，将“中小企业”细分为“中企业”、“小企业”、“微企业”、“个体工商户和创业者”，并增加农户统计；将金融产品细分为中贷、小贷、微贷及个贷；以此形成“草根经济”和“草根”金融统计制度；大力发展中、小、微型金融机构。鼓励大中型国有和股份制银行设立小企业金融服务专营机构；鼓励地方银行设立分支，跨区域经营；大力发展中小银行和小额贷款公司、村镇银行、贷款公司、资金互助社等新型小、微金融机构；设立必要的政策性金融机构。在国家层面设立机构为小、微型金融机构批发供资。在国家和省设立中小企业再担保公司；完善“草根”金融产品体系。根据客户成长阶段、信用特征、财务规范程度和抵、质押物状况设计和发展不同的金融产品；制定财税金融扶持政策。对主要从事“草根”金融业务的机构给予营业税优惠；对所有金融机构一定额度下的农户贷款业务给予税收优惠；建立“草根”金融的补贴和风险补偿机构；制定相应的信贷政策；建立社会支持体系。建立全国“草根”金融技术培训体系，建立健全“草根”金融IT系统和规范标准的数据库，完善企业和个人征信体系；下放金融监管权限。中央政府制定“草根”金融监管法规，地方政府制定监管细则并组织实施，同时可委托批发供资机构代理执行部分中小金融监管职能。

相关链接

金融生态名镇开启中国金融版图新视野

在中国经济振兴与大国崛起的发展过程中，那些地域狭小、却产值庞大的“明星镇”、“超级镇”越来越引起人们的重视。在中国经济改革的过程中，它们担当了最前沿的阵地角色；在中国走向世界的进程中，它们承担了“中国制造”的重要任务。金融危机袭来，它们也遭遇转型的压力，增强了产业升级的愿望。在国家吹响“保增长”的战略号角时，成百上千的中国名镇凭借自身优势，利用金融杠杆，大力建设金融生态环境，蓄势待发，开启中国金融生态新征程，促进经济社会又好又快发展。在第五届中国金融（专家）年会上，中山市小榄镇被评为全国唯一的“中国金融名镇”，这一奖评开启了中国金融生态建设更深入的视角，刷新了人们对中国金融版图乃至经济版图的重新认识，让人们越来越意识到，中国名镇正逐步成为金融生态环境建设的前沿阵地，正逐渐成长为中国金融、经济发展的“大角色”。享有“中国乡镇之星”美誉的小榄镇地处珠江三角洲中南部，是孙中山先生故乡——中山市北部的经济重镇、区域商贸中心。小榄镇是中山市首批工业强镇，2008年底，全镇有工商企业25318家，其中规模企业超1000家，工业销售亿元以上企业56家，工业销售收入385亿元，商业营业额129亿元。工业重镇必然要求金融生态的强力支撑。小榄镇经济发展迅速，金融体系不断向多层次、多元化拓展，金融机构主体不断引入壮大，体制建设不断优化，金融生态环境日趋良好。其中，信用环境一流，存贷规模庞大，成为小榄镇金融的显著特点，也因此吸引了广东省各大银行的目光。同时，小榄镇村镇银行的成立，改写了广东省没有新型农村金融机构的历史；“以产权改革护航城市化进程”的“小榄经验”名扬四海。正是由于金融生态环境的强力发展，小榄经济有力诠释了“中国信心”的来源。2008年全镇实现地方生产总值150亿元，增长10.3%。今年1至3月，小榄镇累计实现经济总收入105.6亿元，同比增长17%，同时又新增规模以上企业90家，使规模以上企业总数达到772家，且普遍反映订单充足。小镇代表地方经济的最小单位，活跃的经济名镇所蕴含的发展潜力令人惊喜，它们正彰显出经济转型中的顽强生命力和蓬勃生机。据报道，在珠三角的404个建制镇中，已经有近百个成为经济规模庞大、提供数十万就业机会的“超级镇”，成为珠三角的经济支柱和广东最具特色、最具活力的经济增长极。经过几十年的发展积累，珠三角地区的“超级镇”正在形成一种区域范围内的“城市化”。区域经济专家认为，按照现代国际大都市发展的趋势，未来完全有可能构筑以广深大都市中心区为核心，城市周边拓展区和县级市为次中心，众多组合有序、功能互补、整体协调的“超级镇”组成的城市结构体系，可能出现一个庞大的“超级城市体”。

文化产业与软实力

版权保护、体制改革与创新共融，是“十二五”期间文化产业发展的三大特征。我们现在文化产业市场的准入还比较严格，是有限度的准入、有限度的开放。究竟怎样的开放度是与我国产业发展水平相适应的，怎样最大限度地利用国际国内两种资源来发展文化产业，这是我们需要思考的问题。

从上世纪90年代美国学者约瑟夫·奈提出“软实力”的概念后，提升自己的“文化软实力”一直是世界各国制定国家战略时谋求的目标。“十二五”处于一个非常重要的历史时期，大力推动文化产业发展，增强文化软实力，具有重要的现实和历史意义。中共中央政治局常委李长春在今年1月4日至5日召开的全国宣传部长会议上强调，努力增强文化软实力，进一步提升中国国家形象。在“十二五”规划中，究竟应该如何恰当摆放文化产业的位置？如何在“十二五”文化产业规划编制工作中充分汲取“十一五”文化产业规划的经验与教训，使之更科学、更规范以保证文化产业的持续健康发展？

“十一五”文化产业发展现状

据国家统计局统计，自2004年以来，我国文化产业增加值增长速度均高于同期GDP增长速度，平均年增加值1000亿元左右，增长幅度15%～20%，占GDP比重年均提高0.15%。2009年1至5月份，文化产业平均增幅达17%。第五届中国国际文化产业博览交易会以880.69亿元的总成交额和350多万人次的观众规模双双创下历史纪录。专家表示，我国文化产业作为国民经济战略性支柱产业的地位将日益突出。

2007年全国22个省市区文化产业增加值及占GDP比重情况

省份	文化产业增加值（亿元）	占GDP比重（%）	省份	文化产业增加值（亿元）	占GDP比重（%）
北京*	992.6	10.6	上海	683.25	5.61
天津	115.83	2.3	江苏	570	2.19
河南	450	4以上	浙江	595.93	3.2
河北	302	2.2	江西*	29.5	约3
重庆	114.19	2.8	贵州*	55.48	2.93
吉林	189.32	3.58	福建	238.51	2.6
黑龙江	105.1	1.48	山东	714	2.74
云南	262.94	5.55	甘肃	26.44	
湖南	446.22	4.9	广西	19.87	
湖北	368.25	4	山西	160.75	2.8
安徽	173.1	2.4	广东	1921	6.2

*注：北京市数据为文化创意产业的统计数据；江西省数据为文化产业总收入数据；贵州省数据为文化产业总产值数据。

22亿元：陕西省成立全国最大文化产业投资公司

为给文化企业提供资金支持，政府部门、金融机构和文化企业共同探索了不少行之有效的方法。融资工具也日益丰富，从成立产业投资基金到引入战略性投资者，企业融资的机会也大大增加。

继去年12月，注册资本20亿元人民币的河南省文化产业投资有限责任公司成立后。今年6月9日，由陕西省政府、西安市、延安市、榆林市和省投资集团共同出资，注册资本22亿元，成立了目前全国最大的文化产业投资公司——陕西文化产业投资控股有限公司。而且陕西省计划在3年内，通过兼并、参股、跨区域、跨所有制等多种形式投资，使陕西文化产业投资控股有限公司的资产规模突破100亿元，年产值突破30亿元，成为推动陕西文化强省的重要力量和西部文化产业的“巨无霸”。

在产业投资基金的建设方面，近几年来，不少省市区由地方政府陆续发起和设立了专门的文化产业投资基金。例如，由上海市多家机构设立的上海东方惠金文化产业投资资金，以及天津滨海新区文化产业发展基金、杭州市文化创意产业专项基金、青岛市文化产业发展基金等。值得关注的是，浙江省今年成立了国内首家由传媒集团牵头组建、基金首期规模达2.5亿元的东方星空文化传播投资基金，同时也是该省第一只国有文化产业投资基金。该基金将通过资本运作方式，培育发展文化传播产业骨干企业和新兴文化产业。

部分省市区主要文化产业投资基金和投融资主体一览

地区	名称	成立时间	资金情况	主要发起单位
陕西	陕西文化产业投资控股有限公司	2009年6月9日	注册资本22亿	陕西省政府、西安市、延安市、榆林市和省投资集团
浙江	杭州文化创意产业专项基金		年注资1.52亿元	杭州市政府
	东方星空文化基金	2009年5月6日	首期规模2.5亿元	浙江日报报业集团
上海	东方惠金文化产业投融资服务平台	产业投资公司于2006年12月31日成立	出资1亿元（首期）	上海市委宣传部和浦东新区人民政府
		产业担保公司于2008年1月11日成立	注册资本4000万	
	上海文化产业交易所	2008年12月26日		
山东	青岛市文化创意产业金融服务平台	2009年6月9日	到2012年提供100亿元贷款	青岛市文化局和招商银行青岛分行
	莱芜市文化产业发展专项基金	2008年4月	年注资300万元	莱芜市政府
	淄博市文化产业基金	2008年4月	年注资3000万元	淄博市政府
河南	河南省文化产业投资有限责任公司	2008年12月26日	注册资本20亿元	河南省政府
	新乡市文化产业投资有限公司	2008年1月	注册资本2亿元	新乡市政府
	中原文产创业投资基金	2009年1月16日	注册资本为1亿元	新乡文化产业投资有限公司和新乡建设投资有限责任公司

12个：广东国家级文化产业示范基地数量全国第一

在加快各地文化产业投融资力度，培育和发展文化骨干企业和新兴文化产业的同时，加快文化产业园区和文化产业基地的建设也成为各地促进文化产业发展的热点领域。

从已经公布的三批"国家级文化产业示范基地"名单资料看，全国31个省市区均分布有若干个文化产业示范基地。其中，广东省的国家级文化产业示范基地有12个，数量居首；四川省有示范基地11个，位居其次。相比之下，全国有21个省市区国家级文化产业示范基地不足5个，而海南、西藏、宁夏、新疆4省市区的国家级文化产业示范基地仅有1个。

另外，在各地的文化产业园区和基地建设方面，上海市首批15家文化产业园区于今年4月17日正式亮相，包括了网络、数字多媒体等方面的200多家文化创意企业；深圳市确立了把文化产业发展为第四大支柱产业的目标。截至2008年9月，深圳市已建、在建、规划待建文化产业园区和基地54个，其中已建成园区基地36个；而江苏省这几年文化产业快速发展，一大批文化产业园区蓬勃兴起，数据显示，江苏省现有64家各类文化产业园区、7个国家级文化产业示范基地、4个国家级动漫产业基地、18个省级文化

十省市区国家级文化产业示范基地达5个以上（单位：个）

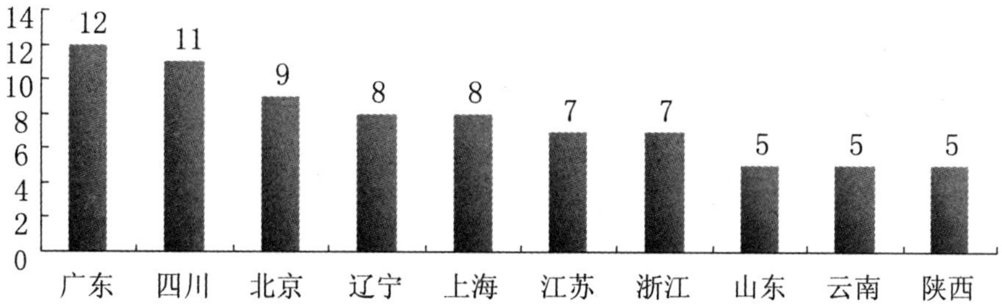

产业示范基地。其中，南京市已形成了江苏最大的工业设计集聚区，无锡市工业设计园是全国唯一以工业设计为主题的国家级专业园区，创意文化产业方面已形成10多个文化产业园区。

300亿元：重庆2012年将新增标志性娱乐设施2000家

统计数据显示，2008年全国文化事业费达248.04亿元，同比增长24.67%。分地区看，文化事业费绝对额最高的省份为广东省，达20.32亿元，最低为西藏，仅为1.11亿元。而在分地区人均文化事业费方面，人均文化事业费最高的地区为北京市，达87.40元，最低的为河北省，仅为7.36元。此外，从文化事业费占各地财政总支出的比重来看，占比最高的省份为浙江省，达到0.86%，最低的为河北省，为0.28%。各方面数据表明，我国文化事业费支出绝对额不足，占国家财政总支出的比重仍然较低。

从各地方近期出台的文化娱乐设施建设规划情况看，浙江省温州市《城市公共文化设施专项规划（2008-2012）》要求，到2020年前，温州城市文化设施人均规划用地将达到0.8～1.0平方米，中心城区主要文化设施将达到150多项；吉林省长春市在《文化事业和文化产业发展规划（2008—2012年）》中要求，长春市从2010年起，每年由财政列支500万元用于宣传文化发展专项资金；而根据重庆市《文化娱乐设施建设规划》的要求，到2012年前，重庆市文化娱乐设施建设将投入300亿元。其中，主城区文化设施计划投资15.28亿元，娱乐设施计划投资173.50亿元。其他区文化娱乐设施投资共计116.90亿

部分省市区2008年文化事业费支出情况

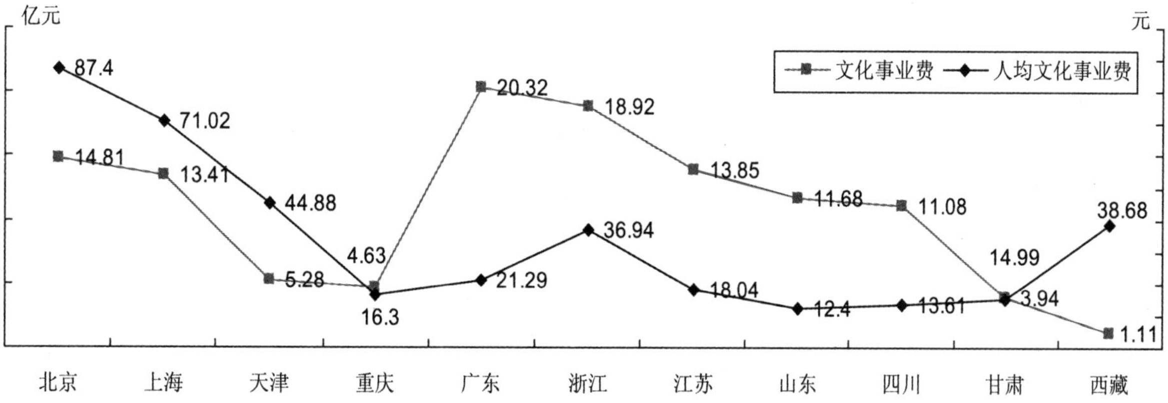

元。另外，在基层文化设施建设方面，重庆市今年将安排2000万元，3年内将新增图书馆、科技馆、展览馆约20个，到2017年实现17个/百万人的目标。

重庆市2010–2015年公共文化重大设施建设规划表

拟建设项目名称	建设标准、规模	建设性质	建设地址	总投资（亿元）
国泰艺术中心	建筑面积3.5万平方米	续建	渝中区	3.83
重庆国际马戏城	建筑面积3.68万平方米	新建	南岸区	3
重庆市群众艺术馆	建筑面积2万平方米	迁建	江北区	1.5
重庆艺术学校达标搬迁	建筑面积2.6万平方米	迁建	待定	1.5
重庆非物质文化遗产保护博物园	建筑面积3万平方米	新建	巴南区	3.5
重庆市少年儿童图书馆	建筑面积1.5万平方米	改扩建	原址改建	1.2
重庆音乐厅	建筑面积2.8万平方米	新建	渝北区	2.5
山城剧院	建筑面积1.6万平方米	新建	九龙坡区	1.2
大学生文化艺术中心	建筑面积3万平方米	新建	大学城	2.5
巴渝风剧院	建筑面积1.2万平方米	新建	渝北区	1
区县公共图书馆达标工程		新建、改扩建	各区县	8
区县文化馆达标工程		新建、改扩建	各区县	2.72
区县公益性影剧院建设工程	每个区县一个	新建、改扩建	各区县	3

文化产业“十二五”规划面临问题

“十一五”期间，我国文化产业发展迅猛，蒸蒸日上，总体态势良好，一系列辉煌成就的背后，各级文化产业规划的编制工作功不可没。然而，以更高的时代标准回头审视，可以发现，由于“十一五”文化产业规划编制起步晚，可资借鉴的蓝本欠缺，编制工作还是存在着这样那样的缺陷，需要在“十二五”规划编制中加以完善和改进。四川大学文化产业研究中心蔡尚伟、翟真在《“十二五”文化产业规划编制刍论》中，对“十一五”文化产业规划编制存在的问题进行了反思。

部分规划目标失当

文化产业“十一五”规划中不少目标措辞模糊，缺乏针对性、可操作性。比如《国家“十一五”时期文化发展规划纲要》中文化产业的发展目标是“抓好文化产业体系建设，重塑市场主体，优化产业结构……形成以公有制为主体、多种所有制共同发展的文化产业格局”，把弹性较大的宏观要求当成了阶段性规划的目标。《规划纲要》还规定“‘十一五’时期，文化及相关产业增加值的年均增长速度明显高于同期经济增长速度，在国内生产总值中的比重有所增加”，至于高到什么程度、增加多少没有量的概念。这些原则性的规划目标是必要的，但是缺少产业规划所必需的产业总量、产业增长目标、产业结构目标、产业空间调整目标等量化目标，难以评估规划的实施效果。这些定性目标过低，导致发展失去动力。此外，《北京市“十一五”时期文化创意产业发展规划》的发展目标定为“把北京建设成为全国的文艺演出中心、出版发行和版权贸易中心、广播影视节目制作和交易中心、动漫游戏研发制作中心、广告和会展中心、古玩和艺术品交易中心、设计创意中心、文化旅游中心、文化体育休闲中心”。作为国家首都，成为国内文化产业各领域的中心应该是不难实现或者已经实现，目标太低，没有站在全世界文化产业发展格局的高度看待文化产业，没有考虑到北京在文化“走出去”战略中、整个国民经济和社会发展中甚至世界文化产业发展格局中应当承担的责任和义务，起不到首都在文化产业发展领域的引领和榜样作用。其实目标过低不是个别现象，在不少省市区的规划中不同程度地存在。还有些目标实际上

相关链接

广东实施文化强省战略推出“七大工程”

改革开放30年，为广东建设文化强省积累了明显的优势。继2002年提出建设文化大省后，2009年7月28日广东进一步提出建设文化强省的发展目标，制定了《中共广东省委办公厅、广东省人民政府办公厅关于加快提升文化软实力的实施意见》，并出台一系列具体措施，推进广东由文化大省向文化强省转变。《意见》按照“科学发展、先行先试”的要求，从实践性、可操作性角度，提出加快提升广东省文化软实力的主要举措，即“七大工程”。

广东“七大工程”及具体配套措施

工程	具体措施
提高公民素质工程	提出“开展建设学习型机关、学习型企业和学习型社区活动”等
文化精品工程	提出“设立艺术发展专项资金”、“建立省级文学艺术荣誉制度”、“打造华语文化活动品牌”等
文化改革创新工程	提出“鼓励和支持大型国有文化企业进行跨地区、跨行业、跨媒体、跨所有制的兼并、联合与重组”、“依法授权或下放有关的审批管理权限”、“创新国有文化资产管理体制”等
公共文化服务体系建设工程	提出“实施基层文化设施覆盖工程”等
文化产业提升工程	提出建设“珠江两岸文化创意产业圈”、“粤港澳文化创意产业试验园区”和“珠江三角洲文化会展产业带”等
文化“走出去”工程	
高端文化人才培养和引进工程	提出“建立一批产学研一体化的文化创意人才培养基地”、“每年面向国内外引进若干名社科理论和文学艺术名家大师、文化创意和文化产业领军人才”等

是为指标下降预留了很大空间。比如文化部牵头制定的《文化建设“十一五”规划》中最遗憾的数据之一提到“到2010年城乡居民人均文化娱乐服务消费支出占整个消费支出的5%以上”，实际上全国城乡居民人均文化消费占总消费比重2005年就早已从2000年的7.47%上升到8.10%，“十一五”期间，这一指标连续两年下滑，2006年下降至7.97%，2007年再下降至7.64%。据估测，2010年，这一指标将降为7.71%。

规划衔接协调不够

首先，国家级规划之间未能很好地衔接。以文化部根据《国民经济和社会发展“十一五”规划纲要》和《国家“十一五”时期文化发展规划纲要》制定的《文化建设“十一五”规划》为例，该规划与《国家“十一五”时期文化发展规划纲要》即存在着明显的衔接失误。《国家“十一五”时期文化发展规划纲要》首先明确规定了重点发展的文化产业为影视制作业、出版业、发行业、印刷复制业、广告业、演艺业、娱乐业、文化会展业、数字内容和动漫产业，强调协调发展优化文化产业布局和结构，加强重点文化产业带建设，加快文化产业园区和基地建设促进区域文化产业发展。这些都是产业规划所必需的核心内容，但是，与之衔接的专项规划——《文化建设“十一五”规划》却对相应的产业发展和空间布局的规划进一步细化、具体化不够，操作性的政策措施、规划的支撑条件建设等相关内容没有强化，由于谈到这些问题的篇幅不多，重心旁落，造成两个规划之间的衔接不够。其次，从各省（区、市）、市县级等地方行政级别的规划看，简单套用中央级规划的表述方法有余，结合自身实际实质性地贯彻总体思路的积极性、主动性和创新性不足，不少地方文化产业规划编制忽略了与区域规划、城市总体规划、文化产业相关的其他规划比如旅游规划等的配合，难以承担分解、支撑国家级总体发展规划与区域规划的重任。某些地方对文化产业规划的重视程度不够，通过让下级部门甚至企业上报产业规划、然后将这些规划简单“打包”的方式来编制文化产业规划，这种自下而上汇总式的规划编制方式也容易致使规划之间出现衔接问题，导致低水平重复建设的现象较为普遍。再次，编制工作中的协调不够。我国文化行政管理具有条块分割、多头管理、多头执法的特点。从纵向看，有中央、省（区、市）级、市县级按照行政区划编制的规划。从横向看，我国文化产业相关部门有文化部（厅、局）、广电总局（厅、局）、新闻出版总署（局、局）、信息产业部（厅、局）等单位，各部门出台各自的规划。同级部门之间协调尤其困难，导致规划出现空白点或利益交叉点。

规划编制评估缺失

中国以往编制的规划大多是行政拍板的产物，很少考虑公众参与。从长远看，公众参与，特别是专家参与的程度应该是逐步加强的。另外，在规划队伍的组织形式上，某些规划或者完全依靠政府部门力量，或完全委托给外来专业规划队伍操作，二者没有很好地结合起来进行。在规划编制过程中，招投标

的方式正在被越来越多的政府部门所采用。但形式上的公正公开透明有时未必能找到合适的编制机构。由于招投标中容易出现因较多组织单位过分迷信个别编制机构的名气等原因“蜂拥而至”，致使某些规划编制部门承担规划编制项目过多、任务过重造成规划编制中克隆和翻版现象较多的问题。另外，评标人员组成不科学，导致“以低评高”的现象，或者招投标过程中出现本应避免的人脉关系的影响等，这些都会造成某些水平较低的编制单位入选，而真正高水平的合适的编制机构却抱憾出局。

一般来说，对规划编制的评估分为两部分，一是静态的规划编制流程评估；二是动态的规划实施过程评估。不仅“十一五”规划的静态编制流程中的某些环节评价缺位，而且规划的动态性不受重视，苛刻地要求它完美无缺或是一劳永逸地解决一切问题，动态评估普遍缺失。由于原有规划和现实的发展存在着落差，原有的规划即使已经不适合文化产业的进一步发展，因规划的编制、实施监管机制不健全、指标评价体系缺位等难以评估实施情况，也无法根据变化进行修订。

“十二五”文化产业发展的特征与趋势

“十二五”文化产业的三大特征

业内人士认为，版权保护、体制改革与创新共融，是“十二五”期间文化产业发展的三大特征。

版权是文化产业发展的动力之一。版权问题的解决，不仅仅是现在文化产业发展的重点问题，也是“十二五”期间文化产业能否又好又快发展的关键。随着中国文化产业的发展，版权必将产生更大的辐射效应。在传统的版权保护与新文化产品“无障碍流通”上，如何平衡创造者与消费者之间的利益？如何通过法律层面的措施去协调这对矛盾？特别是“十二五”期间，我国将有大量的文化产品走上国际舞台，传播中国文化，那么在与国际接轨中，如何利用国际规则保护我国版权不受侵害，同时又能抢占国际文化市场？上述问题都值得我们关注和研究。改革是文化产业发展的直接动力。当前，我们正面临文化产业发展方式的转折点。我国文化产业面临着重大发展机遇，我们正处在一个高速、健康的中长期发展的起点阶段，随着现存一些矛盾的解决，文化产业将面临更好的发展环境。目前，我国的文化体制改革总体上落后于经济体制改革，以改革的视角进行审视，我们应该建立起一个适应于社会主义市场经济体制，也适应于新技术环境、适应文化体制发展的文化机制。“十二五”将是文化体制改革的攻坚阶段，将有大批文化单位进入市场，实现属性的改变。不论是其社会职能的重新定位，还是打破旧有运营体制的创新，这批新兴的文化企业将逐渐成为文化产业的重要组成部分。同时，改制的重点将从简单的“改革旧体制”转为“培育新典型”。文化产业“十二五”发展的一个重要目标就是要努力培育和发展一批实力够强、规模够大、竞争力够强的具有国际视野、能够直接参与全球竞争的文化企业。而融合则是文化产业业态创新的重要动力和催化剂。“十二五”期间文化产业的第三大特征就是文化与科技共舞，传统与创新共融。科技创新催生了动漫、数字音乐等新型文化产业业态，同时也孕育了以新媒体为代表的新型传播渠道。“十二五”期间随着文化产业的发展，传统文化产业形态与数字技术的融合将孵化出更多的新型业态。这些新型的产业将有力地改变人们接触文化的方式和传统文化产业的盈利模式，特别是随着各种产业的交叉、融合与衍生，文化产业的形态将更加多元化。届时，文化产业的概念、分类都将面临一场社会性的革命。特别是传统产业与文化产业的嫁接，将有力地改变传统的产业结构。

“十二五”文化产业发展的四大走势

按照中宣部文化体制改革办公室副主任高书生的预测，未来我国文化产业发展有四大走势：

一是文化资源进入大调整、大整合的时期。现在我国文化资源的配置主要采取行政化方式，这与市场经济体制严重不适应，造成了地区封锁和行业垄断，对文化企业非常不利。文化资源的调整和整合不是以谁的意志为转移的，而是市场和资本的力量在推动。

二是文化与科技的融合步伐不断加快。文化和科技结合既可以催生出新的文化业态，比如说动漫和网络游戏，同时也催生出新的传播渠道，比如移动广播电视，同时文化与科技的结合又可以改造传统的产业，比如现在正在做的数码印刷、四维动画。

三是行业界限越来越模糊，出现行业融合的趋势。过去我们把文化分为三个领域：文化艺术、广播影视、新闻出版，而现在以广电为例，有线电视网络正在做双向改造，下一代的广播电视网正在研发，建成以后，将来电视机就成为图书馆的终端机，电视可能成为一张互联网，在电视上可以看报纸、看期刊、看文艺演出。在这种情况下，广电、文化、新闻出版的界限就非常模糊了。

四是文化与旅游以及制造业的结合越来越明显。随着文化遗产保护的不断加强和文化资源的开发，深度旅游必将在中国出现。而文化和制造业的结合，最典型的就是把文化内涵或文化元素植入到建筑装修材料当中去，带动制造业的发展。过去我们总是讲科技和制造业结合，是提高了产品的科技含量，现在我们可以理直气壮地说，文化和制造业的结合可以提高产品的文化含量，同样可以提高产品的附加值。

文化产业呼唤“赶超战略”

中国文化产业的发展已经进入了高速成长阶段，但是还存在很多问题，具体体现为三个落差：第一，文化产业的发展水平、资源转换能力和我国丰富的文化资源之间存在很大落差；第二，以国有经济为主导的广播电视、新闻出版等行业的平稳发展与民营经济的快速发展存在明显落差；第三，我国文化体制与经济体制之间还存在明显落差，特别是文化市场有限度的开放与经济领域已经全方位开放的格局落差明显。

今后十年，要把文化产业提升到国家战略的高度。与此相应，发展战略应该是一个赶超战略。在“十一五”期间，我们实施的文化产业发展战略实际上是一个振兴战略，到明年大概可以完成，那么到下一个五年计划应该实施成长战略，通过“十二五”的成长战略促使中国文化产业实现一个新的飞跃，到第三个阶段也即2020年以前，应该实施国际化战略，使中国文化产业全面走向世界。

我们现在文化产业市场的准入还比较严格，是有限度的准入、有限度的开放。究竟怎样的开放度是与我国产业发展水平相适应的，怎么最大限度地利用国际国内两种资源来发展文化产业，这是我们需要思考的问题。

中国文化产业的发展需要区域文化产业发展来支撑。文化产业的区域发展模式，不应该与从前30年经济发展的区域模式等同，因为前30年我们采取的是梯度发展的模式，而现在在新的经济发展水平和开放条件下，我们完全有条件实现多点并举的特色发展道路，带动本区域经济社会全面发展。

产业融合发展的问题和结构调整的问题必须尽快解决。要实现文化产业的跨越式发展，就需要在更高的起点、更高的平台上利用资本市场整合资源，加快我国文化产业的国际化进程。

网络文化生产大潮涌动

前瞻文化产业未来十年的发展，其生产方式将发生巨大变革，互联网的大规模普及使网络文化实现了历史性登场和爆发性增长，网络文化生产将成为新世纪的标志。十年来我们在预见了网络文化发展方向的同时，也低估了网络文化发展的速度和创造力量。特别是对新型文化电子商务消费模式的研究，还处于起步阶段，缺乏战略性的规划。下一个十年，网络生产和服务作为重要的生产方式将使网络文化生产成为文化生产的中心。因此，对网络文化生产在“十二五”规划里要给予高度重视，要避免在行业和部门分类、指导、制订规划时的缺失现象。要推动文化产业下一个十年的发展，首先要保障人民群众的基本权益，其次要规范行业次序，优化资源配置，同时对生产管理模式逐步创新，特别是要从法律法规的层面形成一套网络文化产业统计指标、法规体系，扩大中华文化的国际影响力和国际软实力。

文化产业“十二五”战略的基本思路

在国际金融危机持续蔓延、全球经济增长明显减速的情况下，我国文化产业逆势上扬，这一现象被喻为“口红效应”。实践表明，中国文化产业已由探索、起步、培育的初级阶段步入快速发展新时期，面临新的机遇与挑战。即将到来的“十二五”时期，中国文化产业如何实现跨越式发展？怎样提升中国文化产业国际竞争力？

战略谋篇应“虚实结合”，远近目标应相得益彰

“十一五”期间，我国出台了《国家“十一五”时期文化发展规划纲要》等规划。各省市区也根据自身发展情况出台了总规或产业内部规划。从产业效果来说，这些规划有力地推动了中国文化产业的发展，但是在谋划和布局上依然存在不少不足，譬如发展目标比较模糊、考量措施不当、定位不够准确等等。因此，下一阶段的发展，特别是产业规划和布局中，必须“虚实结合”，统筹安排远近目标，必须站在全球文化产业发展进程中去思考中国文化产业将为世界作出怎样的贡献，必须置身于全球文化产业分布格局中去思考中国文化产业发展的动向，必须将全球化与本土化相融合，以抢占全球市场，赢得国际竞争为目标。特别是作为发展中国家的实力大国和联合国常任理事国，中国文化产业必须要散发出强大的中心辐射力，散发出一种为世界文化产业发展树立典型引领潮流的气魄。对于新的布局谋篇，必须目标精确，任务细分，具有可操性和实践性；宏观上必须定位准确，既不好高骛远也不妄自菲薄，依托国家“十二五”的大发展，奏响文化产业新乐章，率先实现文化产业“翻一番”。

注重版权，内外统筹，确保中国文化产品顺利输出

版权问题如何解决，不仅是现下文化产业发展的重点问题，也将是“十二五”文化产业能否好平快发展的焦点所在，正如法国文化经济学家泽维尔·格莱菲所言“将会产生一场版权革命”。版权问题已经演变为一场广泛的社会运动。传统上人们从企业和政府的角度去关注版权打击盗版，相对地则造成了对版权消费者权益的熟视无睹。从消费者角度而言，质美价廉的盗版品无疑会受到追捧。这也是盗版屡

相关链接

将“软实力”这一概念“中国化”

随着“软实力”越来越成为衡量一个国家国际地位的核心要素，把发展“软实力”置于战略高度便成为实现国家总体目标的根本要求。“Softpower”是美国学者约瑟夫·奈最早明确提出的。就约瑟夫·奈的定义来讲，它是一种权力概念的拓展，目的是导向一种“霸权”性的国际关系，“软实力”就是一种美国霸权以文化形态为载体同化其他国家和民族的力量。北京师范大学价值与文化研究中心哲学博士孙亮在2009年8月21日的《科学时报》撰写的《“软实力”内涵亟待“中国化”》一文中提出，应修正这一概念，将“软实力”这一概念“中国化”，从中国的传统文化与当代发展需要这一现实出发，来赋予软实力以更多的中国内涵，促进中国提升国家“软实力”的重要的理念转型，形成有中国特色的“软实力”建构模式。首先，将“软实力”从一种试图控制“他者”理念转型到与“他者”“共生共赢”的和谐理念中。其次，将“软实力”从淡薄的文化定语转到广泛的文化形态。将“软实力”的建构限于文化，就容易忽视有些方面的“软实力”提升。最后，将“软实力”从本国中心主义转到“天下为公”的理念。天下为公则意味着全球在差异中寻求共识，在和谐中谋求发展，即“和谐世界”的基本准则。在西方社会，特别是以资本为核心的全球化过程中，“西方中心论”明显从自我本位出发，必然生发出一种蔑视“他者”的对抗意识；而中国“天下为公”理念所暗含的是人与自然、人与人、身与心以及民族国家之间的和谐道德思维，中国的“软实力”主张是从本国的现实利益到为世界文化发展、人类和平作出贡献也是一种长远和根本的国家利益的双重视角下着手建构的。

禁不止的根源所在。这为中国文化产业的发展鸣响了警笛。随着中国文化产业的发展，版权问题必将产生更大的辐射效应。如何平衡创造者与消费者之间的利益？如何通过法律措施去协调这对矛盾？特别是“十二五”期间，我国将有大量的文化产品走上国际舞台，那么，如何巧妙地利用国际规则保护我方版权利益不受侵害，同时又能顺利抢占国际文化市场？这是中国文化产业人必须研究的。

立足集团建设，推动产业由“链条”向“网状”发展

文化产业本身就是一个产业群的集合，需要通过上下游去扩展产业链条，实现产业和企业的集聚。我们需要站在大文化产业的高度，通过融合、嫁接、衍生、升级等多种方式，推动产业发展由“链条”向“网状”发展，实现文化产业的大生态圈，促进文化经济的平衡流动和能量转换。下一阶段，文化产业大型航母集团的建设成为营造产业生态圈的重要载体，表现为立足现有的核心企业，将文化产业的多个相关领域整合在一起，努力形成多元化发展格局。以传媒集团为例，在集团内部整合组建不同的专业

公司，形成一个产业实体，在文化产业生态圈中承担不同角色。特别是在营销理念上，将信息传播、文化输出、国家形象构建等多个方面整合为一体，形成以自有品牌、自主知识产权为核心，以多元化信息、娱乐节目、衍生品行销为内容，以电视网络、互联网络、音像出版、休闲娱乐为市场的具有国际竞争力的多元化商业运营模式。中国文化产业将迎来一个崭新的发展阶段，文化产业的形态将更加多元，以文化为灵魂、以数字技术为依托、以版权为盈利模式，将有力地改变人们接触文化的方式和传统文化产业的盈利模式，有力地改变中国国民经济结构，促使中国文化产业摆脱计划经济思维的束缚，正常乃至超常规发展。

文化产业发展七大“注意”

一是以产业带动来促进文化产业政策的发展。这并不是说政府要拿出主要的精力来搞项目，而是要把着力点放在市场环境和产业政策上，加大投入实施一批重大的文化产业项目，为事业单位改制提供更好的服务。

二是加快资源整合，培育一批骨干龙头文化企业，在这个行业当中起到引领、示范作用。

三是推动集聚发展，建设一批现代文化产业，包括基地和园区，充分发挥其示范、引领、聚集效应。

四是促进文化、科技创新，建设现代产业体系，制定相关政策。

五是建立和完善文化产业投融资体系。

六是加强人才培养，促进人才合理流动。一方面，国家要加大对文化产业经营人才的培养，另一方面，要为他们进入市场以后更快地成长提供市场环境。

七是让中国文化走出去。我们在文化产品和文化服务走出去方面有了很好的基础，但还是存在着很大的缺失。所谓“政府搭台”，目的不是政府在台上自己演，而是为企业提供舞台，为企业走出去提供服务。

3G与城市信息化

“两化融合”是指信息化与工业化互相依存、互相促进、共生共荣的历史进程。信息化与工业化可以在技术、产业结构、经济体系、文化、政治、社会等不同层次进行融合。“两化融合”的重点在制造业，制造业的重点在装备制造业，装备制造业的重点在充分利用信息技术，实现装备产品的信息化以及装备产品制造和使用、服务过程的信息化。

信息化发展趋势及存在的问题

“智慧地球”与信息社会远景

中国科学院2009年6月10日发布的“创新2050：科技革命与中国的未来”系列报告指出，当今世界正处在科技创新突破和新科技革命的前夜，在今后的10年至20年，很有可能发生一场以绿色、智能和可持续为特征的新的科技革命和产业革命。该报告中的路线图同时提出了必须着力解决22个影响我国现代化进程的战略性科技问题。其中，包括6个信息领域的战略性科技问题：“后IP”网络的新原理、新技术研究和试验网建设、高品质基础原材料的绿色制备、资源高效清洁循环利用的过程工程、农业动植物品种的分子设计、泛在感知信息化制造系统、艾级（1018）超级计算技术。这些技术的突破将对我国的信息化进程产生重大影响。

由IBM公司提出的“智慧地球”描述了信息社会的远景。“智慧地球”的核心是：以一种更智慧的方法通过利用新一代信息技术来改变政府、企业和人们相互交互的方式，以便提高交互的明确性、效率、灵活性和响应速度。通过信息基础架构与高度整合的基础设施的完美结合，使得政府、企业和人们可以做出更明智的决策。智慧方法有三方面特征：更透彻的感知，更广泛的互联互通，更深入的智能化。

我国信息化的五大应用领域

领域	行业
经济领域的信息化	包括农业信息化、工业信息化、服务业信息化、电子商务等；
社会领域的信息化	包括教育、体育、公共卫生、劳动保障等；
政治领域的信息化	包括OA、门户网站、重点工程等；
文化领域的信息化	包括图书、档案、文博、广电、网络治理等；
军事领域的信息化	包括装备、情报、指挥、后勤等。

我国信息化工作进展及面临的主要问题

目前，我国的信息化整体水平处于世界平均水平，应用度、影响度还有待进一步提高。例如：根据世界经济论坛对网络准备度指数排名，2007–2008年度中国排名为57位；联合国对电子政务准备度排名，2008年度中国排名为65位。存在的主要问题包括：“硬技术”与“软环境”发展不均衡；行业、区域信息化发展不均衡；信息化发展深度不够，缺少带动性强的项目；各级政府部门间协调不够，缺少合力等。在“十二五”期间要着力解决上述问题，使我国的信息化进程继续快速、健康地发展。

“硬技术”与“软环境”发展不均衡。我国在推进信息化进程中投入了大量的资源建设和完善硬件环境，使我国信息化的硬环境水平达到了比较高的水平，但是在信息化的“软环境”建设方面，如商业模式、标准、规范、信息化教育等方面还有大量工作要做。

行业、区域信息化发展不均衡。东部、中部、西部地区的差距较大：东部地区是信息化最为发达的地区，如上海、北京、深圳、广州等地，单位计算机拥有量90%以上，家庭计算机拥有量接近70%，上网人数比例超过50%，总体信息化水平接近国际水平；中部和西部很多地区尚处于发展阶段，单位计算机拥有量30~50%，家庭计算机拥有量10~20%，上网人数比例10~30%。

信息化发展深度不够，缺少带动性强的项目。目前，我国信息化发展的广度已经形成了一定的规模，例如：截至2008年6月，中国的网民人数已达2.53亿，其中宽带网民数已达到2.14亿人；我国的IPv4地址总数已达到1.58亿，超过日本，位居全球第二，仅次于美国；网站数量已经超过191万。但是，从总体上来看，信息技术产业、信息内容产业、信息服务产业、信息基础设施等发展的深度不够，中国网民普及率尚低于全球平均值，互联网应用水平差距较大，等等。在“十二五”期间，应该设立一些带动型强的项目（如装备制造业信息化工程等），通过这些项目的实施，带动信息技术产业、信息内容产业、信息服务产业、信息基础设施等共同向纵深发展。

各级政府部门间协调不够，缺少合力。各级政府部门在推进我国信息化建设进程中发挥了重要的引导和调控的作用，分别制定了不同的信息化发展规划。如国家发展和改革委员会、工业与信息化部、国家863计划、国家支撑计划、国家973计划和国家自然科学基金等都分别设立了相应的研究和应用项目，但是这些项目的研究内容有较多的重复，项目之间协调不够，缺少合力。

“十二五”推进城市信息化的战略重点

“十二五”信息化发展思路

以科学发展观为指导，以“两化融合”为切入点，重点解决我国经济和社会发展过程中出现的对信息化的重大需求，从三个层次全面、协调地推进信息化进程，实现我国经济、技术和社会的跨越发展。推进信息化的三个层次为：重大产业化层面；重大应用层面；重大核心技术研发层面。

“十二五”信息化发展目标和重点

《国家信息化的战略目标（2006–2020）》明确制定了我国到2020年应该达到的一系列重要目标，包括：综合信息基础设施基本普及；信息技术自主创新能力显著增强；信息产业结构全面优化；国家信息安全保障水平大幅提高；国民经济和社会信息化取得明显成效；新型工业化发展模式初步确立；国家信息化发展的制度环境和政策体系基本完善；国民信息技术应用能力显著提高；为迈向信息社会奠定坚实基础。

而4月15日全文发布的《电子信息产业调整和振兴规划》确立，未来三年信息产业发展有两大目标：

一是促增长、保稳定取得显著成效。未来三年，电子信息产业销售收入保持稳定增长，产业发展对GDP增长的贡献不低于0.7个百分点，三年新增就业岗位超过150万个，其中新增吸纳大学生就业近100万人。保持外贸出口稳定。新型电子信息产品和相关服务培育成为消费热点，信息技术应用有效带动传统产业改造，信息化与工业化进一步融合。

二是调结构、谋转型取得明显进展。骨干企业国际竞争力显著增强，自主品牌市场影响力大幅提高。软件和信息服务收入在电子信息产业中的比重从12%提高到15%。稳步推进电子信息加工贸易转型升级，鼓励加工贸易企业延长产业链，促进国内产业升级。形成一批具有国际影响力、特色鲜明的产业聚集区。产业创新体系进一步完善。核心技术有所突破，新一代移动通信、下一代互联网、数字广播电视等领域的应用创新带动形成一批新的增长点，产业发展模式转型取得明显进展。

以“两化融合”带动信息化的发展

“两化融合”是指信息化与工业化互相依存、互相促进、共生共荣的历史进程。这个进程是客观存在的，已经经历了相当长的时间，而作为国家层面的重要政策，则是“十七大”提出的。信息化与工业化可以在技术、产业结构/经济体系、文化、政治、社会等不同层次进行融合。“两化融合”的重点在制造业，制造业的重点在装备制造业，装备制造业的重点在充分利用信息技术，实现装备产品的信息化以及装备产品制造和使用、服务过程的信息化。必须在全面借鉴30年来国内外历史经验教训，全面分析中国经济社会发展面临一系列新问题的基础上，对“两化融合”的发展战略进行全面深入研究。信息化与工业化融合的带动性极强，可以通过大力推进“两化融合”进程，带动其他领域的信息化。同时，要充分发挥各级政府在信息化进程中的宏观调控和引导作用，建立和完善有效管理体制。

按照《电子信息产业调整和振兴规划》的要求，今后三年电子信息产业要围绕九个重点领域，完成确保骨干产业稳定增长、战略性核心产业实现突破、通过新应用带动新增长三大任务。《规划》还要求电子信息产业在调结构、谋转型方面取得明显进展，其中在核心技术领域有所突破。新一代移动通信、下一代互联网、数字广播电视等领域的应用创新要带动形成一批新的增长点，产业发展模式转型取得明显进展。《规划》提出的七大政策措施包括：落实扩大内需措施、加大国家投入、加强政策扶持、完善投融资环境、支持优势企业并购重组、进一步开拓国际市场、强化自主创新能力建设。

大力推进信息化城市建设 让城市插上3G的翅膀

3G开辟城市信息化全新时代

随着我国信息化建设的深入推进，城市信息化建设作为国家信息化的重要领域和突破口，得到各省市区的高度重视。许多城市已把推进城市信息化建设作为城市发展的新主题和新动力。为积极探索城市信息化建设的规律和做法，研究制定国家推进城市信息化的有关方针、政策和措施，更好地分类指导城市信息化建设，信息产业部信息化推进司早在1999年就开始进行城市信息化试点工作，但总体来看，目前我国城市化水平还不高，城市信息化水平亟须再上一个新台阶。“十二五”期间，移动通信技术的升级换代，TD-SCDMA这一我国自主创新的国际3G标准之一的广泛应用，不仅将给人们的生产生活带来巨大变化，由于通信建设的提速带来信息化水平的整体提高，城市信息化由此开辟一个全新的时代。也将给经济社会的发展带来空前的影响，最终推进城市现代化水平的提升。

随着3G牌照的发放，中国通信领域正在掀起一场新技术革命浪潮，而中国移动、中国电信和中国联通则是这一革命的推动者。自《电子信息产业调整和振兴规划》发布后，中国信息化城市建设突飞猛进。5月21日，北京市政府与中国联通、中国移动、中国电信三大基础运营商签署战略合作框架协议，共同把北京建设成为“城乡一体化的数字城市、资讯获取便利的信息城市、移动互联的网络城市、信息新技术新业务的先行城市、信息安全水平一流的可信城市”。李毅中在签字仪式上说，为应对国际金融危机，国家及时果断地出台了一系列扩大内需、促进经济平稳较快发展的一揽子计划。从目前来看，加快

相关链接

3G大潮风起云涌三大通信商中原逐“鹿”

4月15日，中国政府网全文发布了《电子信息产业调整和振兴规划》。规划指出，今后三年，我国电子信息产业要围绕九大重点领域，完成确保骨干产业稳定增长、战略性核心产业实现突破、通过新应用带动新增长的任务。《规划》还指出，未来三年，电子信息产业销售收入保持稳定增长，产业发展对GDP增长的贡献不低于0.7个百分点。

5月21日，北京市政府与中国联通、中国移动、中国电信三大基础运营商签署战略合作框架协议，共同把北京建设成为“城乡一体化的数字城市、资讯获取便利的信息城市、移动互联的网络城市、信息新技术新业务的先行城市、信息安全水平一流的可信城市”。同日，湖北省与中国移动通信集团公司签署战略合作框架协议。之前，中国移动已与上海市政府、广东省政府推出了310亿元、800亿元的合作大单。

三大电信与部分省市区合作一览

市区	中国电信	中国移动	中国联通
湖南	未来5年将加大在湖南信息化建设方面的投资力度，并投入近200亿元用于湖南基础通信网络建设。	未来5年将在湖南投资超过200亿元。	将进一步加大信息化基础设施建设投入，未来五年内投资150亿元。
湖北		未来五年投资湖北280亿，拉动10万人就业。	
河南	未来5年内在河南投入200亿元用于信息化网络建设。		
上海	两年内在上海投入260亿元。	3年内在上海投入310亿元。	
浙江	在未来五年内在浙江省投资200-300亿元用于信息化建设。	未来5年在浙江投资超过500亿元，其中2009年总投入超过120亿元，拉动全省千亿元产业投入，提供10万个就业岗位。	在今后5年内，将在浙江投资200亿元建设网络基础设施。
江西	未来5年在江西投资120亿元以上，其中2009年投资约23亿元，还将支持江西开展信息化人才培训。	未来5年在江西投资近200亿元，其中今年投入超30亿元，开展TD网络基础设施建设，积极在江西开展“无线城市”建设，还将为江西创造3万个就业岗位。	
广东		未来5年在广东将投入800亿元以上，与广东省人民政府共同实施十大工程，拉动数千亿级产业规模发展，带动20万人就业。	未来五年，中国联通将在广东投资350亿元，加快项目建设和业务发展，更好地支持广东省国民经济和社会信息化建设。
山东	中国电信计划未来五年内，将在山东投入180亿元用于山东信息化网络建设。		
江苏	未来三年在信息化领域和服务性行业通信建设方面投入180亿元，全面推进江苏信息化发展。		
新疆		中国移动将在5年内投资至少150亿元，促进新疆通信事业快速、安全发展。	

信息通信基础设施建设，大力发展信息通信产业具有明显的经济和社会双重效益，对拉动内需、促进增长、增加就业都具有积极的促进作用。同时，提升信息通信基础设施能力和水平将会有力推动我国现代信息服务业、软件产业、文化创意产业、电子商务应用等新兴产业的发展。同日，湖北省与中国移动通

信集团公司签署战略合作框架协议。之前，中国移动已与上海市政府、广东省政府推出了310亿元、800亿元的合作大单。

三大基础电信运营商与各省建立长期战略合作协议旨在实现双赢，各省（市）积极支持三大基础运营商的迅速发展，推进央企的战略转型；而三大基础运营商在各省3G建设、宽带接入等城市高速信息网络建设，促进信息化应用、带动信息产业以及服务支撑体系重点项目建设等滚动投资，带动上下游产业投资，稳定就业，创造就业岗位，通过在信息化基础设施建设、电子信息产业振兴、信息服务业壮大、电子商务推进、电子政务和公共服务水平提升、信息化推广应用、信息通信科技研究发展、“信息下乡”等领域的合作，实现各省（市）信息化基础设施、信息产业发展和信息化应用，促进我国经济平稳较快持续发展。

TD助推产业链加速发展

中国3G牌照发放以后，TD产业发展相当迅速，可以百亿元为计量单位。今年中国移动将投入588亿元发展TD业务，中国拥有全球最大最活跃的终端市场，加上系统设备、芯片方面的投入产出，以及由此带动的各项增值业务，目前TD产业的市值已达上千亿元。在未来几年，TD产业市值将突破万亿元。据TD-SCDMA产业联盟市场部总监逯宇在第十二届中国北京国际科技产业博览会上透露，TD-SCDMA产业链完全依靠中国自身力量打造。TD产业链的建设除了拉动投资、带动就业，也是对中国自主创新能力和产业建设能力的考验。TD的创新是一个不断持续的过程，3G之后还有3.5G、4G，目前TD-SCDMA的演进技术TD-LTE已经完成第三代协作项目组织（3GPP）的标准，产业布局初步形成，我国在技术上与世界同步。TD产业链相当长，参与者众多，协调难度大，在技术创新与产业建设方面，TD对中国而言同样具有里程碑意义。

1998年，TD标准向国际电信联盟ITU提交。2000年，TD成为国际标准。2008年，正式启动10城市TD试商用及社会化业务测试。TD从诞生到牌照发放的漫漫征程，体现出我国自主创新的3G标准成功商用的来之不易。多位电信专家指出，中国这样一个泱泱大国，通信人口最多，市场最大，然而在2G市场却缺失了话语权，这样的教训激发着国人不断研发3G标准。TD牌照的发放实现了中国由通信大国向通信强国的转变。当前全球经济发展放慢脚步时，我国积极启动3G，也成为抵御金融危机，扩大内需，拉动经济的一个重要“棋子”。工业和信息化部部长李毅中表示，三家电信运营企业将根据各自发展规划建设3G网络，2009年、2010年预计3G投资达2800亿元左右。对于拥有自主创新技术的TD来说，目前TD产业链大多数参与企业为本土厂商，而且本土厂商在产业链中也占据主导作用。由此可见，TD牌照发放后更多投资是针对本土厂商，因此更能带动本土企业群体发展，对拉动内需的作用也更为明显。

TD-SCDMA产业链包括系统设备、芯片、终端和测试仪表等环节。2008年，随着TD-SCDMA网络的正式商用和相关业务的推出，以TD为核心的产业链也在日趋成熟。以推动TD产业发展为己任的TD产业联盟，已从成立之初的7家企业扩展到2008年年底的58家企业，涵盖了从运营、制造、流通到业务开发的产业链各个环节。TD产业链正在借助3G牌照发放的东风乘势而上，显示出日益发展壮大的勃勃生机。

业内专家一致认为，TD－SCDMA产业界包括芯片、终端设计和生产、测试仪表以及系统设备和软件及应用开发企业。经过前期不断在试验环境以及外场实际环境的测试以及调试验证，TD－SCDMA系统设备、智能天线、接力切换、同频组网等关键技术已得到充分验证，TD－SCDMA终端芯片功能已逐步完善，兼容性和性能大幅提高，已有一批较稳定、接近可实用的手机终端，这表明TD－SCDMA产业化工作取得重大进展。随着产业链的日益壮大与完善，TD－SCDMA产业发展已经有了相当扎实的基础，定将实现全面腾飞。

随着TD的成熟和商用，我国移动通信自主创新和产业升级有了坚实的平台。TD具有很强的带动性和辐射效应，甚至可以辐射到计算机及操作系统等IT行业。随着TD网络的全面建设和运营，TD－SCDMA产业链中相关企业，特别是终端开发企业已经不仅关注终端技术本身，而开始更多地关注3G的应用技术以及相关技术的开发，并开始进行产业布局，以应对未来市场的挑战。有关专家预计，未来3～5年内，网络投资将达5000亿元，运营规模和终端设备产值分别达到万亿级，移动增值服务规模将在1000亿元以上，TD产业链未来的发展前景将无限广阔。

“两会”政府工作报告中指出，2009年要支持和推进第三代移动通信即3G的技术研发和产业化，发展高新技术产业群，创造新的社会需求。3G由此作为产业增长亮点和应对当前危机的新增长点，成为“两会”热点。

截至2008年5月30日统计显示，已经有19家国内外终端设备制造企业的29款TD-SCDMA终端（包括TD-HSDPA数据卡）获得了工信部颁发的入网许可证，随着时间的推移，终端与芯片将成为TD-SCDMA产业的坚强支柱。

城市推广3G提升城市信息化实践

广东打造“随时随地随需”的信息化

5月13日，广东省人民政府和中国移动确定建立长期战略合作关系。中国移动将广东作为主要战略合作省份和业务发展的重点支持区域，未来5年在广东将投入800亿元以上，与广东省政府共同实施“信息化网络领先”、“数字亚运”、“TD-SCDMA”、“中国移动南方基地”、“电子商务创新”、“无线城市全覆盖”等十大工程。未来5年中国移动在广东将投入450亿元，优化城市网络质量，完善东西北农村信息网络覆盖；通过信息化“芯片”、机器到机器的信息化应用（M-M），对传统装备制造业进行信息化改造，加快广东省现代产业体系建设，推动实现从“广东制造”到“广东创造”的转变。

中国移动首次展现出自己未来5年在广东的“蓝海战略”。根据协议，中国移动将依托TD-SCDMA网络，保持信息化网络领先优势，逐步实施无线城市全覆盖工程，打造“随时随地随需”的信息化3G生活。而广东省政府大力支持中国移动在广东省内的企业运作和业务运营，优化信息化发展环境，加快推进“电子政府、信息经济、网络社会、数字家园”建设。

十大工程中广东省政府的相应举措

十大信息工程	广州省政府的相应举措
信息化网络领先工程目标：加快推进信息化与工业化融合	加强信息网络统筹规划管理，鼓励制造业企业在现有的产品中引入信息化应用，积极支持中国移动开展与广东本地相关产业的深度合作。
数字亚运工程目标：扩大信息化中心区域的辐射面和影响力	为亚运场馆的信息网络建设提供选点、施工等便利； 在国家政策范围内为中国移动赞助亚运会提供相关税收优惠政策。
TD-SCDMA精品工程目标：打造全国领先的3G产业链	将TD发展纳入本省相关发展规划，适时出台支持自主创新的TD网络建设发展政策措施； 鼓励各级政府部门和企事业单位使用TD业务与信息化服务。
中国移动南方基地工程目标：积极推进网络创新创业	进一步完善和优化信息服务业发展环境，加大对信息服务业发展的支持和投入力度； 在用地、用电、拆迁、税收、人才引进、项目审批、资金扶持等方面对南方基地予以支持。
电子政务提升工程目标：促进服务型政府建设	加快电子政务建设进程，支持中国移动参与广东电子政务建设，鼓励各地区、各部门加强与中国移动合作，推动电子政务发展，加强信息安全保障，加强对公民的信息安全教育。
电子商务创新工程目标：打造亚洲一流的移动电子商都	积极支持中国移动电子商务在广东的应用推广，推动相关部门与中国移动合作，支持广州国家级移动电子商务试点示范城市建设，加快推动移动电子商务的普及应用。
目标：推进珠三角经济社会一体化	将加强对跨区域、跨运营商之间通信信息资源的协调指导，推进通信和信息设施资源互联互通、共建共享； 统筹跨行政区的产业发展规划，优化各区域资源配置，构建错位发展、互补互促的区域产业发展格局。
目标：推进东西北信息化大跨越	将农村信息化纳入新农村建设规划，对中国移动农村信息化建设在基础设施建设、信息化网点建设、信息终端采购、涉农信息共享、信息化培训推广等方面给予便利和优惠政策扶持。
中小企业信息化普及工程、教育信息化提速工程目标：全面提升企业经营管理的质量和效益	加快企业信息化进程，推动信息技术在企业管理、生产、商务等过程中的普及应用； 将中国移动作为战略性的综合信息服务重点合作单位，推动相关部门与中国移动合作。
教育信息化提速工程目标：带动教育现代化	加强对全省教育资源的统筹规划，推动相关部门与中国移动合作； 对中国移动在教育信息化基础教育专网建设和应用服务推广等方面给予支持。

中国移动与广东省政府合作的预期目标及联动效应

目标及效应	具体内容
2010年TD全省80%覆盖	未来5年在广东将投入200亿元开展TD信息网络建设运营，拉动2000亿元以上投资，其中，2009年新增投资60亿元，新建TD基站6300个。2009年实现广州、深圳市区深度覆盖，珠三角及亚运会举办协办城市全覆盖和21个地市热点地区覆盖；3～5年内实现向TD-LTE演进。
“数字亚运”投资10亿元	对亚运场馆所在地进行网络优化和信息化升级，为亚运会量身订制全球领先的无线宽带上网、电子地图、电子门票、赛事信息化管理、安检身份识别等信息化应用服务，全力打造“数字亚运”。
	打造“城市管理移动信息化-智能交通”业务，预计将覆盖广州约1.8万辆出租车、1100多辆公交车、330多个电子站牌和70多条公交线路。
3亿元打造移动电子商都	2009～2010年陆续投入3亿元，加快建设国家级移动电子商务产业园，打造广州国家级移动电子商务试点示范城市。
	以手机支付为重点，全面推进公共民生领域、消费购物领域、政企应用领域、金融理财领域以及安全认证领域的应用发展，推动广东移动电子商务产业集聚发展。
	结合本地优势，创建大型“移动商城”、“网络超市”，大力推进移动电子商务在中小企业、物流行业、便民服务等方面的应用。
	在移动互联网上打造永不落幕的“交易会”，助力广东打造亚洲一流的国际移动电子商都。
66亿元打造南方基地	中国移动南方基地总投资66亿元，将实现“网络支撑”、“产品研发”、“业务支撑”和“培训交流”四大中心功能。
	中国移动将加快中国移动南方基地“115”规划建设，即1个基地、10个国际级技术研发中心、500家信息服务企业，加快构建“电子商务、终端创新、移动互联、手机邮箱、应用下载”五大子基地，吸引和带动更多的企业来广东创业。
	未来5年，在广东将实施万名大学生带薪实习计划和建立100个“青年就业创业见习基地”，为社会提供10万个开发、销售等实习岗位。
创造10万个实习岗位	中国移动将加快南方基地区域呼叫中心建设，支持各地建立数据处理中心，为社会提供2000个以上就业机会。
	广东移动将充分利用移动信息网络及移动短信平台等手段，搭建网络创新创业平台；整合飞信、139邮箱、12580服务渠道，组建“就业信息包”，为应聘者提供打开求职之门的“钥匙”；继续通过红段子创业大赛、电子商务创业平台等形式促进就业和创业。

上海：3G建设紧贴需求城市信息化装上强劲TD芯

上海市委、市政府把推进TD等3G发展作为提高上海信息化水平、带动形成产业新增长点的重要举措，予以高度重视和大力推动。市委、市府主要领导分别就推进本市3G、特别是TD网络的建设和应用多次做出批示。为确保TD网络世博会期间的正常运营，各相关部门正全力协助上海移动在年内新建800个TD基站，目前新基站寻址任务清单已形成。为化解移动基站“落地难”的矛盾，上海有关部门明确强调，基站选址纳入城市建设规划范围，其中政府大楼是首选，其次是企事业单位办公楼、公建配套设施和住宅建筑。中国移动上海公司TD-SCDMA第三代移动网络建设，针对市建交委、市农委、环保局、海事局、气象局、绿化市容局等部门近期对上海移动TD应用服务的各种需求，总共17个希望近期加快落实的项目，涉及“‘城管通’加速升级到TD平台”、“利用TD对工地噪声进行监测”、“利用TD监控危险废品及医疗废物处置和转运过程”等多个行业领域。城市信息化装上强劲“TD芯”，上海移动正朝着将上海率先建成全国TD示范城市的目标，一步一个脚印地稳健推进。在加速网络覆盖、优化用户使用感受的同时，上海移动实施“两翼齐飞”战略，将TD在各个领域的移动信息化应用产品开发，作为TD网络建设推进的重点。如何紧贴一线部门的需求，为他们“度身定做”产品，是TD信息化应用推广的关键一步，一批切实服务世博、服务民生、服务“两个中心”建设的TD创新应用方案，轮廓逐渐成形。始终关注上海TD网络建设推进的TD产业联盟秘书长杨骅表示，上海移动以“世博”、“两个中心建设”、“民生”为重点，加速TD在各个行业领域的移动信息化应用，将对TD产业的推进产生良好的示范效应。

重庆打造西部3G产业新高地迎接移动新时代

伴随着全国3G牌照的正式发放，重庆的通信网络建设，因3G而疯狂。今年该市将新增2000个高速无线局域网Wi-Fi热点。在主城各CBD商圈，以及火车站、汽车站、机场等公共场所，市民都将享受到Wi-Fi54Mbps的高速连接。3G产业集群将有效刺激西部消费市场需求，并将带动形成数以万计的劳动力需求。重庆南岸区3G产业集群包括3G核心芯片组产业、3G硬件终端产业和3G应用服务产业三大部分。南岸区将大力支持3G技术自主创新，力争3年内3G核心技术及应用服务相关产业规模达到100亿

相关链接

中国城市信息化50强

亚太地区城市信息化论坛第七届年会“中国城市信息化50强发布会”2008年5月27日在沪举行。主办方从信息基础设施、信息资源开发利用、信息化环境、政府信息化水平、信息技术应用水平和综合评价六大方面制定出了26项标准进行考察评价。经专家评委认真评选，评出了中国城市信息化50强。上海市和北京市的城市信息化工作走在了全国的前列。

荣获50强的城市分别是：上海市（并列第一）、北京市（并列第一）、广州市、深圳市、杭州市、青岛市、武汉市、苏州市、宁波市、天津市、合肥市、大连市、厦门市、成都市、沈阳市、重庆市、南京市、扬州市、济南市、南宁市、邯郸市、佛山市、威海市、温州市、东营市、昆明市、贵阳市、汕头市、东莞市、连云港、南昌市、九江市、衡阳市、晋城市、乌海市、包头市、绵阳市、新余市、攀枝花、茂名市、潍坊市、聊城市、惠州市、鞍山市、焦作市、遵义市、咸阳市、江阴市、昆山市、丹阳市。

荣获推进奖的城市分别是：廊坊市、牡丹江市、仪征市、马鞍山市、景德镇市、张家界市、宝鸡市、吉安市、怀化市、鹤山市、恩平市、宜宾市、德阳市、阜新市。

荣获创新奖的城市分别是：巩义市、武夷山市、肇庆市、营口市、丽水市、宣城市、宿州市、抚州市、上饶市、铜川市、六盘水市、莱西市、漯河市、驻马店市、永州市。

元。至2015年，实现产值1510亿元。今年3月，重庆市政府在北京隆重举办3G产业推介会，旨在围绕重庆3G产业基础，推介发展环境，推进TD-SCDMA产业化，延伸、夯实产业链，将重庆南岸区打造成为拥有核心竞争力的西部3G产业高地。现在的制造业行业已不是仅凭独立品牌、设计、生产、成本等单一因素能确立市场竞争力的环境。而TD大规模商用的早期，重庆南岸区内完整的TD产业服务链条专门为生产企业提供各种解决方案和服务，无疑将会给入驻企业在国内的TD市场竞争提供先机。重庆市将依托南岸区内完整的TD3G产业链企业组合，整合TD产业的技术、研发、生产、应用、服务、销售各环节，打造全国3G产业高地。重庆南岸区3G产业集群包括3G核心芯片组产业、3G硬件终端产业和3G应用产业三大部分。

打造“光城”武汉全面提升城市信息化水平

去年底，武汉市提出“光城计划”：通过集约化管网建设，加快光纤到户规模，促进互联网与电信网、广播电视网三网融合，到2011年，全市光纤到户达到50万户，主城区信息管网覆盖率达到70%，电子信息产业实现工业总产值1500亿元，基本实现信息网络快速发展，全面提升城市信息化水平。“光城计划”由集约化信息管网建设、光纤到户、三网融合、无线城市四个部分构成。目前，武汉光纤到户数量在全国遥遥领先，信息管网建设有序推进，三网融合与无线城市工作取得重大进展。早在2004年，武汉市就利用产业优势，启动了全国首个“光纤到户”技术试点工程，随即，制定出台了一系列支持“光纤到户”的政策标准，大力扶持光纤到户产业和项目建设。2006年，国家发改委高技术产业司将武汉市“推进三网融合暨光纤到户”工程的做法定义为“武汉模式”。2007年底，中国电信“光进铜退”工作座谈会代表专程视察了中国电信武汉分公司光纤到户建设项目，武汉成为引领全国光纤到户发展的排头兵，预计到今年底，光纤到户户数将达到40万户。

中国第一根实用光纤，30年前从武汉南望山——武汉邮科院拉出。2001年，国务院批准在武汉建设了中国光电子产业基地——“中国光谷”，近年来，“中国光谷”光电子产业发展迅速，光纤光缆生产规模全球第二，国内市场占有率逾50%，国际市场占有率达到12%以上。武汉是建设资源节约型和环境友好型“两型社会”的中心城市，加快发展高新技术是重点之一。武汉又是一个老工业基地，原有的钢铁、汽车、石油化工等支柱产业要调整结构，增加附加值，突破口就是提高高新技术产业的比重。武汉拥有从设备制造到用户终端（如机顶盒等）生产，整个产业链齐全，且均为国内领先。武汉“光城计划”的实施，带动了全市光电子产业和信息服务业的发展，相关企业在产业竞争中占得先机，并取得了举足轻重的地位。新成立的武汉长光科技公司产品在CTC、CNC测试选型中均已进入全国四强，其中FTTB、ONU位居第二，武汉已逐步形成一条从具有自主知识产权的核心器件、模块到系统解决方案的光电子产业链。

相关链接

城市信息化评价指标体系

目前，我国许多城市都在积极地开展城市信息化建设，但缺乏一套城市信息化评价指标体系，导致许多城市盲目建设，“形象工程”大行其道，实际效果并不显著。因此，建立城市信息化评价指标体系可以使上级主管部门能够很好地把握城市信息化水平，从而进行科学、合理的决策。对于具体实施部门来说，也可以通过城市信息化评价指标体系对建设项目进行正确的评估，以便找出不足之处，今后予以纠正，从而确保城市信息化快速、健康地发展。这就迫切要求建立城市信息化评价指标体系，以便正确地指导城市信息化建设。

城市信息化评价指标体系包括城市信息化评价指标构成方案、城市信息化评价指标数据和有关统计分析测算的方法制度。总的来说，城市信息化评价应该采用定性与定量相互结合的方式，要能够反映实际问题，还要具有可操作性。由于城市信息化包括城市电子政务、城市企业信息化、城市行业（领域）信息化、城市社会信息化4个方面，那么，一个城市信息化评价指标体系也要由城市电子政务评价指标体系、城市企业信息化评价指标体系、城市行业信息化评价指标体系、城市社会信息化评价指标体系4个子评价指标体系构成。每个子评价指标体系应该包含基础条件、实施效果、产业促进、外部环境等方面的指标，以便全面地进行评价。例如，城市社会信息化"基础条件"指标包括每万人城域网带宽、家庭宽带接入比例、每百户计算机拥有量等；城市电子政务“实施效果”指标包括单位用户（企业、事业单位）满意度、个人用户（包括公务员和普通百姓）满意度等；“产业促进”指标主要衡量信息化对传统产业、信息产业的促进程度；“外部环境”指标主要衡量信息化政策法规和标准规范的完善程度、信息化人才情况等。因此，可以分别设计城市电子政务指数（EGI）、城市企业信息化指数（EEI）、城市行业信息化指数（EII）、城市社会信息化指数（ESI）、信息城市综合指数（ICI）。为了具有可比性，在评比时，要同等级城市进行比较，例如直辖市级别的、省会城市级别的、计划单列市级别的、地级市级别的、县级市级别的。目前有些信息化排名是不合理的，因为我们不能拿直辖市与一个地级市比，不能拿省会城市与一个县级市比，这样是不公平的。为了更能反映实际问题，还要考虑用相对指标进行评比，例如城市信息化综合指数/城市国民生产总值、城市信息化综合指数/城市竞争力指数等。

在世界范围内，一些国家和研究机构发布了相应的评价指标体系。例如，韩国信息化评估体系包括计算机、互联网、电信、广播4个一级要素；哈佛大学与世界经济论坛发布的“网络化准备指数”评估体系由四级要素构成，具体包括2个一级要素（网络应用指数和网络支撑指数）、9个二级要素、10个三级要素和60个四级要素；国际数据公司（IDC）“信息社会指数”评估体系包括计算机基础设施、通信基础设施、网络基础设施、社会基础设施4个一级要素。不过它们都侧重对信息基础设施方面的评价。此外，还有日本电信与经济研究所（RITE）的信息化指数，欧盟的“电子欧洲”基准指标体系。

成都38亿信息“扫盲”

成都电信、移动、联通三大运营商2008年11月组织实施合计投资38亿元的“扫除通信盲点计划”和灾后恢复重建及3G网络构建等工程项目，力争在2010年基本消除通信“盲点”。成都市信息办提出，今年要积极引导市内电子信息企业参与国家拉动内需各重大领域中的信息系统建设、灾后重建中的信息基础工程和成都通信枢纽项目实施，地方电子产品和信息服务配套率要达50%以上，政府投资项目的本地配套率达70%以上，以此使得成都电子信息产业总收入突破1400亿元。这是通过提高本地配套率拉动IT业的特色举措。成都38亿“扫盲工程”最大的特色就在于，3G网络构建和Wi-Fi补点工程建设将实现全域成都无线网络的分期覆盖。未来，在成都市的城区主干道、办公楼、商场、学校以及景区，都有望布满无线网络的热点，只需要一台笔记本电脑或者手机，就可以随时随地登录网络，享受到高质量、高带宽的语音和数据业务。这是3G时代赋予电信运营商的先机优势。

部分地区3G投资建设预期目标

地区	预期目标
山东	3年内3G网络覆盖所有乡镇；农村行政村移动综合信息服务站渗透率100%，农业生产、流通、服务信息化普及率达到70%；90%县以上政府部门公文交换电子化和办公无纸化；中小企业应用移动电子商务50%
甘肃	未来5年，实现乡乡能上网，50%行政村通宽带，建成1000个信息化镇、10000个信息化村；实现光纤到大楼、到小区，客户桌面达到2M-100M；高速无线网络覆盖城市和热点区域
广东	到2012年，全省信息化水平总体达到中等发达国家水平，珠三角地区信息化水平初步迈入世界先进行列
新疆	今年10月底前完成所有地州市的3G网络建设，在个人、家庭、集团、行业信息化领域全面引入3G应用
上海	支持上海建设国际金融中心，三年内开通全市无线POS/ATM机10万台，为上海800家金融机构提供固定与移动业务融合的信息化服务
湖南	未来5年，全省主要城镇城区无线热点覆盖达到90%；城市家庭宽带渗透率达到80%；农村信息服务站渗透率达到75%；社区15分钟服务圈初步建立
安徽	未来5年，实现城市新建区域100%光缆进楼、所有行政村100%光缆覆盖；全省骨干网带宽将从320G扩容到720G，出口带宽也将从340G扩容到740G
江西	到2010年，完成县以上城市的3G网络建设；到2011年，实现100%的行政村通宽带、100%的自然村通电话；到2012年，把11个设区市建成“数字无线城市”
江苏	2009年，14个地级市实现TD业务商用；2010年实现全省商用；2011年形成100家企业规模的产业集群
西藏	到2011年，完成85%的乡镇和60%的行政村开通宽带信息网络服务